Lb. 1900.
36.D.4.

HISTOIRE GÉNÉRALE

DE

NAPOLÉON BONAPARTE.

TOME IV.

PARIS, IMPRIMERIE MOREAU,
RUE MONTMARTRE, No. 39.

HISTOIRE GÉNÉRALE

DE

NAPOLÉON BONAPARTE,

DE SA VIE PRIVÉE ET PUBLIQUE,

DE SA CARRIÈRE POLITIQUE ET MILITAIRE, DE SON ADMINISTRATION
ET DE SON GOUVERNEMENT.

PAR L'AUTEUR DES MÉMOIRES SUR LE CONSULAT.

GUERRE D'EGYPTE.

TOME PREMIER.

Paris,
PONTHIEU ET COMP., LIBRAIRES,
PALAIS ROYAL.

STUTTGARD,
J.-G. COTTA.

1827.

HISTOIRE
DE
NAPOLÉON BONAPARTE.

GUERRE D'ÉGYPTE.

CHAPITRE PREMIER.

Importance de l'Égypte.—Divers projets de conquête.—Expédition des Français commandée par Bonaparte.—Préparatifs.—Départ.

Par sa situation, sa richesse, sa célébrité, l'Égypte est une des contrées de la terre les plus importantes. L'histoire du monde est gravée sur ses monumens; le torrent des siècles ne l'a point effacée. Le Nil féconde son sol, et lie par le commerce l'Europe, l'Afrique et l'Asie. Elle a donc toujours été, dans l'antiquité comme dans les temps modernes, convoitée par les conquérans. Des peuples civilisés ou barbares se sont disputés sa possession, et y ont laissé des traces de leurs créations ou de leurs ravages.

Lorsque le mouvement religieux qui, au moyen âge, précipitait vers l'Orient les nations occidentales, se fût ralenti, l'Égypte ne cessa point d'exciter l'ambition des puissances de l'Europe, et la politique continua l'œuvre que la ferveur chrétienne avait commencée. Durant les quinzième et seizième siècles l'Espagne, l'Angleterre et la république de Venise, tentèrent à diverses reprises de fonder leur influence dans ce pays, soit à main armée, soit par la voie des traités. Dans le cours du dix-septième, Leibnitz jugea digne de ses méditations et des vues élevées de Louis XIV, un *plan d'invasion et de colonisation de l'Égypte, projet le plus grand*, suivant lui, *de ceux qui peuvent être entrepris, et le plus facile de tous les grands projets*. Cent ans plus tard le duc de Choiseul, prévoyant la prochaine émancipation des colonies anglo-américaines, et craignant que cette révolution n'entrainât la perte des établissemens français, chercha à préparer, par des négociations, la cession de l'Égypte comme un dédommagement pour la France. Enfin, à l'époque où Joseph II et l'impératrice Catherine menaçaient de se partager la Turquie, plusieurs mémoires furent présentés à Louis XVI, sur les moyens de soumettre et de coloniser l'Égypte; en 1781, M. le maréchal de Castries, ministre de la marine, en reçut un, fort détaillé, des mains d'un consul français qui avait résidé plusieurs années dans ce pays : un autre mémoire sur ce même sujet lui fut remis par le baron de Tott; dans tous ces mémoires la conquête de l'Égypte était envisagée comme un moyen de ruiner les vastes établissemens de l'Angleterre dans l'Inde, et par là, de mettre la France en possession de tout le commerce de l'Orient. Il était réservé à l'homme le plus étonnant de notre siècle de tenter cette grande entreprise.

Sous le gouvernement des beys, les négocians français furent, beaucoup plus que ceux des autres nations, exposés à des avanies dont les événemens de la révolution avaient fourni le prétexte, mais dont les véritables causes étaient l'influence de l'Angleterre et de la Russie. Enfin le Directoire victorieux était parvenu en 1795 à faire recevoir Verninac envoyé extraordinaire près la Porte-Ottomane. Pendant qu'il était à Constantinople, le consul général Magallon, résidant au Kaire, reçut de lui l'ordre de descendre à Alexandrie, et d'inviter les négocians français à l'y suivre. Ils y restèrent environ huit mois, jusqu'en 1796, où Verninac envoya Dubois Tainville en Égypte. Cet agent diplomatique avait été chargé de stipuler de nouveau avec les beys les intérêts du commerce, et de rappeler la stricte exécution des capitulations. Il obtint la promesse du remboursement des créances auxquelles les négocians avaient droit, celle du redressement des autres griefs, et d'une entière liberté pour l'avenir; mais, après son départ, ces promesses furent oubliées, les choses reprirent leur cours accoutumé, les vexations recommencèrent, et Magallon reçut de nouveau l'ordre de retourner à Alexandrie, d'où il fut définitivement obligé de partir pour revenir en France.

De tous les Français qui avaient visité l'Égypte, nul ne connaissait mieux que Magallon l'état politique et topographique du pays et les ressources du gouvernement ; vingt années de résidence au Kaire, soit comme négociant, soit comme agent diplomatique, et la considération personnelle dont il jouissait auprès des beys, l'avaient mis à même de fournir sur tous les points des renseignemens positifs. Déjà, dans les années qui précédèrent la révolution, il avait été employé utilement à une négociation importante. Il s'agissait d'ouvrir en faveur de la France une navigation commerciale libre, entre la Méditerranée et la Mer-Rouge, par l'isthme de Suez, puis entre la Mer-Rouge et les Indes Orientales. Magallon avait obtenu ce que la France demandait ; mais ce traité avantageux avait été annulé par la mauvaise foi des beys et des chefs arabes, par la rivalité du gouvernement anglais, et plus encore par la faveur marquée que M. de Calonne accordait à la compagnie des Indes dont il était le fondateur.

A son retour à Paris, Magallon renouvela l'idée d'une conquête dont il développa l'extrême facilité et les grands avantages dans un mémoire qui contenait les passages suivans :

« La récolte se fait en Égypte en mars et avril ; tout est récolté et enfermé en mai.

Les vents étésiens soufflant constamment du nord au sud, depuis mai jusqu'au soltice d'été, produisent deux effets : le premier, de rafraîchir et de purifier l'atmosphère du Delta et de la haute Égypte ; le second, de porter et d'accumuler toutes les vapeurs vers le midi de cette région, et de les réunir au cœur de l'Éthiopie, aux sources mêmes du Nil. Les pluies abondantes qui en sont le résultat grossissent le Nil et portent ensuite l'inondation dans toute l'Égypte.

Cette région est submergée pendant les mois de juillet, août et septembre.

Il résulte de ces faits que l'on pourra, en entrant en Égypte dans le courant de mai, être assuré d'y trouver la récolte faite, et conséquemment tous les approvisionnemens nécessaires pour une année entière : donc, nulle inquiétude pour les subsistances et pour la conservation de l'armée.

Les mois de mai et juin sont plus que suffisans pour soumettre le Delta et la moyenne Égypte avant l'époque du débordement; il est essentiel de brusquer cette opération, et, après le débarquement, de marcher droit au Kaire, en prenant toutes les précautions possibles pour la conservation des récoltes de riz et de grains, que l'on trouvera faites et serrées.

On remettra la conquête de la haute Égypte à l'hiver, après la retraite des eaux. On laboure et l'on ensemence en novembre; en décembre et en janvier, le sol étant parfaitement raffermi, on peut entreprendre et achever la conquête de la haute Égypte.

Ainsi, en débarquant dans le courant de mai, la conquête de l'Égypte entière peut et doit être achevée en neuf mois, et l'on sera assuré de deux récoltes, l'une faite et fermée au moment du débarquement, et l'autre sur terre au moment où l'on marchera vers la haute Égypte.

Les trois mois d'inondation donneront le temps de fortifier Alexandrie, Damiette et Rosette, ainsi que l'isthme de Suez; l'isthme doit être fortifié par une ligne serrée de redoutes bien garnies d'artillerie, seul moyen de le rendre inabordable aux Arabes.

On ne doit pas perdre de vue que l'Égypte ne peut être insultée par terre que sur deux points; l'isthme de Suez qui confine à l'Arabie, et Syène ou Éléphantine qui confine à l'Éthiopie. Aussi les Romains ont-ils défendu et conservé l'Égypte pendant des siècles avec une seule légion.

La conquête de l'Égypte effectuée, qu'en résultera-t-il pour la France? de deux choses l'une :

Ou l'on voudra sur-le-champ chasser de l'Inde les Anglais de vive force, ou l'on se contentera d'anéantir leur commerce avec l'Inde, et de le remplacer par l'avantage seul de notre position en Égypte. Dans le premier cas, rien de plus facile que de faire passer, en très-peu de temps, au moyen d'une escadre stationnée à Suez, tel nombre de troupes que l'on voudra, soit aux Marattes, soit à Tippo-Saïb, qui, bien sûrs d'être puissamment soutenus, du moment que nous serons maîtres de l'Égypte, et étant mortels ennemis des Anglais, s'empresseront de les attaquer, et leur feront une guerre d'extermination, jusqu'à ce qu'ils les aient expulsés du Bengale.

Pour nous, il nous suffira de prendre pour indemnité et de conserver dans l'Inde les ports de Trinquemale et de Bombay, où nous ferons stationner deux divisions de notre escadre de Suez, qui serviront à protéger et à faire respecter notre commerce sur les côtes du Malabar et de Coromandel, et depuis le Golfe Persique jusqu'au fond du golfe du Bengale. On n'aura rien à craindre des Indiens qui n'ont jamais eu et n'auront jamais de marine militaire; leur système religieux s'y oppose.

Dans le second cas, celui d'anéantir le commerce anglais de l'Inde, il suffira d'établir des entrepôts au Kaire, à Alexandrie et à Marseille. Alors, d'après les ordres envoyés à Marseille, les marchandises des Indes arriveront à Paris et dans tous nos ports de l'Océan, en un mois ou six semaines, par la voie du roulage et par le canal de Languedoc, indépendamment de celles qui y viendront par mer.

Les Anglais sont dix-huit à vingt mois à attendre les retours. Sous peu d'années, le commerce anglais avec l'Inde ne pouvant, en aucune manière, soutenir une pareille concurrence, sera indubitablement anéanti, et la France sera seule en possession du commerce de l'Inde. »

Magallon, comme nous l'avons dit, avait une grande connaissance du pays; sa proposition, d'abord bien accueillie par le gouvernement français, fut cependant ajournée.

Celui-ci s'était toujours flatté que le concours des événemens pourrait faire naître des circonstances favorables pour punir Mourad et Ibrahim beys, soit par lui-même, soit par la Porte, toute faible qu'elle était en Égypte. Les circonstances n'avaient point encore changé; il fallait donc remettre à d'autres temps tout projet sur l'Égypte. Il n'y renonçait pas, car cette contrée fixait son attention d'une manière toute particulière. Il sentait le degré d'utilité dont elle pouvait être pour la République. Ses vues reposaient sur les bases contenues dans les mémoires de Magallon, dans lesquels il n'avait trouvé que des idées sages et grandes. Le ministre des affaires extérieures, Charles Delacroix, en informant Magallon de ces dispositions du Directoire, lui écrivit : « Je conférerai avec vous sur tous ces objets, lorsque vous serez en France ; car je ne doute pas qu'après avoir donné vos soins à vos affaires domestiques à Marseille, vous ne vous fassiez un plaisir de vous rendre à Paris pour y donner au gouvernement tous les éclaircissemens qui pourront lui être utiles pour nos affaires en Égypte. Sous ce rapport, le congé d'une année que vous m'avez demandé et que je m'empresse de vous accorder, ne sera pas inutile au service de la République [1]. »

Le chef de bataillon Lazowsky, chargé par le Directoire de reconnaître l'empire ottoman, assura que la Porte était hors d'état d'opposer le moindre obstacle à une entreprise contre l'Égypte, et qu'une rupture avec cette puissance, dont tout présageait la chute prochaine, ne devait entraîner aucun malheur.

L'expédition d'Égypte était faite pour donner une grande idée de la puissance de la France, attirer l'attention sur celui qui la commanderait, surprendre l'Europe par sa hardiesse : elle devait avoir pour résultats :

---

[1] Lettre du 29 thermidor an IV (16 avril 1796.)

1°. D'établir sur le Nil une colonie française qui prospérât sans esclaves et qui tînt lieu à la République de Saint-Domingue et de toutes les îles à sucre ;

2°. D'ouvrir un débouché à nos manufactures dans l'Afrique, l'Arabie et la Syrie, et de fournir à notre commerce toutes les productions de ces vastes contrées ;

3°. De faire de l'Égypte comme une place d'armes d'où une armée de 60,000 hommes pourrait se porter sur l'Indus, soulever les Marattes et les peuples opprimés de l'Indoustan.

On comptait sur le secours de Tippo-Saïb. Ce prince avait envoyé des ambassadeurs au gouverneur général des Iles de France et de la Réunion (Malartic), avec des dépêches pour le Directoire; il avait écrit des lettres particulières à l'assemblée coloniale et aux généraux employés dans ce gouvernement. Il demandait à faire une alliance offensive et défensive avec la France, et proposait d'entretenir à ses frais, aussi longtemps que la guerre durerait dans l'Inde, les troupes qu'elle pourrait y envoyer. Il n'attendait enfin que le moment où les Français viendraient à son secours, pour déclarer la guerre aux Anglais, n'ayant rien plus à cœur que de les chasser de l'Inde. Dans une proclamation [1] Malartic informa ses administrés des dispositions de Tippo-Saïb, et comme il n'était pas en situation d'offrir des troupes de ligne à ce prince, il invitait les citoyens à s'enrôler

[1] 10 pluviôse an vi (29 janvier 1798).

volontairement dans leurs municipalités, pour servir sous les étendards de Tippo-Saïb.

Ce fut en l'an v (1797), durant les négociations de Campo-Formio, que, de son côté, Bonaparte conçut pour la première fois le projet de l'expédition d'Égypte. Souvent dans les jardins de Passeriano, ses amis l'entendirent développer avec chaleur cette belle et vaste idée. « Il n'y a que dans l'Orient, disait-il, que se font les grandes réputations militaires. L'Europe est trop petite. » Il fit venir de Milan tous les livres de la bibliothèque Ambrosienne relatifs à l'Orient, et on remarqua, lorsqu'il les rendit, qu'ils étaient tous marqués et notés aux pages qui traitaient spécialement de l'Égypte. Dès ce moment, il s'occupa sans relâche de tout ce qui se rattachait à ce projet.

Les temps ne sont pas éloignés, écrivait-il au Directoire, où nous sentirons que pour détruire véritablement l'Angleterre, il faut nous emparer de l'Égypte [1].

Plus tard, en envoyant, aux marins de l'escadre du contre-amiral Brueys, sa proclamation en faveur du 18ᵉ fructidor, il leur dit :

« Sans vous, nous ne pourrions porter la gloire du nom français que dans un petit coin du continent ; avec vous, nous traverserons les mers, et la gloire nationale verra *les régions les plus éloignées.* »

Le 17 fructidor, pendant qu'on négociait en-

---

[1] Lettre du 29 thermidor an v (16 août 1797).

core la paix à Lille, il écrivit à Talleyrand, qui avait remplacé Charles Delacroix, au ministère des affaires étrangères :

« S'il arrivait qu'à notre paix avec l'Angleterre nous fussions obligés de céder le Cap de Bonne-Espérance, il faudrait alors nous emparer de l'Égypte. Ce pays n'a jamais appartenu à une nation européenne; les Vénitiens seuls y ont eu une prépondérance précaire. On pourrait partir d'ici avec 25,000 hommes escortés par 8 ou 10 vaisseaux de ligne ou frégates vénitiennes, et s'en emparer.

L'Égypte n'appartient pas au grand seigneur.

Je désirerais que vous me fissiez connaître qu'elle réaction aurait sur la Porte notre expédition d'Égypte.

Pour des armées comme les nôtres, toutes les religions sont indifférentes, mahométane, cophte, arabe, etc. »

Talleyrand avait hérité des vues de Charles Delacroix à l'égard de ce projet, et, dès le mois de messidor an v, dans un mémoire lu à l'Institut National, avait exposé quelques idées remarquables sur l'établissement de nouvelles colonies et l'importance de l'Égypte considérée sous ce rapport. Il répondit donc à Bonaparte :

« Quant à l'Égypte, vos idées sont grandes, et l'utilité doit en être sentie : je vous écrirai sur ce sujet, *au large*. Aujourd'hui je me borne à vous dire que, si l'on en faisait la conquête, ce devrait être pour déjouer les intrigues russes et anglaises qui se renouvellent si souvent dans ce malheureux pays. Un si grand service rendu aux Turcs les engagerait aisément à nous y laisser toute la prépondérance et tous les avantages commerciaux dont nous avons besoin. L'Égypte, comme colonie, remplacerait bientôt les productions des Antilles, et, comme chemin, nous donnerait le commerce de l'Inde; car tout, en matière de commerce, réside dans le temps, et le temps nous donnerait cinq voyages contre trois par la route ordinaire. »

On a vu [1] toutes les dispositions sérieusement faites par le Directoire et Bonaparte pour la descente en Angleterre; par un changement subit tous leurs efforts vont se diriger vers l'expédition d'Égypte. Comment et pourquoi l'une fut-elle substituée à l'autre? C'est un point sur lequel le Directoire et Bonaparte ne se sont point expliqués; on ne peut donc que former des conjectures. La paix arrêtait tout-à-coup Bonaparte au milieu de sa carrière. Il fallait un nouveau théâtre à son activité, à son génie. La descente en Angleterre le lui présentait; mais rien n'était prêt, et la saison était trop avancée. Plus de six mois devaient s'écouler avant que les préparatifs fussent terminés et que les longues nuits d'hiver fussent venues. Restera-t-il en France, à Paris, pendant ce long intervalle, point de mire de tous les partis et du Directoire, spectateur tranquille de leurs débats, insensible à leurs attaques, sourd à leurs espérances; dans un pays où s'usent facilement

[1] Voyez Campagne d'Italie, chapitre dernier.

les plus grandes renommées ? Laissera-t-il refroidir sa gloire au sein de l'oisiveté ? Ambitieux du pouvoir, prêtera-t-il une oreille favorable à ceux qui lui conseillent de s'en emparer ? Il l'oserait ; mais, pour réussir, les temps ne sont pas mûrs. Ils mûriront pendant une expédition lointaine. Ce parti concilie tous les intérêts, apaise toutes les inquiétudes ; l'Égypte revient à sa pensée, sa conquête est résolue. Le Directoire n'en avait point abandonné le projet ; Rewbell l'avait particulièrement étudié. On saisit avec empressement l'occasion d'éloigner un guerrier dont on envie l'influence, dont on redoute le grand caractère, la gloire importune. Du reste, le gouvernement et le général ne renoncent point à attaquer corps à corps l'Angleterre ; mais conquérir l'Égypte c'est aussi porter un grand coup à l'éternelle rivale de la France.

L'attention du Directoire fut définitivement fixée sur cette expédition, par une note et des états que Bonaparte lui remit le 15 ventôse, et dans lesquels il indiquait les forces et les fonds nécessaires. Tels étaient ses calculs et ses combinaisons :

Il fallait, pour s'emparer de Malte et de l'Égypte, 20 à 25,000 hommes d'infanterie, et 2 à 3,000 hommes de cavalerie, sans chevaux.

Ces troupes s'embarqueraient en Italie et en France.

Elles seraient commandées par les généraux Belliard, Friand, Muireur, Barraguay-d'Hilliers, Vaux, Vial, Murat, Ménard, Bon, Brune, Rampon, Pigeon et Leclerc. Ces généraux et les troupes sous leurs ordres avaient en grande partie fait les guerres d'Italie.

La cavalerie s'embarquerait avec les harnais et sans chevaux, et chaque cavalier armé d'un fusil. Tous les corps avec leur dépôt, cent cartouches par homme; de l'eau dans les bâtimens pour un mois, des vivres pour deux.

Il fallait joindre à ces troupes 60 pièces d'artillerie de campagne, 40 grosses bouches à feu de siége, 2 compagnies de mineurs, un bataillon d'artillerie, 2 compagnies d'ouvriers et un bataillon de pontonniers, et en outre les compagnies de canonniers des demi-brigades.

Ces troupes devaient être prêtes au commencement de floréal. Le rendez-vous général était dans le golfe d'Ajaccio, pour en partir à la fin de floréal.

Le général Masséna noliserait à Civita-Vecchia les plus grands bâtimens qu'il pourrait trouver dans ce port, y embarquerait les troupes et l'artillerie, et les ferait partir sur-le-champ pour se rendre et rester jusqu'à nouvel ordre à Ajaccio.

On pourrait prendre sur les contributions de Rome de quoi subvenir aux frais de cet embarquement; on y affecterait spécialement celles des galères du pape qui seraient en état de tenir la mer.

Le général, commandant dans la Cisalpine, ferait à Gênes les mêmes dispositions; mais on y enverrait les fonds nécessaires pour noliser les bâtimens de transport, et on demanderait au Directoire de la république cisalpine deux galères pour servir à conduire les troupes et escorter le convoi.

À Nice, Antibes et Marseille, le ministre de la marine frèterait les plus gros bâtimens de commerce en assez grand nombre pour porter les troupes et l'artillerie, et assurer les approvisionnemens.

Le ministre de la guerre réunirait sur ces points les troupes, l'artillerie et les munitions nécessaires.

Il y avait à Toulon six vaisseaux de guerre, des frégates et des corvettes ; il fallait y joindre six tartanes canonnières.

Ces bâtimens réunis suffiraient pour porter la partie des troupes qui devait être embarquée à Toulon.

L'escadre, selon le rapport du ministre de la marine, serait prête à partir sous 15 jours. Mais elle manquait de matelots ; il proposait donc de mettre l'embargo sur les bâtimens nécessaires au transport de l'artillerie, et les noliser.

Sans compter les dépenses ordinaires, tant pour l'approvisionnement, l'armement et la solde de l'escadre, la solde, la nourriture et l'habillement des troupes, que pour l'artillerie et le génie, auxquelles il était indispensable de pourvoir en effectif, il faudrait une dépense extraordinaire de 5 millions, par conséquent, 8 ou 9 en tout [1].

Pour remplir promptement le grand objet de l'armement de la Méditerranée, le Directoire prit

---

[1] Note du 15 ventôse an VI (5 mars 1798).

une série d'arrêtés rédigés par Bonaparte et minutés de sa main. Le secrétaire général ne fut pas mis dans le secret; ils furent expédiés, par Merlin qui venait d'être nommé président, aux ministres et à Bonaparte. « Vous êtes chargé en chef de leur exécution, lui écrivit le Directoire, vous voudrez bien prendre les moyens les plus prompts et les plus sûrs. Les ministres de la guerre, de la marine et des finances sont prévenus de se conformer aux instructions que vous leur transmettrez, sur ce point important, dont votre patriotisme a le secret, et dont le Directoire ne pouvait pas mieux confier le succès qu'à votre génie et à votre amour pour la vraie gloire »[1].

Dès ce moment, Bonaparte eut la dictature de l'expédition, et donna l'impulsion la plus rapide à ses préparatifs. L'exécution en fut confiée sous ses ordres directs à une commission dite de *l'armement des côtes de la Méditerranée*, composée du contre-amiral Blanquet-Duchayla, nommé inspecteur de ces côtes, de l'ordonnateur de la marine Leroy, de l'ordonnateur en chef de l'armée de terre Sucy, et du général Dommartin, inspecteur de l'artillerie.

Les officiers civils et militaires de la marine, les commissaires du gouvernement près les administrations, les officiers commandant sur les différens points de la côte, devaient obtempérer aux réquisitions qui leur seraient faites par la commission.

[1] Lettre du 15 ventôse (5 mars 1798), signée La Réveillère-Lepaux, Merlin et Barras.

Il lui fut prescrit de prendre des mesures pour se procurer à Nice, Gênes, Antibes, Toulon et Marseille, tous les bâtimens nécessaires au transport des troupes et de l'artillerie, de pourvoir à l'approvisionnement de ces troupes en vivres pour deux mois et en eau pour un mois, de lever des matelots et d'achever l'armement de l'escadre, de manière à ce que tout fût près du 20 au 30 germinal (du 10 au 20 avril 1798.)

Le ministre des finances fut chargé de faire verser, sur les crédits des ministres de la guerre et de la marine, un million dans la caisse du payeur de la commission, avant le 20 ventôse (10 mars), et 500,000 francs par décade, à partir de cette époque.

Pour faire connaître les mesures commandées par Bonaparte dans une foule d'ordres et de dépêches, nous allons en donner une rapide analyse.

Il adressa, le 17 ventôse (7 mars), à la commission de l'armement des côtes, que nous appellerons de la *Méditerranée*, une instruction qui indiquait les mesures à prendre pour l'armement et l'approvisionnement des vaisseaux à Toulon, la solde des équipages et des troupes, l'embarquement des hommes, de l'artillerie de siège et de campagne, des munitions et l'emploi des fonds. Il lui prescrivait de ne correspondre qu'avec lui seul, certain que le succès de son entreprise dépendait de la force et de l'unité de volonté.

Mais il ne s'en rapportait pas seulement au zèle de cette commission ; il adressait des instructions particulières aux différens chefs de service, correspondait directement avec tout le monde, et tenait dans ses mains les fils multipliés par lesquels il faisait tout mouvoir. Il ne tolérait point de retard; il ne connaissait point d'obstacle.

Les préparatifs faits par le général Dommartin, chargé de l'artillerie, traînaient en longueur. Il allait chercher bien loin ce qu'il avait sous la main. « Voyez, lui mandait Bonaparte, à prendre à Toulon, Antibes, Nice et Marseille, ce qui vous serait nécessaire. Il y a à Nice toutes les pièces de 24 que vous pouvez désirer, et sur la côte de la Méditerranée plus de 60 mortiers à la Gomère. Il faut être prêt à partir pour les premiers jours de floréal; vous sentez bien que les bombes que vous faites faire dans le Forez, ne peuvent pas être prêtes pour cette époque [1].

Les troupes, le matériel et le personnel, tout se dirigeait sur Civita-Vecchia, Gênes, Nice, Toulon, Marseille et la Corse. La plus grande activité régnait dans ces ports. Le rendez-vous général était donné à Ajaccio; on y établissait un hôpital de 500 lits; on y rassemblait des approvisionnemens pour 25,000 hommes pendant 10 jours.

Barraguay d'Hilliers avait le commandement de la division dont l'embarquement se préparait à Gênes, et celui de la division qui devait s'embarquer à Civita-Vecchia, fut donné à Desaix. Ils étaient chargés de presser les armemens; le général en chef de l'armée d'Italie les aidait de tous ses moyens. Ce fut d'abord Berthier, ensuite

---

[1] Lettre du 16 germinal (5 avril).

Brune, qui lui succéda. Dans une lettre à ce général, on voit la haute idée que Bonaparte avait de son expédition. « Vous avez, lui mandait-il, beaucoup à faire dans le pays où vous êtes. J'espère que ce sera le passage d'où vous viendrez me rejoindre pour donner le dernier coup de main à la plus grande entreprise qui ait encore été exécutée parmi les hommes » ; et l'esprit toujours occupé de cette Italie, sa glorieuse conquête, il ajoutait : « Entourez-vous d'hommes à talens et forts. Je vous recommande de protéger l'observatoire de Milan ; et entre autres Oriani, qui se plaint de la conduite qu'on tient à son égard ; c'est le meilleur géomètre qu'il y ait eu [1]. »

Toutes les troupes qui étaient dans le Midi se réunissaient à Marseille et Toulon.

Une division d'infanterie et de cavalerie, dans laquelle commandaient les généraux Rampon et Pigeon, et où le commandement de la cavalerie fut donné à Leclerc, fut détachée de l'armée d'Helvétie. Avant leur départ, les troupes furent averties qu'elles se rendaient à Toulon pour une expédition importante, sous les ordres du général Bonaparte. Arrivées à Lyon, elles devaient s'embarquer sur le Rhône jusqu'à Avignon, et de là continuer leur route par terre. Lannes fut envoyé à Lyon pour faire d'avance préparer les bateaux et distribuer aux troupes, suivant leurs besoins, des effets d'habillement et d'équipement. L'ordre fut donné de diriger sur Gênes la compagnie des

---

[1] Lettre du 15 germinal (2 avril.).

guides de Bonaparte, qui était dans le département du Montblanc, ainsi que 25 guides qui étaient restés en Italie aux hôpitaux ou auprès de Berthier.

Bonaparte mettait tous ses soins à assurer la solde des troupes, leur prêt, leur subsistance, à ce qu'elles eussent le vin ou l'eau-de-vie tous les jours, à ce qu'elles ne manquassent de rien. Il assignait le placement de la cavalerie, de l'infanterie, combinait la proximité des ports d'embarquement avec les moyens de faire subsister les hommes et les chevaux.

On n'embarquait de chevaux que ce qui était indispensable pour traîner l'artillerie et avoir au débarquement une poignée de cavalerie. Il emmenait 2500 cavaliers à pied avec l'équipement de leurs chevaux; et comme il comptait trouver en Égypte 10 ou 12,000 bons chevaux, il demandait même au Directoire de lui donner plus de cavaliers. Bonaparte ordonna de compléter les musiques des différens corps, et de faire provision de tambours.

Il ne passait que 3 chevaux à un général de division, 2 à un général de brigade, 1 à un chef de brigade et à tous les officiers qui avaient droit à des chevaux; 3 au commissaire-ordonnateur, 1 à un commissaire des guerres; mais il donnait à chacun la liberté d'embarquer le nombre de selles et palfreniers pour les chevaux que la loi lui accordait.

Il voulait que les lieutenans et les sous-officiers d'infanterie légère, les sous-officiers de l'infanterie de bataille et les canonniers à pied, fussent armés de fusils.

Il désignait au ministre de la guerre les généraux et officiers supérieurs de toutes armes qu'il désirait employer dans l'expédition, et leur assignait des commandemens ou des destinations.

Il demandait un millier de tentes, des armuriers, des serruriers, des calfats, des charrons, toutes sortes d'ouvriers.

A la tête du service de santé étaient le médecin Desgenettes et le chirurgien Larrey. Outre les officiers de santé que l'on dirigeait de l'intérieur de la République dans les ports, Bonaparte, persuadé qu'on ne pouvait en avoir trop, écrivait d'en prendre le plus possible à l'armée d'Italie et dans le pays même, français ou italiens. Il déterminait le nombre nécessaire de directeurs d'hôpitaux, de pharmaciens, d'infirmiers. Il voulait une pharmacie à bord de chaque bâtiment pour ses malades pendant la traversée; il recommandait de se pourvoir d'une quantité de médicamens proportionnée à la force de l'armée, c'est-à-dire pour 30,000 hommes.

Il correspondait activement à Paris avec le ministre des finances et la trésorerie; et non content de leur écrire, il allait lui-même les relancer pour accélérer les envois de fonds. Il écrivait aux payeurs et aux ordonnateurs dans les ports pour les leur annoncer, les encourager, et soutenir leur confiance. Cependant la commission de la Méditerranée se trouvant un moment embarrassée, envoya l'ordonnateur Sucy à Paris pour s'entendre avec Bonaparte : Il répondit : « Vous ne devez avoir aucune inquiétude pour l'argent. Les dispositions sont faites depuis long-temps pour qu'il arrive dix millions dans les caisses du payeur de la marine. » Et après avoir fait le relevé des envois, « marchez hardiment, rassurez les fournisseurs. Je viens moi-même de la trésorerie, j'ai vérifié que ces fonds sont en pleine marche[1]. »

Dans l'intérieur de la République, presque tous les services étaient plus ou moins en souffrance. Pour les finances, le Directoire était souvent en guerre avec les conseils législatifs ; le trésor était dans la pénurie. Mais pour l'expédition d'Égypte on trouvait de l'argent, on faisait des miracles. Rien n'était épargné, on réunissait toutes les ressources. Le trésor de Berne se trouva là fort à propos. A la demande de Bonaparte, le Directoire donna l'ordre d'en faire passer en poste trois millions à Lyon. Bonaparte écrivit au général Schauenbourg d'en accélérer le plus possible l'envoi, ces fonds étant destinés à *l'armée d'Angleterre*[2].

On a imputé à Bonaparte d'avoir favorisé, provoqué même la révolution de la Suisse, dans la vue de s'emparer de ce trésor pour les frais de son expédition. Lorsqu'en frimaire de l'an 6, les troupes françaises entrèrent en Helvétie, on ne parlait en France que de la descente en Angleterre. L'expédition d'Égypte ne fut décidée que le 15 ventôse, et c'est ce jour là même que les Français entraient à Berne. Comment Bonaparte

---

[1] Lettre du 8 germinal (28 mars).
[2] Lettre du 13 germinal (2 avril).

et le Directoire auraient-ils pu prévoir qu'on laisserait à leur disposition un trésor qu'il était si facile d'enlever avant l'invasion, et de mettre en sûreté?

Général en chef de l'armée d'Italie, Bonaparte avait destiné au marquis de Gallo un présent en diamans valant 100,000 francs. Il écrivit à Berthier de le remettre à Belleville, ministre français à Gênes, à l'un et à l'autre de garder le secret le plus profond, afin que cela ne produisît pas un mauvais effet, et au dernier de vendre ce présent, d'en envoyer le produit à la caisse du payeur, et de n'en disposer que sur son ordre et pour des événemens extraordinaires [1].

Sur la proposition de Bonaparte, Estève fut nommé payeur-général de l'armée d'expédition, et Poussielgue contrôleur.

L'expédition d'Égypte n'est pas une invasion de barbares qui vont y porter le pillage et la dévastation. Soit qu'elle devienne le point d'appui d'une expédition dans l'Inde, soit qu'on se borne à y fonder une colonie française, les élémens que Bonaparte a rassemblés pour en faire la conquête, ne lui suffisent pas pour la conserver : outre des généraux, des soldats, des canons, il lui faut des administrateurs, des savans, des artistes, des ouvriers. Pour établir et multiplier ses relations avec les habitans du pays, pour répandre parmi eux ses ordres, ses conseils, ses desseins, ses

[1] Lettre du 13 germinal.

pensées, il lui faut d'habiles interprètes, des Européens qui aient vécu dans l'Orient.

Cinq jeunes de langue, Raige, Belletête, Chézy, Laporte et Jaubert; l'ancien consul français au Kaire, Magallon; Venture, employé aux relations extérieures, et Panuzen, interprète, furent attachés à l'expédition; il voulut avoir aussi Peyron, qui avait été longtemps agent du gouvernement royal auprès du sultan Tippo-Saïb, et qu'il espérait faire passer aux Indes pour y renouer les anciennes intelligences.

Il désigna des savans et des artistes pour l'accompagner. C'étaient Dangés, Duc-la-Chapelle, astronomes; Costaz, Fourier, Monge, Molard, géomètres; Conté, chef de bataillon des aérostiers; Thouin, Geoffroy, Delille, naturalistes; Dolomieu, minéralogiste; Berthollet, chimiste, Dupuis, antiquaire; Isnard, Lepère (Gratien), Lancret, Lefebvre, Chézy, ingénieurs des ponts et chaussées[1]. Leurs places en France leur étaient conservées; il leur était alloué une indemnité de route et un traitement extraordinaire. Pour leur cacher leur véritable destination, on annonçait aux uns qu'ils iraient à Bordeaux, aux autres qu'ils iraient à Flessingue. Monge était à Rome; Bonaparte, qui avait beaucoup d'amitié pour lui, lui écrivit : « Nous avons un tiers de l'Institut et des instrumens de toute espèce. Je compte sur l'imprimerie arabe de la Propagande et sur vous,

---

[1] Cette liste fut ensuite modifiée, mais surtout augmentée.

dussé-je remonter le Tibre avec l'escadre pour vous prendre »¹.

L'imprimerie nationale de la République était aussi appelée à fournir son contingent à l'expédition. Bonaparte demanda tous les caractères arabes et grecs qui y existaient, excepté les matrices, et des caractères français pour trois presses. Dubois-Laverne, directeur de l'imprimerie, et le citoyen Langlès, montrèrent beaucoup de mauvaise volonté.

Bonaparte s'en plaignit au ministre de l'intérieur, et le pria de donner des ordres pour que ces caractères fussent emballés et que Langlès les suivît, la République ayant le droit de l'exiger puisqu'elle avait fait son éducation et qu'elle l'entretenait depuis long-temps. Quant'aux caractères grecs, « il y en a, écrivait-il, puisque l'on imprime en ce moment Xénophon ; et ce n'est pas un grand mal que le Xénophon soit retardé de trois mois, pendant lesquels on fera d'autres caractères, les matrices restant ² ».

Dubois-Laverne et Langlès ne partirent point. Le premier fut remplacé dans l'expédition par Marcel, nommé directeur de l'imprimerie nationale, après la mort de Dubois-Laverne.

Barraguay-d'Hilliers eut l'ordre d'embarquer à Gênes les ingénieurs géographes et des ponts et chaussées attachés à l'armée d'Italie. Ce fut un re-

---

¹ Lettres des 15 et 16 germinal.
² Lettre du 6 germinal.

crutement important pour l'institut du Kaire, les travaux et les recherches scientifiques.

Ce fut seulement à la fin de germinal que 40 savans, artistes, ingénieurs, ouvriers, surent enfin que leur destination était, non pas l'Égypte, mais Rome, et qu'ils allaient se rendre à Toulon. Berthier, chef de l'état-major *de l'armée d'Angleterre*, leur délivra des passeports. Toutes les précautions furent prises pour que rien ne les arrêtât dans leur route, et qu'ils fussent, à leur arrivée à Toulon et à Marseille, reçus et logés convenablement.

Bonaparte avait fixé le départ de l'expédition vers le 1er. floréal. Il se disposait donc à partir bientôt pour Toulon; mais au moment de quitter la France, sa pensée se reporta vers cette descente en Angleterre qu'on a mal à propos traitée de projet imaginaire, et au commandement de laquelle il avait été réellement destiné. Il remit au Directoire, le 24 germinal (13 avril), une note renfermant des conseils sur les mesures à prendre pour exécuter l'hiver suivant cette descente dont le général regardait alors le succès comme presque certain; il pensait même que cette grande entreprise serait facilitée par l'expédition d'Égypte, dont le résultat devait être de diviser les forces de l'Angleterre, et de l'obliger à un effort immense qui l'épuiserait [1].

Quoique le Directoire eût donné à Bonaparte

---

[1] Voyez pièces justificatives, n°. 1er. Nous aurons occasion, dans le cours de la campagne, de rappeler cette note.

le commandement de l'armée d'Égypte, et l'eût chargé d'ordonner tous les préparatifs de l'expédition, il ne reçut que le 23 germinal (12) l'arrêté en date de ce jour qui lui conférait ce commandement, et le pouvoir d'embarquer avec lui telle portion des troupes de terre et de mer alors stationnées dans les 8e. et 23e. divisions militaires qu'il jugerait convenable ; et qui l'autorisait à donner, dans le cours de l'expédition, de l'avancement aux militaires qui lui en paraîtraient dignes par leur zèle, leurs talens et leurs services.

Dans le principe on avait compté pour l'expédition, et surtout pour l'armement de Toulon, sur l'escadre du contre-amiral Brueys, composée de six vaisseaux et six frégates françaises, cinq vaisseaux et trois frégates vénitiennes, et deux cutters pris aux Anglais. Mais craignant que Brueys, qui était à Corfou, ne fût pas arrivé à temps à Toulon, Bonaparte était plutôt résolu à s'en passer qu'à retarder, pour l'attendre, le départ de l'expédition. Les six vaisseaux de guerre qui étaient en rade de Toulon, *le Conquérant*, que l'on armait, les frégates et les briks, lui paraissaient suffisans pour porter facilement 6,000 hommes ; il ne fallait donc plus que des bâtimens de transport pour les 4,000 hommes restant du corps d'armée qui devait s'embarquer dans ce port, Bonaparte chargea la commission de la Méditerranée de se les procurer[1].

A peine venait-il d'expédier cet ordre, qu'il

---

[1] Lettre du 5 germinal.

apprit que Brueys était parti de Corfou, le 6 ventôse, avec son escadre; et que le chef de division Perrée avait quitté Ancône, le 12, avec deux frégates françaises et deux vénitiennes. Il les présumait déjà arrivés à Toulon, et il écrivit à la commission de s'occuper aussitôt de l'entier armement de ces bâtimens qu'il supposait capables de porter les 10,000 hommes à embarquer dans ce port. Il espérait qu'ils pourraient être prêts à partir dans quinze jours, c'est-à-dire du 20 au 25 germinal. A cette dépêche étaient joints des plans et l'ordre de la construction de 30 pontons ne devant pas peser chacun plus de 900 livres, de deux petits bateaux portant une pièce de 12, n'excédant pas l'un le poids de dix milliers, d'une petite corvette portant une pièce de 24 et plusieurs pièces de 6, qui se divisât en parties pour pouvoir être transportée sur huit diables; ces différens bâtimens étant destinés à être transportés par terre, il recommandait donc de tout sacrifier à la légèreté[1].

Dès ce moment Bonaparte entra aussi en correspondance avec le contre-amiral Brueys. « Vous aurez, lui écrivit-il, une des plus belles escadres qui soient sorties depuis long-temps de Toulon; elle vous mettra à même de remplir la mission brillante qui vous est destinée. Je serai fort aise de vous revoir; j'espère que ce sera dans peu de temps[2]. »

---

[1] Lettre du 6 germinal (26 mars).
[2] Lettre du 10 (30).

Il lui annonça que le Directoire voulant récompenser les services qu'il avait rendus dans la Méditerranée, où il naviguait depuis quinze mois, lui avait conféré le grade de vice-amiral, et qu'il recevrait incessament son brevet; que les chefs de division Decrès, Thévenard, Gantheaume et le capitaine Casabianca partaient pour aller le rejoindre [1].

Il paraît qui Brueys fut l'objet de quelque dénonciation; Bonaparte lui écrivit : « Le gouvernement a une entière confiance en vous, et ce ne seront pas quelques têtes folles, payées peut-être par nos ennemis pour semer le trouble dans nos escadres et nos armées, qui pourront le faire changer d'opinion [2]. »

Malgré l'étonnante activité portée dans les préparatifs de l'expédition, elle ne se trouva pas prête à la fin de germinal, comme l'avait espéré Bonaparte. Il fixa l'embarquement au 5 floréal pour partir du 6 au 7, et manda à Brueys : « Dans la première décade de floréal je serai à votre bord. Je crois indispensable que nous montions *l'Orient* qui est le vaisseau à trois ponts. Comme vous êtes le seul auquel j'écris que je dois me rendre à Toulon, il est inutile de le dire. Vous sentez qu'il est essentiel que le vaisseau-amiral ne soit pas le plus mal équipé. Faites-moi préparer un bon lit, comme pour un homme qui sera malade pendant toute la traversée. Faites de bonnes provisions. » En effet,

[1] Lettre du 24 germinal (13 avril).
[2] Lettre du 28 (17).

il emmenait sur le même bâtiment que lui, Berthier, chef de l'état-major, Caffarelli Dufalga, commandant du génie, Dommartin, commandant l'artillerie, l'ordonnateur Sucy, l'ordonnateur de la marine Leroy, le payeur général Estève, les médecins et chirurgiens en chef Desgenettes et Larrey, huit ou dix aides-de-camp, deux ou trois adjudans-généraux, et cinq ou six adjoints à l'état-major[1].

Cette lettre était accompagnée d'instructions pour l'ordonnateur Najac, auquel Bonaparte n'avait cessé de témoigner estime et confiance, et recommandait le plus grand secret. « Répandez, lui mandait-il, le bruit que le ministre de la marine va se rendre à Toulon, et faites en conséquence préparer un logement qui sera pour moi. La flotte qui va partir est due au zèle que vous avez montré dans toutes les circonstances. Je renouvellerai votre connaissance avec un plaisir particulier, et je me ferai un devoir de faire connaître au gouvernement les obligations que l'on vous a[2]. »

Les détails infinis dans lesquels entrait Bonaparte, si on les rapportait tous, paraîtraient minutieux; mais ils prouvent que rien ne lui échappait, et que son esprit prévoyant, infatigable, savait descendre aux plus petits objets, sans cesser de dominer l'ensemble. Ainsi on trouve dans sa correspondance la critique du prix des nolis pour les armemens de Gênes et de Civita-Vecchia. Il

---

[1] Lettre du 28 germinal.
[2] Lettre du 28.

recommandait à Desaix de ne payer les transports que par mois. Il se plaignait vivement de ce qu'à Gênes on avait nolisé 68 bâtimens jaugeant 12 à 13,000 tonneaux pour porter 6,000 hommes, lorsque, terme moyen, il suffisait d'un tonneau par homme, etc.

Voyant que l'escadre ne pourrait pas partir avant le 10 floréal, que la saison était déjà avancée, Bonaparte pensa que tout relâche occasionerait un retard trop considérable, et renonça à réunir les divers armemens en Corse, comme il en avait eu d'abord l'intention. Le 30 germinal (19 mars), il envoya donc l'ordre à Barraguay d'Hilliers de lever l'ancre de Gênes, si le temps le permettait, le 6 floréal, ou au plus tard le 7, et de se diriger sur Toulon avec toute sa division : l'escadre devait mettre à la voile le 10 au plus tard et se diriger droit sur les îles Saint-Pierre. Il écrivit à Desaix de se tenir prêt à partir au premier ordre, que leur point de réunion serait sur Malte, et lui traça ainsi sa route : « Côtoyez toutes les côtes de Naples, passez le phare de Messine, et mouillez à Syracuse, ou dans toute autre rade aux environs. » Quoiqu'on n'eût aucun indice que les Anglais eussent passé ou voulussent passer le détroit, pour que Desaix ne s'aventurât pas, Bonaparte préférait qu'il filât côte à côte. Il lui recommandait cependant d'expédier un aviso aux îles Saint-Pierre, pour croiser entre la Sardaigne et l'Afrique, afin que si les Anglais arrivaient aux îles Saint-Pierre avant l'escadre, il pût en être prévenu, et régler ses mouvemens en conséquence. Quoiqu'il pensât que

Desaix, dans un port du continent ou de la Sicile, n'avait rien à craindre des Anglais, il lui conseillait par prudence d'embarquer quatre pièces de 24, deux mortiers, deux grils à boulets rouges, 2 ou 300 coups par pièce, pour établir une bonne batterie [1].

Revenant le lendemain sur la route de Desaix, Bonaparte préférait de le voir aller à Syracuse plutôt qu'à Trapani, parce qu'il côtoierait toujours l'Italie et profiterait du vent de terre. Si pendant sa navigation, les vents devenaient contraires, s'opposaient à son passage par le détroit de Messine, et lui permettaient de se rendre promptement à Trapani, Bonaparte n'y voyait aucun inconvénient; mais dans ce cas il fallait doubler le cap, et qu'il se mit dans une rade d'où il pût sortir avec le même vent qui était nécessaire à l'escadre pour se rendre des îles Saint-Pierre à Malte. Alors il serait encore plus nécessaire qu'il fit croiser un aviso entre la Sardaigne et le Cap-Blanc, afin d'avoir à temps des nouvelles des Anglais s'ils venaient à paraître. Dans tous les cas, dès que l'escadre aurait passé les îles Saint-Pierre, Bonaparte enverrait un aviso à Trapani pour avoir des nouvelles de Desaix. De son côté, il était à propos qu'il envoyât aussi dans la petite île de Pantelaria, où Bonaparte en ferait prendre [2].

Enfin il écrivit à Najac (3 floréal). « Je pars demain dans la nuit, et je compte être le 8 à Toulon. »

[1] Lettre du 30 germinal (19 avril).
[2] Lettre du 1er. floréal (20).

Depuis le 15 ventôse, époque où l'expédition d'Égypte fut définitivement arrêtée, on ne parla plus dans les journaux que de ses préparatifs, il n'y fut plus que faiblement question de la descente en Angleterre. Était-ce pour mieux tromper encore le cabinet de Londres, et lui faire croire qu'on ne paraissait avoir abandonné une attaque directe contre la Grande-Bretagne, que pour mieux en assurer le succès?

Quoi qu'il en soit, le gouvernement anglais rassembla sous sa main la plus grande partie de ses forces, et laissa la Méditerranée pour ainsi dire ouverte aux flottes françaises qui s'y trouvaient en armement. Les uns en ont conclu que l'Angleterre avait pris le change, et n'avait pas soupçonné le but réel de l'expédition; d'autres ont prétendu [*] que le cabinet anglais l'avait lui-même fait conseiller au Directoire et à Bonaparte, pour détourner l'orage qui menaçait la Grande-Bretagne, brouiller la Porte avec la France, et disséminer ses forces au moment où une nouvelle coalition se préparait contre elle. C'est aussi faire trop d'honneur au génie de Pitt, et trop rabaisser celui de Bonaparte. Il suffit de se rappeler sa correspondance de Passériano, avant la paix avec l'Autriche, pour être convaincu que l'expédition d'Égypte avait pris naissance ailleurs que dans la tête du ministre anglais. Concluons donc que, dans toutes les hypothèses, le cabinet britannique agit très-sagement en prenant tous les moyens de

---

[*] Botta, *Histoire d'Italie*, tome III, page 165.

se préserver du danger le plus imminent pour son pays, plutôt que de s'y exposer en éparpillant ses forces pour être partout, et prévenir des périls éloignés.

Du reste, en France, des hommes du premier rang, dans le gouvernement et l'armée, et des généraux qui devaient être de l'expédition, furent long-temps sans en connaître la destination. Le ministre de la guerre, Scherer pria, dit-on, par un billet, le général Bonaparte *de le mener au Directoire pour connaître enfin l'objet des immenses préparatifs* qui se faisaient de toutes parts.

Le général Moreau, trompé comme tout le monde par les apparences, écrivit à Bonaparte, général en chef de l'armée d'Angleterre, 5 germinal (25 mars):

« Il est peu de Français qui depuis long-temps ne désirent une descente en Angleterre; il en est peu qui ne soient persuadés de la réussite de cette expédition, depuis que vous vous êtes chargé de la commander.

Et il est du devoir de ceux qui aiment leur pays, à qui la guerre a donné quelque expérience, de vous faire part de tout ce qu'ils jugeront susceptible d'en assurer le succès; à ce titre, j'ai pensé devoir vous communiquer quelques réflexions sur cette entreprise périlleuse.

Et il terminait ainsi sa lettre:

Je désire, citoyen général, que ces réflexions puissent vous être de quelque utilité. J'ai trop à cœur les succès de mon pays, pour ne pas me faire un devoir de vous communiquer tout ce que je croirai pouvoir contribuer à la réussite d'une expédition, qui, en assurant à la République une paix durable, mettra le comble à votre gloire particulière. »

D'après les journaux, la levée des marins dans la Méditerranée était en grande activité. Six vaisseaux de ligne étaient déjà armés à Toulon, et plusieurs autres en armement.

Berthier était arrivé à Gênes, avait demandé au gouvernement de mettre à sa disposition tous les bâtimens en état de service pour une expédition importante et secrète. Soixante-dix vaisseaux lui avaient été aussitôt fournis et on travaillait à leur équipement.

Il se préparait une expédition à la fois savante et militaire, dont la destination était pour une autre partie du monde. Des hommes très-distingués dans toutes les sciences et dans tous les arts, en faisaient partie; les combattans étaient au nombre de 20,000. On parlait de l'Égypte où les Français iraient descendre, disait-on, du consentement du grand seigneur. Peut-être était-on destiné à voir renouveler une expédition plus brillante que ne l'avait été celle d'Alexandre. Le fait était que l'on se perdait en conjectures et qu'on ne pouvait faire mieux, tant le gouvernement gardait bien son secret.

En même temps les armemens se pressaient dans les ports de l'Océan. Il y avait déjà huit vaisseaux en rade à Brest. Le contre-amiral Nielly avait le commandement des forces navales.

D'après les rapports qui lui avaient été adressés

par le ministre de la marine pendant son voyage à Brest, et considérant que le défaut de concert entre les opérations de l'armée de terre et celles de l'armée navale, destinées à l'expédition contre l'Angleterre, apportait des obstacles à leur célérité, et pouvait en entraver les succès, le Directoire avait arrêté, 13 germinal (2 avril), que le général Bonaparte se rendrait à Brest dans le courant de la décade pour y prendre le commandement de l'armée d'Angleterre; qu'il était chargé de la direction de toutes les forces de terre et de mer, destinées à l'expédition contre l'Angleterre.

On publiait la liste des savans qui feraient partie de la grande expédition que l'on préparait. Les instrumens qui devaient leur servir étaient partis la veille de Paris. Ces savans allaient en Égypte, disait celui-ci ; ils allaient aux Indes, disait celui-là ; un troisième ajoutait : ils vont percer l'isthme de Suez.

Le général Bonaparte devait partir sous peu pour Toulon, et son épouse devait l'y suivre.

On répandit à Milan que Bonaparte se rendait à Toulon et de là à Gênes, pour y faire exécuter sous ses yeux l'embarquement qui s'y préparait. Les uns disaient que cette division de l'armée navale devait agir contre le Portugal, les autres qu'elle devait se réunir à la grande armée de Brest.

Des esprits, ou plus pénétrans ou plus romanesques, pensaient qu'elle devait porter jusqu'à l'isthme de Suez 20 ou 30,000 hommes d'élite qui passeraient de là dans l'Inde pour en chasser les Anglais.

A tous ces bruits quelques feuilles publiques ajoutèrent même que le général avait quitté Paris, mais cette nouvelle fut bientôt démentie et l'on apprit qu'au moment où il achevait ses préparatifs, des circonstances graves et imprévues étaient venues jeter de l'hésitation dans son esprit et inquiéter les directeurs ; c'étaient les révolutions de Suisse et de Rome, et l'insulte faite à Vienne à l'ambassadeur français, Bernadotte.

Le Directoire, dit-on, manda Bonaparte pour s'appuyer de son influence sur l'opinion, lui donna connaissance d'un message aux conseils pour déclarer la guerre à l'Autriche, et d'un décret qui lui conférait le commandement de l'armée d'Allemagne. Mais l'opinion du Directoire ne fut point partagée par Bonaparte. Suivant lui, le choix de Bernadotte était mauvais, son caractère était trop exalté pour un ambassadeur, sa tête n'était pas assez calme, il avait eu matériellement tort. Déclarer la guerre à l'Autriche c'était jouer le jeu de l'Angleterre. Croire que, si le cabinet de Vienne eût voulu la guerre, il eût insulté l'ambassadeur, c'était peu connaître sa politique. Il aurait au contraire caressé, endormi, tout en faisant marcher ses troupes. On pouvait être certain qu'il donnerait satisfaction. Se laisser entraîner ainsi par tous les événemens, c'était ne point avoir de système politique [1]. L'avis de Bonaparte prévalut ; le Directoire attendit.

[1] Montholon, tome IV, page 295.

En arborant le drapeau tricolor à son hôtel, Bernadotte fut entrainé sans doute par un sentiment exalté de la dignité de la République. Mais le moment était mal choisi, et ce fut une faute.

On n'aurait pas trouvé bon, à Paris, lorsqu'on y fêtait les victoires de la République, qu'un ambassadeur d'Autriche y eût fêté celles de son pays, s'il en avait eu à célébrer; mais la faute de Bernadotte, et le choix de sa personne, bon ou mauvais ou désagréable à l'Autriche, ne légitimaient point la violation de son caractère, suscitée ou au moins tolérée par un gouvernement dont la police est toujours prête à empêcher le rassemblement de quatre individus, dans une rue de la capitale. Le Directoire se serait dégradé en donnant tort à son ambassadeur et en supportant cette injure. Malgré cette affaire et la répugnance de Bernadotte pour les ambassades, le Directoire le nomma peu de temps après ministre plénipotentiaire près la République Batave. Il refusa, et dans sa fierté républicaine, répondit au Directoire qui avait approuvé sa conduite : « Vous avez justement senti que la réputation d'un homme qui avait contribué à placer sur son piédestal la statue de la liberté, était une propriété nationale. »

Au premier bruit de l'événement de Vienne, Bonaparte expédia, le 4 floréal (23 avril), des contre-ordres dans la Méditerranée. Il ordonna aux généraux Barraguay-d'Hilliers, à Gênes, et Desaix, à Civita-Vecchia, de débarquer leurs troupes, si elles étaient embarquées ; de rentrer dans le port, si elles avaient mis à la voile; et de les cantonner de manière à pouvoir les embarquer en 48 heures.

Il prévint le général Brune que ces troupes étaient mises à sa disposition, si des indices lui faisaient penser qu'il en avait besoin. « Dans ces nouvelles mesures, lui mandait-il, vous voyez l'effet des événemens qui viennent d'arriver à Vienne, sur lesquels cependant le gouvernement n'a encore rien de positif. Si jamais les affaires se brouillent, je crois que les principaux efforts des Autrichiens seraient tournés de votre côté, et, dans ce cas, je sens bien que vous auriez besoin de beaucoup de moyens, et surtout de beaucoup d'argent [1] ».

Si l'on en croit Napoléon, il commença alors à craindre, qu'au milieu des orages qu'accumulaient chaque jour la marche incertaine du gouvernement et la nature des choses, une entreprise en Orient ne fût devenue contraire aux vrais intérêts de la patrie. « L'Europe, dit-il au Directoire, n'est rien moins que tranquille; le congrès de Rastadt ne se termine pas; vous êtes obligés de garder vos troupes dans l'intérieur, pour assurer les élections; il vous en faut pour comprimer les départemens de l'Ouest. Ne convient-il pas de contremander l'expédition, et d'attendre des circonstances plus favorables? » Le Directoire alarmé, craignant qu'il ne voulût se mettre à la tête

---

[1] Lettre du 5 floréal (25 avril).

des affaires, n'en fut que plus ardent à presser l'expédition [1].

On va voir par la suite de la correspondance de Bonaparte, jusqu'à quel point cette assertion peut être fondée.

Comme il l'avait prévu, l'Autriche offrit satisfaction, et envoya le comte de Cobentzel à Rastadt. De son côté, le Directoire nomma Bonaparte pour s'y rendre. Le journal officiel (*le Rédacteur*), du 8 floréal, annonça son départ. Le 9, il écrivit à Dufalga : « Vous avez appris l'événement de Vienne. La nouvelle en est venue au moment où j'allais partir, et a dû nécessairement occasioner un retard; j'espère cependant que cela ne dérangera rien. Peut-être serai-je obligé d'aller à Rastadt, pour avoir une entrevue avec le comte de Cobentzel; et, si tout allait bien, je partirais de Rastadt pour Toulon. »

Il donna contre-ordre au convoi de Gênes qui devait se rendre à Toulon; et décida au contraire que l'escadre le prendrait en passant, et irait même à Civita-Vecchia.

Il donna les mêmes avis au vice-amiral Brueys, ajoutant que ce retard de quelques jours ne changerait rien à l'expédition, et que le convoi de Marseille, arrivé à Toulon, devait être tenu en grande rade et prêt à partir [2]. Le convoi se composait de trois divisions : celles des généraux Mesnard, Kléber et Reynier; les deux derniers étaient de

---

[1] Montholon, tome IV, p. 297.
[2] Lettre du 9 floréal (28 avril).

l'armée du Rhin. Tombé dans la disgrâce du Directoire, pour lequel il affichait le plus profond mépris, Kléber était sans activité, et vivait à Chaillot, dans l'obscurité, avec son ami Moreau.

Jaloux de se l'attacher, Bonaparte lui proposa de faire partie de l'expédition contre l'Angleterre. — Je le voudrais bien, répondit-il ; mais si je le demande, les avocats (le Directoire) me le refuseront. — Je m'en charge. — Eh bien ! si vous jetez un brûlot sur la Tamise, mettez Kléber dedans, vous verrez ce qu'il sait faire¹. Bonaparte le demanda au Directoire, qui saisit avec empressement l'occasion d'éloigner un général frondeur et difficile à réduire. Rempli d'admiration pour la gloire militaire de Bonaparte, mais peu confiant dans ses principes politiques, en quittant Paris, vers la fin de germinal, Kléber dit, dans son cynisme énergique : *Je pars pour voir ce que ce petit b..... là a dans le ventre.* Bonaparte lui donna, au moment de l'embarquement, une division de troupes, et le commandement supérieur de celles de Mesnard et Reynier qui composaient le convoi de Marseille².

Tel était l'ascendant de Bonaparte, que, de tous les partis, on accourait s'associer à la fortune d'un guerrier qui promettait aux armes françaises une nouvelle moisson de lauriers, et de gloire à la patrie. Deux généraux de l'ancienne armée vinrent se ranger sous son drapeau. Le plus ancien divi-

---

¹ Antommarchi, tome II, page 65.
² Ordre du 9 floréal.

sionnaire, Dumuy, quittait, pour l'Égypte, Paris et 100,000 livres de rente. Menou, en demandant du service en Orient, voulut justifier sa conduite au 13 vendémiaire an IV. « J'ai vu, lui répondit Bonaparte, cette affaire de plus près que personne. Je sais que vous avez été victime de la lâcheté et de la perfidie de commissaires ridicules, qui s'étaient attribué tout le pouvoir, pour laisser peser toute la responsabilité sur les généraux. » Et c'était sous les yeux du Directoire, où les conventionnels étaient en majorité, et en présence de Barras, l'un de ces commissaires, que Bonaparte s'exprimait ainsi.

Il n'alla point à Rastadt, soit que le Directoire fût entièrement revenu de ses craintes sur l'Autriche, soit que l'intervention du général dans négociation qui allait s'ouvrir à Seltz ne parût plus assez nécessaire pour l'emporter sur les inconvéniens de toute espèce que pouvait présenter le retard de l'expédition.

Bonaparte écrivit alors au comte de Cobentzel, du moins plusieurs écrivains le disent, une lettre dans laquelle il parlait beaucoup moins de l'affaire de Bernadotte, que d'arrangemens politiques propres à terminer les difficultés que le traité de Campo-Formio avait fait naître ou n'avait pas résolues. Cette lettre déplut singulièrement au Directoire ; on ne la trouve nulle part rapportée.

Le 13 floréal, l'obstacle apporté momentanément à son départ cessa, tout reprit son cours, et Bonaparte sa correspondance. Il écrivit à Barraguay-d'Hilliers, à Desaix, au vice-amiral Brueys, à la commission de la Méditerranée, d'embarquer les troupes le plutôt possible; donna de nouveau l'ordre à Barraguay-d'Hilliers d'amener son convoi à Toulon, et annonça à la commission que son départ de Paris était fixé au 14, et à Brueys, qu'il serait à son bord le 19. Il prévint le général Brune de ces mesures; et que pour remplacer les troupes des convois mises momentanément à sa disposition, on lui envoyait, par la Suisse, huit demi-brigades et deux régimens de cavalerie.

Malgré ces documens positifs, on prétend que Bonaparte hésitant à partir, le Directoire lui en intima l'ordre impérieux; qu'il y eut à ce sujet une scène violente dans laquelle Bonaparte ayant menacé de sa démission, le directeur Rewbel, lui présenta une plume pour la donner par écrit, et que le général, en sortant, dit à une personne de sa confidence : « La poire n'est pas mûre, partons; nous reviendrons quand il en sera temps. » Le fond de cette anecdote est vrai.

On a prétendu également que le soir du 16 floréal (5 mai), Bonaparte ne s'occupait encore que de son voyage à Rastadt, que le projet de l'expédition était tout-à-fait oublié, qu'il parlait même de la manière de vivre qu'il adopterait à son retour, lorsque Barras entra, l'air extraordinairement sombre, et eut une conversation particulière avec Bonaparte, qui partit, dans la nuit même, pour Toulon[1].

---

[1] Miot, introduction, page 20.
On a dit que Bonaparte, partant pour l'Égypte, prit le fils de

On en concluait que ce directeur était venu réitérer au général l'ordre formel de partir. Le 15 il était déjà en route.

Malgré la notoriété des préparatifs, le public ignorait encore le but de l'expédition de la Méditerranée, quelle en était la force, quel était positivement le général qui la commanderait.

D'après les journaux qui continuaient à rapporter les divers bruits, 24,000 hommes allaient s'embarquer à Toulon le 1er. prairial.

Le général Desaix était, depuis quelques jours, à Rome. Il devait commander l'expédition. On croyait généralement qu'elle allait aux Indes.

Sept cents marins, du quartier de Dieppe, s'étaient rendus au Hâvre, pour monter les vaisseaux de la République; 1,600, du quartier de Granville, étaient partis pour Brest.

Dans l'opinion publique ces faits étaient considérés comme se rattachant essentiellement les uns aux autres. L'Angleterre elle-même, malgré son habileté à se mettre au fait des secrets de la politique étrangère, parut partager l'erreur générale.

Dans un message du roi d'Angleterre à la chambre des communes, 2 floréal (21 avril), il était dit que, « les préparatifs d'embarquement de troupes et de munitions de guerre paraissaient se

---

Merlin comme otage. Il suffit de répondre que ce jeune homme, alors âgé de 18 ans, voulut être de l'expédition et en parla à son père. Le directeur alla le présenter à Bonaparte, qui le nomma son aide-de-camp.

continuer avec un redoublement d'activité dans les ports de France, de Flandre et de Hollande, et que leur objet avoué était l'envahissement *des dominations de Sa Majesté.* Elle se reposait sur le courage de la nation. » Il y eut, à ce sujet, une scène imposante et nouvelle dans les annales du parlement britannique; l'opposition, dominée par son patriotisme, se réunit presque en totalité au parti ministériel, pour aviser avec lui aux moyens de sauver la patrie d'un aussi grand péril.

Cependant il continuait d'arriver, à Civita-Vecchia, des troupes qui devaient s'embarquer sous les ordres du général Desaix; il en arrivait aussi à Gênes. On donnait le nom *d'aile gauche de l'armée d'Angleterre* aux différentes troupes qui étaient à Civita-Vecchia, à Gênes, à Bastia et à Toulon.

On conjecturait, avec quelque apparence de réalité, qu'une partie de l'expédition qui se préparait, était destinée contre le dey d'Alger. Il s'agissait de venger la mort du consul-général Jean-Bon-Saint-André, à qui, disait-on, le dey avait fait couper la tête.

Enfin Bonaparte partit de Paris, le 15 floréal (4 mai), pour se rendre à Toulon.

« On assure de tous côtés, dit *le Moniteur,* que le général Bonaparte, qui n'avait point quitté Paris, quoique des journaux qu'on devait croire bien informés, eussent annoncé son départ pour Rastadt, est parti, le 15, de très-grand matin, et que ce n'est point pour Rastadt. »

« On dit que c'est pour Toulon qu'est parti le

général Bonaparte, disait le même journal du 25; que la flotte de ce port, jointe à la flotte ex-vénitienne, doit tâcher de débloquer l'escadre espagnole enfermée à Cadix, se réunir à elle pour se rendre à Brest, d'où elles partiront pour l'expédition d'Angleterre, avec la flotte de l'Océan, aussitôt que les troupes nécessaires à l'expédition auront été embarquées dans les différens ports. »

Ce fut en effet la conjecture qui domina dans le cabinet anglais.

Bonaparte, en descendant rapidement vers Toulon, ne cessait de s'occuper des détails de l'embarquement. Dans ses courtes stations, il écrivit à la commission d'armement et à l'ordonnateur Najac, qui lui demandaient des explications.

Il tenait beaucoup à ce que sa compagnie des guides l'accompagnât en Égypte; elle n'était pas encore à Lyon et n'y était attendue que le 20; il y donna l'ordre en passant qu'on la lui expédiât à Toulon par les moyens les plus prompts.

Lui-même arriva dans cette ville le 20 floréal (9 mai).

Les troupes de terre et de mer l'attendaient avec la plus vive impatience, car elles avaient craint qu'il ne commandât pas l'expédition. Les autres généraux étaient faits pour donner de la confiance, mais le vainqueur de l'Italie inspirait un dévoûment sans bornes; son nom seul fixait toutes les espérances; sa présence excita l'enthousiasme. Il fut reçu aux cris de : *Vive Bonaparte!*

vive notre père à tous! sous ses ordres, nous sommes sûrs de la victoire.

Il les passa sur-le-champ en revue, et leur parla ainsi :

« Officiers et soldats!

Il y a deux ans que je vins vous commander. A cette époque vous étiez dans la rivière de Gênes, dans la plus grande misère, manquant de tout, ayant sacrifié jusqu'à vos montres pour votre subsistance. Je vous promis de faire cesser vos misères; je vous conduisis en Italie; là, tout vous fut accordé. Ne vous ai-je pas tenu parole?

Eh bien! apprenez que vous n'avez pas encore assez fait pour la patrie, et que la patrie n'a pas encore assez fait pour vous.

Je vais actuellement vous mener dans un pays où, par vos exploits futurs, vous surpasserez ceux qui étonnent aujourd'hui vos admirateurs, et vous rendrez à la patrie les services qu'elle a droit d'attendre d'une armée d'invincibles.

Je promets à chaque soldat, qu'au retour de cette expédition, il aura à sa disposition de quoi acheter six arpens de terre.

Vous allez courir de nouveaux dangers, vous les partagerez avec nos frères les marins; cette arme, jusqu'ici, ne s'est pas rendue redoutable à nos ennemis; ses exploits n'ont point égalé les vôtres; les occasions lui ont manqué, mais le courage des marins est égal au vôtre. Leur volonté est celle de triompher, ils y parviendront avec vous.

Communiquez-leur cet esprit invincible qui partout vous rendit victorieux; secondez leurs efforts : vivez à bord dans cette bonne intelligence qui caractérise des hommes voués à la même cause. Ils ont, comme vous, acquis des droits à la reconnaissance nationale dans l'art difficile de la marine.

Habituez-vous aux manœuvres de bord; devenez la terreur de nos ennemis de terre et de mer; imitez en cela les soldats romains qui surent à la fois battre Carthage en plaine et les Carthaginois sur leurs flottes. »

Le *Moniteur*, qui avait, le 2 prairial, donné cette allocution au public, éleva le lendemain des doutes sur son authenticité. Le *Rédacteur*, journal officiel, déclara, le 5, qu'elle était apocryphe.

« Nous fîmes connaître, il y a quelques jours, dit le *Moniteur* du 6, une proclamation que l'on attribuait au général Bonaparte, parce que nous la trouvâmes insérée dans plusieurs journaux. Ce n'est qu'à regret que nous nous décidâmes à la publier. Elle ne nous parut ni assez réfléchie, ni assez élevée pour être l'ouvrage du vainqueur de l'Italie. Nous avons aujourd'hui la preuve que cette harangue qui a tout le caractère de celles que les chefs de factieux, maîtres de la convention, faisaient du haut de la tribune à la foule égarée, dans la fameuse journée du 1er. prairial an III; nous avons, disons-nous, la preuve que cette harangue est fausse. Voici la véritable proclamation du général, qui fut mise à l'ordre, le 21; on jugera par celle-ci, si la première pouvait être l'œuvre de celui qui a fait la seconde [1]. »

Tout porte à croire, au contraire, que Bonaparte avait tenu à son armée cette allocution, qui certes, ne manquait ni de réflexion, ni d'éloquence ; mais le Directoire fut probablement mécontent de cette phrase : « Je promets à chaque soldat, qu'au retour de l'expédition, il aura à sa disposition de quoi acheter six arpens de terre. » Cette promesse semblait faire allusion au milliard qui avait été promis à l'armée, et que rappelaient toujours à la tribune des orateurs de bonne foi ou qui voulaient se populariser aux dépens du Directoire. Ainsi le général Jourdan, quelques jours auparavant, avait encore proposé au conseil des Cinq-Cents, un moyen d'acquitter cette dette envers l'armée.

Cependant l'instant du départ de l'expédition approchait. Bonaparte se hâta de donner avis, le 20 floréal (9 mai), au général Vaubois, commandant en Corse, d'approvisionner sur-le-champ le convoi qui devait, de cette île, rejoindre l'armée, avec les magasins qu'on y avait formés, dans la supposition qu'elle y relâcherait. Il l'autorisait à laisser, pour la défense de la Corse, la 23e. d'infanterie légère. Il ordonnait en même temps que le général Menard s'embarquât immé-

---

[1] Cette pièce est rapportée plus bas, à la date du 30 floréal que lui donnent tous les écrits historiques.

diatement avec la 4ᵉ. d'infanterie légère et la 19ᵉ. de bataille, pour se diriger au nord de la Sardaigne, vers les îles de la Magdelaine, où il devait recevoir, de l'amiral Brueys, de nouveaux ordres et un officier pour diriger tous ses mouvemens.

Le 21 floréal, il annonça à Desaix son départ, qui devait avoir lieu dès l'arrivée de la division Reynier de Marseille; qu'il partirait sur-le-champ pour aller à la rencontre de Barraguay-d'Hilliers; qu'il passerait ensuite entre l'île d'Elbe et la Corse, faisant route vers la Sicile et la Sardaigne; qu'il l'enverrait avertir par un aviso de venir le rejoindre.

Le même jour, il prit quelques mesures administratives pour assurer le paiement du traitement des officiers. Il donna ordre au commandant d'armes, à Toulon, de ne laisser sortir du port aucun bâtiment, à dater de ce jour même jusqu'au dixième jour après le départ de l'escadre [1]; au général Dugua de faire mettre l'embargo sur tous les bâtimens du port de Marseille, jusqu'au cinquième jour après le départ de l'expédition; de faire ramasser à Marseille, à la petite pointe du soir, tous les matelots qui pourraient s'y trouver, et de les envoyer à Toulon.

Il publia un ordre du jour pour ordonner aux officiers et soldats de la 2ᵉ. et 4ᵉ. d'infanterie légère; 9ᵉ., 18ᵉ., 25ᵉ., 32ᵉ., 75ᵉ., 85ᵉ. de ligne; 3ᵉ., 15ᵉ., 18ᵉ. de dragons, et 22ᵉ. de chasseurs,

---

[1] Lettre du 21 floréal.

qui étaient en permission, congé, convalescens ou absens de leurs corps, pour quelque raison que ce fût, de se rendre le plutôt possible à Toulon, où ils trouveraient des bâtimens et des ordres pour rejoindre leurs corps.

Il y invitait les autorités civiles à faire publier et signifier cet ordre à ceux qu'il concernait, afin que, s'ils ne participaient pas aux dangers et à la gloire qu'acquerraient leurs camarades, l'ignominie qui leur reviendrait fût sans excuse.

L'ordre se terminait ainsi : « Ceux desdits officiers et soldats qui, après la notification, ne rejoindraient pas, n'ayant pas contribué à nos victoires, ne peuvent être considérés comme faisant partie de ces braves auxquels l'Italie doit sa liberté, la France la paix, et la république sa gloire. »

Le 23, Bonaparte ordonna, par un arrêté, l'armement de deux vaisseaux vénitiens et deux vieilles frégates pour embarquer les soldats qui seraient rendus le 20 prairial au dépôt, et qu'il évaluait à mille; d'armer douze avisos bon voiliers, portant au moins une pièce de huit, et commandés par de bons officiers pour servir de communication à l'expédition, et partir au moins deux par décade; d'embarquer sur les bâtimens frétés à Marseille, le reste de l'artillerie, les habillemens, le vin et les soldats qui pourraient rejoindre; de faire escorter ce convoi par la frégate *la Badine;* de faire partir deux avisos qu'il laissait, savoir : le premier, quarante-huit heures après l'escadre, pour porter le courrier de l'armée, les officiers ou savans en retard ; le second, soixante-douze heures après le premier, escortant un bâtiment portant soixante guides, s'ils étaient arrivés.

Dans ces actes, Bonaparte prenait le titre de général en chef de l'armée d'Angleterre.

Il fit diverses promotions dans la marine. Il témoigna sa satisfaction aux administrateurs et employés des ports, du zèle qu'ils avaient mis à l'armement de l'escadre. On avait fait dans deux mois des choses prodigieuses.

Le 24, il prit des mesures pour qu'en l'absence de l'armée la garde nationale de Toulon fît provisoirement le service de la place.

« Dans tous les cas, disait-il à l'administration municipale, la république ne doit avoir aucune sollicitude, les habitans de Toulon ayant toujours donné des preuves de leur attachement à la liberté. »

Il invita l'administration du département du Var, qui lui avait envoyé une députation, à prendre des mesures pour réorganiser le service des postes dans le département, afin que les courriers portant des ordres, pussent aller à Paris et en revenir facilement.

Il fit encore rentrer au service et embarquer tous ceux des maîtres d'équipages, contre-maitres, matelots, novices, ouvriers de l'arsenal, qui avaient été mis en surveillance par ordre du gouvernement.

Le 25, Bonaparte alla à bord du vaisseau *l'Orient*. Le pavillon amiral y fut arboré et salué par toute la flotte. Les vaisseaux étaient tout pavoisés, et l'air retentit des cris de *vive la République! vive Bonaparte!*

Il fut alors frappé de la nouvelle que des exécutions sanglantes avaient eu lieu dans la 8e. division militaire; il semblait que rien de ce qui se passait dans le rayon qu'il pouvait embrasser ne dut lui être étranger; il écrivit aux commissions militaires de la 8e. division cette lettre, dictée par un sentiment d'humanité, mais remarquable par sa vigueur et surtout par son ton impératif.

« J'ai appris, citoyens, avec la plus vive douleur, que des vieillards âgés de 70 à 80 ans avaient été fusillés comme prévenus d'émigration. La loi du 19 fructidor a été une mesure de salut public. Son intention n'a pas été d'atteindre de misérables femmes et des vieillards caducs.

Je vous exhorte donc, toutes les fois que la loi présentera à votre tribunal des vieillards de plus de 60 ans, de déclarer qu'au milieu des combats vous les avez respectés.

Le militaire qui signe une sentence de mort contre une personne incapable de porter les ar- armes, est un lâche. »

Deux arrêtés de Bonaparte, du 29 floréal, avaient pour objet de rallier à l'escadre les marins qui voulaient se soustraire à l'embarquement, et de réprimer les délits commis à bord de l'armée navale. Le premier de ces actes, après avoir réglé la diminution de salaire et la rétrogradation dans les fonctions de l'armée navale, comme punition du retard à s'embarquer, se terminait par ce bel article :

« Art. x. Dans le temps que l'armée navale de la république, de concert avec l'armée de terre, se prépare à relever la gloire de la marine française, les marins dans le cas de servir et qui restent chez eux, méritent d'être traités sans aucun ménagement. Avant de sévir contre eux, le général en chef leur ordonne de se rendre à bord de la deuxième flottille qui est en armement. Ceux qui, quinze jours après la publication du présent ordre, ne se seront pas fait inscrire pour faire partie dudit armement, seront regardés comme des lâches. En conséquence, l'ordonnateur de la marine leur fera signifier individuellement l'ordre de se rendre au port de Toulon, et si, cinq jours après, ils n'ont point comparu, ils seront traités comme déserteurs. L'ordonnateur de la marine tiendra la main à l'exécution du présent réglement. »

Le second de ces actes introduisait des innovations dans l'administration de la justice militaire. C'était encore une de ces révolutions spéciales dans l'organisation des armées mises sous son commandement, par lesquelles Bonaparte semblait essayer ses forces et préluder à l'exercice du pouvoir suprême [1].

Le 30 floréal, le général en chef adressa cette proclamation à l'armée :

« Soldats ! vous êtes une des ailes de l'armée

---

[1] Voyez pièces justificatives, n°. II.

d'Angleterre. Vous avez fait la guerre de montagnes, de plaines, de siéges; il vous reste à faire la guerre maritime.

Les légions romaines que vous avez quelquefois imitées, mais pas encore égalées, combattaient Carthage tour à tour sur cette même mer, et aux plaines de Zama. La victoire ne les abandonna jamais, parce que constamment elles furent braves, patientes à supporter la fatigue, disciplinées et unies entre elles.

Soldats! l'Europe a les yeux sur vous! vous avez de grandes destinées à remplir, des batailles à livrer, des dangers, des fatigues à vaincre; vous ferez plus que vous n'avez fait pour la prospérité de la patrie, le bonheur des hommes, et votre propre gloire.

Soldats, matelots, fantassins, canonniers, cavaliers, soyez unis; souvenez-vous que, le jour d'une bataille, vous avez besoin les uns des autres.

Soldats, matelots, vous avez été jusqu'ici négligés; aujourd'hui, la plus grande sollicitude de la république est pour vous: vous serez dignes de l'armée dont vous faites partie.

Le génie de la liberté, qui a rendu, dès sa naissance, la république l'arbitre de l'Europe, veut qu'elle le soit des mers et des nations les plus lointaines. »

La flotte sortit le 30 (19 mai), à quatre heures après midi.

Bonaparte fit présent au vice-amiral Brueys d'une paire de pistolets magnifiques qui avaient appartenu au prince Eugène de Savoie, et au citoyen Najac, d'un superbe portefeuille brodé en or et en argent, avec cette inscription : *Donné par le général Bonaparte au citoyen Najac, commissaire-ordonnateur de la marine.*

La flotte appareilla avec un vent tel qu'on pouvait le désirer. La frégate *le Carrère* alla à la côte. On craignit un moment le même sort pour *l'Orient*; il toucha et dut son salut à la force du vent. La flotte était composée de 13 vaisseaux de ligne, 7 frégates, 3 avisos, 5 bricks; 4 bombardes, 4 tartannes et 6 chaloupes et felouques canonnières; 2 vaisseaux et 7 frégates en flûtes, 141 transports, en tout 192 voiles, portant 19,000 hommes de troupes de débarquement, non compris 2,000 hommes employés, artistes, savans. Jamais flotte n'avait été si bien approvisionnée et en si peu de temps.

Au moment de son départ, le 29, Kléber faisant ses adieux au général Moreau, qui avait enfin appris le but de cet armement, lui écrivit :

« Vous devez être au fait du secret de notre expédition. J'ai ouï dire que vous la désapprouviez ; j'en ai été fâché : j'aurais désiré que vous eussiez mis à cet égard moins de précipitation. »

Barraguay d'Hilliers avait fait à Gênes toutes ses dispositions pour mettre à la voile le 23 (12 mai); mais des vents violens empêchèrent le convoi de sortir du port. Il attendait un vent favorable; quoique très-malade et forcé de garder le lit, il espérait être assez fort pour n'être pas contraint de rester à terre ; mais pour vaincre ces obstacles, il lui fallait, écrivait-il le 26 à Bonaparte, son ardent désir de répondre à la confiance que le général en chef lui avait témoignée.

Desaix, à Civita-Vecchia, était inquiet de n'avoir point encore reçu l'aviso qui devait lui apporter l'ordre de mettre à la voile, et l'attendait avec impatience. Il avait expédié un brick pour explorer la Méditerranée. Il n'avait rien appris sur l'apparition des Anglais. « S'il était au pouvoir de l'homme, écrivait-il à Bonaparte, 4 prairial (23 mai), de commander aux vents, croyez, mon général, que vous seriez bien vite à ma hauteur; car je suis dans la plus vive impatience de me réunir à vous, et surtout dans un pays où, sous vos auspices, nous pourrons tant ajouter aux triomphes et à la gloire de la république. »

Une lettre que Sotin, ministre de la république française à Gênes, écrivit à Bonaparte, 5 prairial (24 mai), contenait un aperçu assez juste de la situation de l'Europe, qui aurait été capable d'alarmer un autre homme que le vainqueur de l'Italie. Elle était ainsi conçue :

« La République Ligurienne est en guerre avec le Piémont ; la République Cisalpine s'apprête probablement à se mêler de la querelle. Nous, nous prendrons le parti que notre gouvernement ordonnera. Il est sûr que le roi de Sardaigne s'est compromis envers nous, en ne répondant pas à une note que lui avait remise Ginguené, et en attaquant les Liguriens qui avaient bien quelques petits torts envers lui, mais pour la réparation desquels nous offrions notre intervention à des conditions raisonnables.

Naples ne cesse pas ses armemens; la Toscane fait de même; les conférences de Rastadt traînent en longueur : celle de Seltz est si nouvelle et on sait si peu de quoi il s'y agit, qu'on ne peut prévoir la tournure qu'elle prendra, et cependant, vous, l'élite de l'armée d'Italie et des généraux, allez on ne sait où. Il est sûr que les Anglais vous suivent de très-près. Vous n'êtes pas, heureusement, facile à décourager, car si vous aviez la moitié des inquiétudes que vous nous inspirez, vous n'y résisteriez pas. »

Que faisait, pendant ce temps-là, le gouvernement anglais?

Toujours persuadé que les armemens qui avaient lieu en Italie ne se faisaient que pour lui donner le change; que la flotte de Toulon passerait le détroit, opérerait sa jonction avec la flotte espagnole à Cadix; qu'elles arriveraient ensemble devant Brest, et conduiraient une armée en Angleterre et une autre en Irlande, il se contenta d'équiper en toute hâte une nouvelle escadre; et aussitôt qu'elle apprit que Bonaparte était parti de Toulon, l'amirauté anglaise expédia l'amiral Roger avec dix vaisseaux de guerre pour renforcer l'escadre anglaise devant Cadix, où commandait l'amiral lord Saint-Vincent, qui, par ce renfort, se trouva avoir 28 à 30 vaisseaux. Une autre escadre d'égale force était devant Brest.

L'amiral Saint-Vincent tenait, dans la Méditerranée, une escadre légère de 3 vaisseaux, qui croisait entre les côtes d'Espagne, de Provence et de Sardaigne, afin de recueillir des renseigne- et surveiller cette mer.

Nelson commandait ces trois vaisseaux, lorsque, dans la nuit du 19 mai, il essuya un coup de vent qui les endommagea et démâta celui qu'il montait; il fut obligé de se faire remorquer. Il voulait mouiller dans le golfe d'Oristan, en Sardaigne; mais il ne put y parvenir, et gagna la rade des îles Saint-Pierre, où il répara ses avaries. C'est dans cette même nuit que l'escadre française appareillait de Toulon.

La France allait-elle envahir une des provinces de la Porte, son ancienne alliée, sans son assentiment, ou du moins sans l'avoir rassurée sur le but de cette expédition? On a vu que Talleyrand avait mandé à Bonaparte, 2 vendémiaire (23 septembre 1797): « Un si grand service rendu aux Turcs les engagerait aisément à nous laisser en Égypte toute la prépondérance et tous les avantages commerciaux dont nous avons besoin. » Il paraît que, quelque hasardée qu'elle pût être, l'opinion de ce ministre fut partagée par le Directoire et par Bonaparte. Mais encore fallait-il prévenir les Turcs du grand service qu'on voulait leur rendre, s'assurer des dispositions qu'on leur supposait, et du moins, en même temps que l'expédition sortait des ports, envoyer un négociateur à Constantinople, où, depuis la mort d'Aubert Dubayet, la république n'avait point d'ambassadeur. Ce fut en effet un point convenu entre Bonaparte et le Directoire. Cette mission exigeait de l'habileté; elle était de la plus haute importance; elle fut confiée à Talleyrand auquel on accordait de grands talens diplomatiques. Ce fut dans la confiance de voir les négociations seconder son entreprise que Bonaparte mit à la voile.

En attendant le départ de l'ambassadeur, pour imposer à la Porte, on envoya des agens et même un certain nombre d'officiers à Passwan-Oglou, qui avait, en Servie, levé l'étendard de la rébellion. Le général Chabot, commandant à Corfou, reçut l'ordre de s'aboucher avec Ali, pacha de Janina, et de sonder ses dispositions. Le moyen était-il bien choisi pour rendre la Porte favorable à l'expédition d'Égypte?

Les journaux annoncèrent la nomination de Talleyrand à l'ambassade de Constantinople, et son remplacement au ministère par François de Neufchâteau, directeur sortant; mais il ne partit pas. Peu curieux de changer son ministère contre une ambassade qui pouvait le mener aux Sept-Tours, il s'en déchargea sur Descorches qui avait été déjà ministre plénipotentiaire près la Porte Ottomane[1]. L'on verra plus tard que cette ambassade fut différée et n'eut aucun résultat.

[1] *Moniteur*, 4, 10 prairial, 17 fructidor an VI.

CHAPITRE II.

Navigation de la flotte.—Force de l'armée navale et de l'armée de terre.—Prise de Malte.—Organisation civile et militaire.—Mission de Lavalette auprès d'Ali-Pacha.—La flotte remet à la voile.—Mouvemens des Anglais dans la Méditerranée.

L'armée était partie de Toulon au bruit répété du canon des batteries et de tous les vaisseaux. Le temps était superbe et le vent favorable. L'escadre rangea les côtes de Provence jusque vers Gênes, et rallia le convoi parti de cette ville. Elle tourna ensuite vers le Cap Corse, y fut rejointe par le convoi d'Ajaccio. Elle attendit inutilement plusieurs jours celui de Civita-Vecchia. On a vu quelle importance Bonaparte attachait à cette partie de l'armement, ses instructions à Desaix, la route qu'il lui avait tracée. L'amiral Brueys expédia la frégate *l'Arthémise* à la recherche de ce convoi, et lassé d'attendre son retour, se dirigea sur l'île de Malte.

Pendant cette traversée, Bonaparte avait de fréquentes conférences avec les principaux officiers de l'état-major, les chefs de service et les savans attachés à l'expédition, dont une partie était à bord de *l'Orient*. Avant le départ de Toulon, une bibliothèque avait été formée par les soins d'Arnault, pour l'usage du général Bonaparte.

Outre les classiques et les ouvrages sérieux qu'il s'était réservés, on y avait compris des romans, pour aider les jeunes généraux ou officiers de l'état-major, Lannes, Junot, Eugène Beauharnais, à supporter l'ennui de la traversée. Le soir on se rassemblait chez le général Bonaparte pour faire une lecture, et l'on préludait dans cette réunion à ces séances de l'institut d'Égypte, qui ont jeté tant d'éclat sur cette glorieuse expédition. A peine la lecture était-elle commencée, que Bonaparte l'interrompait et donnait le signal de la discussion. Elle était vivement soutenue par Caffarelli-Dufalga et d'autres officiers, qui joignaient l'instruction aux talens militaires. La plus grande liberté régnait dans ces conversations, animées tout à la fois par les souvenirs des belles campagnes d'Italie et les espérances d'un avenir non moins glorieux. Elles se prolongeaient fort avant dans la nuit, et quoiqu'elles n'eussent aucun but déterminé et qu'elles s'étendissent à tous les sujets, on peut croire qu'elles étaient pour Bonaparte, un moyen d'étudier de plus près les hommes qui l'entouraient.

Enfin, en approchant de Malte, on fut rejoint par *l'Arthémise*. Stanglet, qui la commandait, vint à bord de *l'Orient* rendre compte de sa mission à l'amiral. Brueys était alors avec Bonaparte et plusieurs officiers dans la salle du conseil. Stanglet fut introduit, et apprit à l'amiral qu'ayant rencontré le convoi, il l'avait escorté vers Malte. Brueys, malgré son caractère indulgent, ne put s'empêcher d'adresser quelques reproches à Stanglet, et de lui dire qu'il s'était écarté de l'objet de sa mission, qui devait se borner à reconnaître le convoi et à venir lui en rendre compte; qu'il avait fait perdre plusieurs jours à l'armée, pour laquelle le moindre retard pouvait avoir des suites si graves. Stanglet, brave officier, qui avait cru, en escortant un convoi auquel on attachait tant de prix, rester dans les limites de sa mission, répondit avec vivacité qu'il était bien pénible pour un officier qui avait fait son devoir et agi pour le mieux, de recevoir de semblables reproches, et qu'il en appelait à la justice du général en chef lui-même.

A ces mots, Bonaparte, qui avait assisté à la discussion sans paraître y prendre part, se leva précipitamment, et, se grandissant de toute cette expression énergique qu'il savait imprimer à sa figure et à son corps dans les situations fortes : « Gardez-vous, s'écria-t-il, d'en appeler à moi, car si j'étais l'amiral, vous seriez traduit sur-le-champ devant un conseil de guerre, pour avoir dépassé vos ordres et compromis le salut de l'armée. »

Stanglet fut accablé de cette sortie, et Brueys qui savait apprécier les talens et le courage de cet officier, l'un des plus distingués de la flotte, fut obligé d'intercéder pour lui. Ce qui avait surtout indisposé le général, c'est que *l'Arthémise* avait été donner sur Malte, et que Murat qui était à bord, avait insisté pour qu'elle passât au vent d'un vaisseau de l'ordre, qui rentrait dans le port; il s'était même fait descendre à terre.

Ce fut quelques heures après cette scène que l'on rallia sous Malte le convoi de Civita-Vecchia.

L'armée navale se trouva alors composée de treize vaisseaux de ligne, dont un de 120 (*l'Orient*), deux de 80, et dix de 74 canons; de deux vaisseaux vénitiens de 64 (*le Causse* et *le Dubois*), armés en flûtes; de huit frégates de 40 et 36 canons; de six frégates vénitiennes armées en flûtes, deux bricks, des cutters, avisos, chaloupes canonnières et autres petits bâtimens de guerre au nombre de soixante-douze.

Il y avait, dans les trois convois, environ quatre cents bâtimens de transport; et l'on évaluait à dix mille hommes, le total des gens de mer.

Cette armée navale était commandée par le vice-amiral Brueys, ayant sous ses ordres les contre-amiraux Villeneuve, Blanquet-Duchayla, Decrès; pour chef d'état-major, le chef de division Gantheaume, et Dumanoir le Pelcy, commandant le convoi.

Elle portait l'armée de terre, composée de 32,000 hommes de toutes armes.

On y comptait onze généraux de division : Berthier, chef de l'état-major; Caffarelli-Dufalga, commandant le génie; Kléber, Desaix, Reynier, Dugua, Vaubois, Bon, Dumuy, Menou et Barraguay-d'Hilliers.

Seize généraux de brigade : Lannes, Rampon, Damas, Murat, Lanusse, Andréossy, Dumas, Vial, Leclerc, Verdier, Fugières, Zayonschek,

Davoust, Vaux, Belliard et Dommartin, commandant l'artillerie.

Sucy était commissaire-ordonnateur en chef.

L'armée formait cinq divisions, commandées par Kléber, Desaix, Menou, Bon et Reynier.

Il y avait, dans le convoi, cent savans, artistes ou ingénieurs [1].

Soit que l'Égypte dût être la base d'une entreprise contre les Anglais dans l'Inde, soit qu'on en fût réduit à ne faire de ce pays qu'une colonie française, la conquête de Malte devait être le premier objet de l'expédition, afin d'avoir, à tout événement, une station intermédiaire, et un vaste entrepôt pour la marine militaire et la marine marchande de la République.

Cette île appartenait depuis 1530 à l'ordre religieux et militaire des chevaliers de Saint-Jean de Jérusalem, auxquels Charles-Quint en avait fait don, sous le magistère de Philippe Villiers de l'Ile-Adam.

Elle avait été successivement fortifiée depuis cette époque, et passait universellement pour imprenable. La cité Valette, capitale de l'île, est assise sur une presqu'île qui occupe le milieu du port, protégé par une ligne d'ouvrages d'art extrêmement multipliés. La population de La Valette est évaluée à 30,000 âmes; celle de l'île entière s'élève à 90,000. Le commerce d'entrepôt a été la source de la prospérité de Malte, qui est à peu près sans cultures et qui tire la majeure partie

---

[1] Voyez la liste aux pièces justificatives, n°. III.

de ses subsistances de la Sicile, dont elle est voisine.

Avant d'avoir décidé l'expédition d'Égypte, le Directoire et Bonaparte avaient résolu de s'emparer de Malte pour l'empêcher au moins de tomber entre les mains d'une des trois grandes puissances auxquelles on supposait, non sans quelque raison, des vues sur cette île; Bonaparte y avait en conséquence envoyé Poussielgue, qui avait toute sa confiance, avec une mission simulée, afin de préparer cette conquête : Poussielgue y avait travaillé dans le sens de ses instructions secrètes, avec un riche banquier de son nom, et Carnuson, consul de France.

Les dispositions de beaucoup de Maltais et d'une partie des chevaliers concouraient puissamment à favoriser les menées des Français. Les membres de l'ordre occupant seuls tous les emplois du gouvernement, cette distinction blessait l'orgueil de la plupart des familles puissantes de l'île, qui, comme sujets de l'ordre, ne pouvaient avoir que des fonctions subalternes. Les postes administratifs étaient expressément réservés à l'ordre par le droit de souveraineté. Aucun recours, autre que celui à l'autorité magistrale, n'était ouvert à un Maltais qui avait à se plaindre d'un chevalier, et cette autorité était devenue odieuse par sa partialité. D'ailleurs l'ordre était tombé dans la décadence depuis que les jouissances du luxe avaient amolli la plupart de ses membres, que ses chefs étaient devenus des princes opulens qui laissaient leurs favoris gouverner, et que les chevaliers avaient presque entièrement cessé de faire aux Barbaresques cette guerre d'extermination pour laquelle ils avaient été institués.

Le dernier grand-maître, Emmanuel de Rohan, vieillard sans ambition et sans énergie, avait laissé énerver son pouvoir et flotter au hasard les rênes de son gouvernement. Ferdinand de Hompesch, nouvellement élu, suivait avec indifférence cette funeste tradition. Dans toute l'Europe, et jusque parmi les habitans de Malte, cet ordre était frappé de mépris.

A ces motifs de déconsidération se joignait l'influence de plusieurs chevaliers des langues de France, qui professaient assez ouvertement des principes favorables à la cause de la République.

La seule mesure que l'ordre eût prise pour se retremper, au milieu de tant de périls imminens, avait été de chercher à se mettre sous la protection du czar Paul 1er.; mais, par un singulier hasard, le courrier que cet empereur envoyait à Malte porter son acceptation, avait été arrêté en Italie par un parti de Français, et conduit au géral en chef Bonaparte.

La connaissance de cette intrigue justifiait aux yeux du Directoire les menées auxquelles ses agens se livraient dans l'île. Il avait ordonné à Brueys, lorsqu'il revint de Corfou, de croiser quelques jours devant Malte. L'escadre y avait en effet séjourné trois jours sous différens prétextes : tous les points favorables à un débarquement avaient été parfaitement reconnus et étudiés. Ce dernier fait prouvait incontestablement que les Français avaient des intelligences dans l'île. Elles avaient été sur le point de manquer leur effet, il y avait peu de jours, lorsque la frégate *l'Arthémise* qui escortait le convoi de Civita-Vecchia, s'était présentée inopinément devant Malte, ce qui pouvait précipiter le mouvement des partisans de la France et compromettre l'entreprise de Bonaparte.

Le 18 prairial (6 juin) au matin, l'avant-garde de l'armée navale parut au nord-ouest de Malte, où elle rallia le convoi de Civita-Vecchia, composé de 70 bâtimens, qui arrivèrent le même jour. La division resta trois jours en panne jusqu'à ce qu'elle eût été rejointe par le reste de l'escadre; le 21, cette flotte immense fit un mouvement vers les côtes, s'étendant de l'île de Goze à Marsa-Siroco, et menaçant à la fois tous les points attaquables. Afin de sonder les dispositions des chevaliers et des Maltais, Bonaparte fit demander par un de ses aides-de-camp au grand-maître, Ferdinand de Hompesch, l'entrée des mouillages de l'île.

Le grand-maître, après avoir consulté le conseil de l'ordre, répondit : « Que la demande du général Bonaparte devait être exposée par écrit; qu'en tous cas les lois et les statuts de l'ordre ne permettaient pas à plus de quatre vaisseaux étrangers d'entrer à la fois dans les ports de Malte et de ses dépendances; que l'ordre protestait de nouveau de son amitié envers la République Française ».

Le consul Carnuson, chargé de porter à Bonaparte la réponse du conseil, se rendit à bord de *l'Orient;* là il remit au général, outre la lettre du grand-maître, une liste des chevaliers et des habitans maltais qui avaient pris l'engagement secret de favoriser les tentatives de l'escadre. Ces partisans de la France ou de l'indépendance maltaise, s'élevaient, dit-on, à plus de 4,000. Carnuson passa la nuit à bord de la flotte ; le lendemain, au point du jour, il écrivit au grand-maître : « Que la réponse du conseil de Malte était aux yeux du général Bonaparte une déclaration de guerre; que les Français en avaient conçu d'autant plus de ressentiment, que personne n'ignorait la conduite partiale de l'ordre en faveur des Anglais [1]; que l'escadre était résolue de recourir à la force. » Sans perdre de temps, Bonaparte ordonna à Brueys de se préparer à l'attaque des forts qui protègent l'entrée du port La Valette, et fit commencer le débarquement sur sept points différens des îles de Malte et de Goze ; il était quatre heures du matin.

---

[1] On lit dans les pièces justificatives du Journal du siége et blocus de Malte, par le président Bosredon-Ransijat, que les Anglais avaient reçu du grand-maître la faculté de faire dans l'île une levée de matelots. Après la conquête de la Corse, ils avaient encore obtenu 25 milliers de poudre du gouvernement maltais ; ce qui était d'autant plus hostile envers la France, que l'ordre ne possédant rien en Angleterre, pouvait, sans inconvénient pour ses intérêts, conserver une stricte neutralité. Lorsque l'Espagne s'unit à la coalition de l'Europe contre la France, Malte lui fournit 5,000 fusils et la faculté de se recruter de matelots dans l'île. Enfin plusieurs armemens d'émigrés qui allaient combattre contre la France y avaient eu lieu publiquement.

Dans l'intérieur de Malte, l'absence prolongée du consul Carnuson avait assez fait prévoir le résultat de sa mission. Aussi la nuit du 21 fut-elle employée en préparatifs de défense. Le grand-maître fit armer les milices, établir des palissades aux ouvrages avancés, transporter dans les murs de la ville les poudres qui se trouvaient dans les magasins extérieurs, opérations qui, dans des temps calmes, auraient exigé plusieurs jours. 7,000 hommes furent rassemblés, mais ces troupes n'étaient ni disciplinées, ni aguerries ; les canons étaient mal servis, leurs affûts pourris, les munitions mal réparties. Le grand-maître, enfermé dans son palais, ne paraissait pas ; les commandemens étaient distribués au hasard à ceux qui se présentaient pour les remplir. On voyait des enfans de 16 ans occuper des postes importans qui réclamaient des officiers consommés ; et, à la tête des milices, un bailli qui n'avait servi que sur mer, et un vieillard plus que septuagénaire. Tels étaient les chefs que l'ordre de Malte opposait à des généraux jeunes, audacieux, accoutumés à la victoire.

Le désordre régnait dans les murs de La Valette et s'accroissait d'heure en heure. Les habitans de la campagne, accourus en foule, hommes, femmes, enfans, se répandaient tumultueusement dans les rues, sur les places publiques, dans l'intérieur des maisons ; le siége n'était pas commencé, les magasins regorgeaient de vivres et déjà la disette se faisait sentir. Les bruits de trahison, habilement propagés par les partisans de la France, circulaient au sein de cette multitude inquiète. On disait que les chevaliers des langues de France (ils formaient environ les deux tiers de l'ordre), vendus de longue main au Directoire, avaient comploté de livrer Malte ; on donnait pour chefs à cette conspiration trois commandeurs dont un avait la direction de l'artillerie, un autre celle du génie : ce dernier, assurait-on, devait, en cas de résistance prolongée, intercepter l'eau de l'acqueduc qui alimentait la ville. De tels bruits, répandus dans les casernes et dans les postes militaires, servaient aux milices de motif pour se révolter, ou de prétexte pour fuir. Les chevaliers français voyaient presque partout leur autorité méconnue : au cri de trahison, ils étaient abandonnés, poursuivis, massacrés : trois d'entre eux périrent sous la baïonnette de leurs soldats [1] ; un quatrième, soupçonné d'intelligence avec les assiégeans, fut percé d'une balle au milieu du poste qu'il commandait [2] ; un autre fut précipité du haut des remparts par les hommes de son poste; cinquante environ furent blessés. La même confusion régnait dans les délibérations du conseil. La langue espagnole refusait de s'armer, prétextant l'alliance de sa nation avec la République Française. Plusieurs chevaliers des langues de France, et à leur tête le commandeur Bosredon de Ransijat, avaient exprimé un semblable refus. « Nous avons prêté serment de combattre les

---

[1] Ce furent MM. Montazet, Dormy et Vallin.
[2] M. d'Andelard.

Turcs, avaient-ils écrit au grand-maître, mais non point de porter les armes contre nos frères. » Saisis par ordre du grand-maître, ils avaient été jetés dans les cachots.

Tandis que ces choses se passaient dans l'intérieur de Malte, le débarquement s'effectuait, et les troupes françaises faisaient des progrès rapides.

Desaix, ayant sous ses ordres le général Belliard et les troupes du convoi de Civita-Vecchia, s'emparait des batteries et des forts du côté de Marsa-Siroco ; les généraux Vaubois, Lannes et le chef de brigade Marmont, descendus près de la ville de Malte, s'avançaient sous le canon de la place. Ces diverses opérations eurent lieu sans aucune difficulté. Comme les forts n'étaient point approvisionnés, les Maltais ne voulurent pas s'y renfermer pour se défendre. Les soldats avaient à peine des cartouches, et les affûts des pièces étaient en si mauvais état, que, quand on voulut les tirer, la plupart se brisèrent.

Une compagnie, débarquée dans l'anse de Saint-Julien, dispersa, sans tirer un coup de fusil, un régiment entier de milice, fort de 1,200 hommes. Le bailli Tomasi voulut défendre le retranchement dit *du Naiciar*, contre un bataillon qui avait débarqué à la Mellecha et à Saint-Paul ; mais, tourné par quelques compagnies qui venaient de prendre terre à Saint-Georges et à Saint-Julien, le bailli fut abandonné par les milices qu'il avait sous ses ordres, et eut beaucoup de peine à se retirer jusqu'à la ville. Le général Vaubois avait marché sur la Cité-Vieille, qui n'ayant ni troupes, ni canons, ni vivres, ni commandant, lui ouvrit ses portes à neuf heures du matin. A dix heures, toute la campagne, les petits forts de la côte, à l'exception de celui de Marsa-Siroco étaient au pouvoir des Français. La plupart des chevaliers qui étaient dans ces différens postes furent faits prisonniers et conduits à Bonaparte, qui leur dit : « Comment pouviez-vous croire qu'il fût possible de vous défendre avec de misérables paysans, contre les troupes qui ont vaincu et soumis l'Europe ! » Il se trouvait quelques Français parmi les chevaliers prisonniers ; Bonaparte les fit relâcher. « Puisque vous avez pu prendre les armes contre votre patrie, leur dit-il, vous auriez dû savoir mourir. Retournez à Malte tandis qu'elle ne m'appartient pas encore. »

A onze heures, on fit sortir du port une galère, une chaloupe canonnière et deux galiottes, pour tâcher d'inquiéter le débarquement des troupes, qui s'effectuait toujours à Saint-Julien. Quand ces bâtimens eurent épuisé le peu de munitions qu'ils avaient, ils rentrèrent dans le port. Une sortie fut tentée du côté de la Pieta, mais les troupes, composées du régiment de Malte et du bataillon des vaisseaux, ne purent tenir contre le détachement français que commandait le chef de brigade Marmont, qui s'empara, en cette occasion, du drapeau du régiment de Malte. Elles se sauvèrent dans les fortifications de la Floriane ; mais, comme ces dernières étaient sans artillerie, les soldats maltais furent obligés de se rendre.

A midi, il ne restait au service de l'ordre que 4,000 hommes, la plupart de mauvaise volonté. Avec ce petit nombre, il fallait défendre la ville, les forts Manoel, Tignié, Ricazzoli, Saint-Ange, la Cotionère, le bourg et l'île de la Sangle.

La ville continuait à se remplir de fuyards, de femmes et d'enfans des habitans de la campagne. Pendant le reste de la journée les forts tirèrent sur les troupes françaises, mais sans leur faire éprouver de perte sensible.

Vers neuf heures du soir, une terreur panique s'empara du commandant et des soldats qui gardaient le poste de la Sangle ; ce détachement vint se réfugier dans la ville, et fut obligé de rester long-temps à la porte vers laquelle il s'était dirigé, jusqu'à ce que le grand-maître eût ordonné qu'elle lui fût ouverte. Il régnait une telle confusion dans Malte, que les patrouilles se fusillaient entre elles, et que les alertes étaient continuelles. A minuit, le tribunal de la Rote, les barons et les principaux habitans de la ville, craignant qu'une résistance, désormais inutile, n'amenât le bombardement de la place, et voyant tous les moyens de défense paralisés, par l'incapacité du grand-maître, dont l'indécision avait laissé de tous côtés gagner le désordre, se rendirent à son palais pour l'inviter à capituler. Sur leur demande, il fit assembler le conseil ; il y fut décidé qu'on enverrait au général Bonaparte le bailli de Souza et le consul de Hollande Fermosa, pour traiter de la capitulation. Le 23, à cinq heures du matin, les forts reçurent l'ordre de ne plus tirer sur les

Français, qui n'avaient point encore riposté au feu de l'artillerie maltaise. On dit que Bonaparte ne fit point jeter de bombes ni tirer le canon contre la ville, parce que les Maltais conspirateurs étaient convenus de massacrer tous les chevaliers à ce signal, et que le général français ne voulut point tremper dans ce complot. Il est plus naturel de penser qu'il ne jugea pas convenable de faire usage de son artillerie contre une place dont les défenseurs étaient si facilement désarmés, et pour épargner les habitans dont il désirait se concilier l'affection.

Le chevalier Dupin de la Guérivière commandait le fort de Marsa-Siroco et s'était défendu pendant vingt-quatre heures avec une très-grande résolution ; mais manquant de munitions et de vivres, il fut obligé d'accepter une capitulation honorable. Il rentrait dans Malte avec la garnison, lorsqu'il apprit avec le plus grand étonnement que la ville allait se rendre. Bonaparte répondit au bailli de Souza et au consul de Hollande qu'il entrerait dans Malte le 24 ; que pendant cet intervalle, il réglerait la manière dont il voulait traiter l'ordre avec la médiation du chargé d'affaire d'Espagne.

Le grand-maître désirant se rendre agréable au général français, choisit ses négociateurs parmi les chevaliers qui s'étaient plus particulièrement prononcés pour la France, et nomma le commandeur Bosredon-Ransijat, le chevalier Bardonnèche et l'ingénieur de l'ordre, Touzard. Bonaparte désigna pour régler les préliminaires de la capitulation, Poussielgue, et, sur la demande du grand-maître, l'ancien commandeur de l'ordre, Dolomieu, savant distingué, qu'il avait attaché à l'expédition.

Tandis que ces événemens se passaient dans l'île de Malte, le général Reynier occupait avec non moins de facilité l'île de Goze, défendue par 2,000 hommes de milices, et garnie de forts et de batteries sur tous les points abordables de la côte.

Il avait cherché pour le débarquement un point gardé et choisi, le Redum-Kibir, entre la Tour-Neuve et la première batterie de la cale de Ramla. Dans cet endroit, la côte est très-escarpée, et les habitans la regardaient comme à l'abri de toute insulte. Un passage formé par l'écoulement des eaux à travers ces rochers pouvait servir à gravir les hauteurs.

Reynier employa toute la matinée du 22 à rallier le convoi, à distribuer des signaux et à se rapprocher de la côte; la variation des vents et le calme le retardèrent beaucoup. A une heure après midi il était avec *l'Alceste* et le convoi, éloigné de huit à neuf cents toises du rivage. Pressé d'arriver à l'endroit qu'il avait choisi, avant que les ennemis eussent aperçu son dessein, il fit embarquer des troupes dans tous les canots et partit avec la 3e. compagnie de grenadiers de la 85e. demi-brigade; les bombardes *l'Etoile* et *le Pluvier* s'approchèrent de terre avec les chaloupes; aussitôt que les ennemis virent la direction qu'elles prenaient, ils coururent de tous côtés pour garnir les hauteurs. Espérant arriver comme eux, Reynier fit force de rames; les rochers étaient garnis de paysans qui faisaient pleuvoir une grêle de balles sur les chaloupes.

Deux cents hommes occupaient la crête de ces rochers, et à chaque moment leur nombre augmentait. Les Français montèrent aussi vite qu'il était possible et presque sans tirer, malgré la pente rapide formée par des éboulemens de terre et de rochers, malgré le feu des ennemis qui plongeait sur eux et les quartiers de pierre qu'ils jetaient. Étonnés cependant de l'audace des grenadiers qui s'avançaient toujours en dépit des obstacles, ils prirent la fuite. Ce combat fut décidé dans quelques minutes, et avant qu'aucune des chaloupes qui suivaient eût le temps d'arriver, quelques grenadiers prirent la première batterie de Ramla.

Reynier fit rassembler les troupes, à mesure qu'elles débarquèrent, sur la hauteur de Redum-Kibir, et de là se mit en marche avec une partie de la 85e. demi-brigade vers la cité Chambray par Casal-Nadar, afin de s'emparer de ce fort et de couper la communication de Goze avec Malte par le fort Migiaro. Ce qui était débarqué de la 9e. demi-brigade s'avança par Casal-Sciara sur le château de Goze.

Le fort de Chambray était rempli d'habitans qui s'y étaient réfugiés avec leurs bestiaux; Reynier leur envoya une proclamation pour les informer de ses intentions et les empêcher de faire une vaine défense qui leur deviendrait funeste. Ayant laissé devant ce fort trois compagnies pour attendre leur réponse, il partit pour le château de Goze.

Aussitôt que les habitans de Rabato et du château de Goze virent arriver les troupes françaises, ils envoyèrent au-devant d'elles pour témoigner de leur soumission, et remettre les clefs du château. Le gouverneur ainsi que les autres chevaliers de Malte s'étaient sauvés; les troupes françaises entrèrent le soir même dans le château.

La proclamation que Reynier avait envoyée à Chambray fit un très-bon effet; les ponts-levis étant brisés, les habitans aidèrent les troupes à entrer dans le fort, et retournèrent avec leurs bestiaux dans leurs habitations.

Les habitans qui avaient pris les armes n'ayant aucune marque distinctive et s'étant sauvés à l'approche des Français, on ne fit pas de prisonniers.

Le gouverneur et les autres chevaliers de Malte s'étaient cachés, mais les uns se présentèrent d'eux-mêmes, d'autres furent arrêtés. Reynier les laissa libres dans le bourg de Rabato, jusqu'à ce qu'on connût le sort des chevaliers de Malte.

Il conserva l'administration civile et judiciaire de l'île, afin d'avoir des autorités auxquelles il pût s'adresser pour tous les besoins des troupes.

Le 23 prairial (11 juin), à minuit, les négociateurs de l'ordre se rendirent à bord de l'*Orient* auprès du général Bonaparte, et signèrent la convention suivante :

CONVENTION arrêtée entre la République Française, représentée par le général en chef Bonaparte, d'une part ;

Et l'ordre des chevaliers de Saint-Jean de Jérusalem, représenté par MM. : le bailli de Torino-Frisari, le commandeur Bosredon-Ransijat, le baron Mario Testa Ferrata, le docteur Nicolas Muscat, l'avocat Benédetto Scembri et le conseiller Bonano, de l'autre part ;

Et sous la médiation de Sa Majesté catholique le roi d'Espagne, réprésenté par M. le chevalier Philippe Amati, son chargé d'affaires à Malte.

Art. I. Les chevaliers de l'ordre de Saint-Jean de Jérusalem remettront à l'armée française la ville et les forts de Malte. Ils renoncent, en faveur de la République Française, aux droits de souveraineté et de propriété qu'ils ont tant sur cette ville que sur les îles de Malte, de Goze et de Cumino.

Art. II. La République Française emploiera son influence au congrès de Rastadt pour faire avoir au grand-maître, sa vie durant, une principauté équivalente à celle qu'il perd, et, en attendant, elle s'engage à lui faire une pension annuelle de trois cent mille francs. Il lui sera donné en outre la valeur de deux années de ladite pension, à titre d'indemnité pour son mobilier. Il conservera, pendant le temps qu'il restera à Malte, les honneurs militaires dont il jouissait.

Art. III. Les chevaliers de l'ordre de Saint-Jean de Jérusalem qui sont Français, actuellement à Malte, et dont l'état sera arrêté par le général en chef, pourront rentrer dans leur patrie ; et leur résidence à Malte leur sera comptée comme une résidence en France.

Art. iv. La République Française fera une pension de 700 francs aux chevaliers français actuellement à Malte, leur vie durant. Cette pension sera de 1,000 francs pour les chevaliers sexagénaires et au-dessus.

La République Française emploiera ses bons offices auprès des Républiques Cisalpine, Ligurienne, Romaine et Helvétique, pour qu'elles accordent la même pension aux chevaliers de ces différentes nations.

Art. v. La République Française emploiera ses bons offices auprès des autres puissances de l'Europe pour qu'elles conservent aux chevaliers de leur nation l'exercice de leurs droits sur les biens de l'ordre de Malte situés dans leurs états.

Art. vi. Les chevaliers conserveront les propriétés qu'ils possèdent dans les iles de Malte et de Goze, à titre de propriété particulière.

Art. vii. Les habitans des îles de Malte et de Goze continueront à jouir, comme par le passé, du libre exercice de la religion catholique, apostolique et romaine. Ils conserveront les priviléges qu'ils possèdent; il ne sera mis sur eux aucune contribution extraordinaire.

En exécution des articles conclus entre la République et l'ordre de Malte, les dispositions suivantes furent arrêtées :

Art. i. Aujourd'hui, 24 prairial (12 juin), le fort Manoël, le fort Tignié, le château Saint-

Ange, les ouvrages de la Bormola, de la Cotionère et de la cité Victoire, seront remis, à midi, aux troupes françaises.

Art. II. Demain, 25 prairial (13 juin), le fort de Ricazzoli, le château Saint-Elme, les ouvrages de la cité Valette, ceux de la Florianne et tous les autres seront remis, à midi, aux troupes françaises.

Art. III. Des officiers français se rendront aujourd'hui, à dix heures du matin, chez le grand-maître, pour y prendre ses ordres pour les gouverneurs qui commandent dans les différens forts et ouvrages qui doivent être mis au pouvoir des Français. Ils seront accompagnés d'un officier maltais. Il y aura autant d'officiers qu'il sera remis de forts.

Art. IV. Il sera fait les mêmes dispositions que ci-dessus pour les forts et ouvrages qui doivent être mis au pouvoir des Français demain, 25 prairial.

Art. V. En même temps que l'on consignera les ouvrages de fortifications, l'on consignera l'artillerie, les magasins et papiers du génie.

Art. VI. Les troupes de l'ordre de Malte pourront rester dans les casernes qu'elles occupent, jusqu'à ce qu'il soit y autrement pourvu.

Art. VII. L'amiral commandant la flotte française nommera un officier pour prendre possession aujourd'hui des vaisseaux, galères, bâtimens, magasins et autres effets de marine appartenant à l'ordre de Malte.

Il s'y trouva deux vaisseaux de guerre, une frégate, quatre galères, 1,200 pièces de canon, 1,500 milliers de poudre, 40,000 fusils, etc.

Le jour où la convention fut passée, le général Bonaparte écrivit à l'évêque de Malte :

« J'ai appris avec un véritable plaisir, monsieur l'évêque, la bonne conduite que vous avez tenue, et l'accueil que vous avez fait aux troupes françaises.

Vous pouvez assurer vos diocésains que la religion catholique, apostolique et romaine sera non-seulement respectée, mais que ses ministres seront spécialement protégés.

Je ne connais pas de caractère plus respectable et plus digne de la vénération des hommes qu'un prêtre qui, plein du véritable esprit de l'évangile, est persuadé que ses devoirs lui ordonnent de prêter obéissance au pouvoir temporel et de maintenir la paix, la tranquillité et l'union au milieu d'un diocèse.

Je désire, M. l'évêque, que vous vous rendiez sur-le-champ dans la ville de Malte, et que, par votre influence, vous mainteniez le calme et la tranquillité parmi le peuple. Je m'y rendrai moi-même ce soir. Je désire que, dès mon arrivée, vous me présentiez tous les curés et autres chefs d'ordre de Malte et villages environnans.

Soyez persuadé, M. l'évêque, du désir que j'ai de vous donner des preuves de l'estime et de la considération que j'ai pour votre personne. »

L'évêque répondit :

« L'évêque de Malte a l'honneur de se présenter au citoyen Bonaparte, général en chef de l'armée d'Angleterre, et de l'assurer qu'il ne manquera pas de recommander expressément à ses ecclésiastiques, de maintenir le bon ordre, l'obéissance et la tranquillité; il se flatte qu'il sera écouté et que ses avis seront exactement suivis. Il l'assure que son intention, dans laquelle il aura soin de persévérer, est de ne prendre aucune part à tout ce qui est étranger à son ministère de pasteur. Il a le plaisir de lui annoncer que l'entrée des troupes françaises dans cette ville s'est faite avec tranquillité et sans la moindre effusion de sang. Il se croit donc obligé d'en rendre grâce au Tout-Puissant par un *Te Deum* solennel qui sera chanté après une procession publique et pompeuse qui aura lieu dans ce jour. »

Bonaparte organisa le gouvernement de l'île, par un ordre du 25, portant : que les îles de Malte et de Goze seraient administrées par une commission de gouvernement, composée de neuf personnes, à la nomination du général en chef, près de laquelle il y aurait un commissaire français; que cette commission serait spécialement chargée de toute l'administration des îles de Malte et de Goze, de la surveillance de la perception des contributions directes et indirectes, et de prendre des mesures relatives à l'approvisionnement de l'île; que le commissaire-ordonnateur en chef ferait un abonnement avec la commission, pour établir ce qu'elle donnerait, par mois, à la caisse de l'armée; que la commission s'occuperait incessamment de l'organisation des tribunaux civils et criminels, en la rapprochant, le plus possible, de l'organisation française; qu'en attendant, la justice continuerait d'être administrée comme par le passé; que les îles de Malte et de Goze seraient divisées en cantons; que chaque canton aurait une municipalité et un juge de paix; que tous les biens du grand-maître de l'ordre de Malte et des différens couvens des chevaliers, appartiendraient à la République Française, et seraient administrés par une commission composée de trois membres; que la police serait tout entière sous les ordres du général de division commandant et des différens officiers sous ses ordres.

Bosredon de Ransijat fut nommé président de la commission, et Regnaut-de-Saint-Jean-d'Angely, commissaire français.

Bonaparte chargea Bertholet, le contrôleur de l'armée et un commis du payeur, d'enlever l'or, l'argent et les pierres précieuses qui se trouvaient dans l'église de Saint-Jean et autres endroits dépendant de l'ordre de Malte, l'argenterie des Auberges et celle du grand-maître; de faire fondre tout l'or en lingots, pour être transporté dans la caisse du payeur de l'armée; de dresser un inventaire de toutes les pierres précieuses pour être mises sous le scellé dans la même caisse; de vendre pour 250 à 300,000 francs d'argenterie à des négocians du pays, contre de la monnaie d'or et d'argent qui serait également remise au payeur; il ordonna que le reste de l'argenterie serait laissé par le payeur de l'armée, à la monnaie de Malte, pour être fabriqué, et l'argent remis au payeur de la garnison pour sa subsistance ; qu'on laisserait, tant à l'église Saint-Jean qu'aux autres églises, ce qui serait nécessaire pour l'exercice du culte.

Bertholet, Poussielgue et Estève, vaquèrent à ces opérations, et ne purent partir de Malte, que trois jours après la flotte. Ils laissèrent, au payeur de l'île, pour le service de la garnison, une partie d'or et d'argent qui lui produisit la somme de. . . . . 553,810 fr.

Le reste les suivit et rendit à l'armée, dans les ventes qui en furent faites, au Kaire, à l'encan ou à la monnaie. 671,120

Total. . . . . 1,224,930 fr.

Voilà à quoi se réduisit cet immense trésor qui, suivant certains écrivains, avait tant excité la cupidité du Directoire et de Bonaparte, et sur lequel ils avaient calculé pour subvenir aux frais de l'expédition.

Bonaparte excepta de l'ordre qu'il avait donné aux chevaliers d'évacuer l'île, ceux qui n'étaient pas profès et qui seraient mariés à Malte; ceux qui auraient des possessions particulières dans l'île de Malte ; ceux qui y auraient établi des manufactures, des maisons de commerce; enfin, ceux qui étant connus par leur attachement à la République, devaient être regardés comme citoyens de Malte.

Les chevaliers français étaient au nombre de trois cents. Il y en avait quatorze qui, un mois avant l'arrivée des Français, avaient fait des dons patriotiques pour les frais de la descente en Angleterre; il en envoya la liste au Directoire. Il laissa la faculté à ceux qui avaient plus de 60 ans de rester à Malte, et emmena avec lui tout ce qui en avait moins de 30. Tous les autres se rendirent à Antibes, pour rentrer chez eux, conformément à la capitulation, pourvu qu'ils n'eussent pas porté les armes contre la France.

Bonaparte expédia un courrier au Directoire, pour l'informer de la prise de Malte et de ses opérations dans cette île, l'adressa à Garat, ambassadeur à Naples, et lui écrivit :

« Je vous prie de donner, à la cour de Naples, une connaissance pure et simple de l'occupation de Malte par les troupes françaises, et de la souveraineté et propriété que nous venons d'y acquérir. Vous devez en même temps faire connaître à S. M. le roi des Deux-Siciles, que nous comptons conserver les mêmes relations que par le passé pour notre approvisionnement, et que, si elle en agissait avec nous autrement qu'elle en agissait avec Malte, cela ne serait rien moins qu'amical.

Quant à la suzeraineté que le royaume de Sicile a sur Malte, nous ne devons pas nous y refuser, toutes les fois que Naples reconnaîtra la suzeraineté de la République Romaine [1].

---

[1] Le bailli de Torino Frisari, un des négociateurs de la convention, ne l'avait signée que *sauf le droit de haute suzeraineté qui appartenait à son souverain le roi des Deux-Siciles.* Bonaparte n'avait pas perdu son temps à contester cette réserve à laquelle,

Je m'arrête ici deux jours pour faire de l'eau, après lesquels je pars pour l'Orient.

Je ne sais pas si vous resterez encore long-temps à Naples; je vous prie de me faire connaître ce que vous comptez faire, et de me donner, le plus souvent que vous pourrez, des nouvelles de l'Europe[1]. »

L'armée n'avait pas servi tout entière à la prise de Malte; et c'était avec douleur qu'une foule de braves s'étaient vus réduits à l'inaction.

« Je m'empresse, écrivait Kléber à Bonaparte, à bord du *Francklin*, de vous féliciter de la conquête importante que vous venez de faire à la République. Mais moi, puis-je me féliciter d'avoir été témoin aussi passif d'un événement si extraordinaire[2] ? »

Il lui demandait ensuite la permission pour les savans et artistes embarqués à bord du *Francklin*, de descendre à terre pour voir la ville de Malte.

Dès les premiers momens de sa victoire, Bonaparte s'empressa de charger tous les agens français d'en propager la nouvelle en Grèce, dans les Échelles du Levant, en Barbarie, et d'en profiter pour encourager les amis de la France, et en imposer à ses ennemis.

« Je vous préviens, écrivait-il aux consuls de Tunis, Tripoli, Alger, que l'armée de la Répu-

---

quoique sur le ton de la plaisanterie, il faisait, par sa lettre, une réponse péremptoire.

[1] Lettre du 25 prairial (13 juin).
[2] Lettre du 25.

blique est en possession, depuis deux jours, de la ville et des deux îles de Malte et de Goze. Le pavillon tricolor flotte sur tous les forts.

Vous voudrez bien faire part de la destruction de l'ordre de Malte, et de cette nouvelle possession de la République au bey près duquel vous vous trouvez, et lui faire connaître que désormais il doit respecter les Maltais, puisqu'ils se trouvent sujets de la France.

Je vous prie aussi de lui demander qu'il mette en liberté les différens esclaves maltais qu'il avait. J'ai donné l'ordre que l'on mit en liberté plus de 2,000 esclaves barbaresques et turcs que l'ordre de Saint-Jean de Jérusalem tenait aux galères.

Laissez entrevoir au bey, que la puissance qui a pris Malte en deux ou trois jours, serait dans le cas de le punir, s'il s'écartait un moment des égards qu'il doit à la République [1]. »

A cette nouvelle le bey de Tunis rendit en effet à la liberté soixante-six esclaves maltais ou étrangers pris sous le pavillon de l'ordre, dont plusieurs étaient depuis quinze et vingt ans dans les fers. Bonaparte embarqua les esclaves turcs comme matelots.

En même temps il écrivit aussi dans les trois départemens de la Mer Ionienne qui devaient tirer un avantage tout particulier de la conquête de Malte, et au général Chabot, commandant à Corfou, pour leur annoncer que le drapeau de la République flottait sur tous les forts, et que l'ordre

---

[1] Lettre du 27 prairial (15 juin).

de Saint-Jean de Jérusalem était détruit ; de le faire connaître à tous les Grecs de la Morée et des autres pays, au ministre français à Constantinople, et aux pachas turcs. Il prévenait Chabot que sa division faisait partie de l'armée d'Orient ; lui demandait divers comptes et renseignemens ; lui recommandait de se mettre en mesure contre l'attaque des Turcs, et de ne pas faire connaître la destination de l'armée [1].

Dans cette circonstance, Bonaparte n'oublia pas ce fameux Ali, pacha de Janina, que déjà, lors de l'expédition de Corfou, il avait voulu intéresser à ses desseins. On a vu les recommandations faites alors au général Gentili de caresser ce pacha, les lettres flatteuses que s'écrivirent le général de l'armée d'Italie et Ali-Tebelen, ainsi que le refroidissement qui succéda à toutes ces belles protestations d'amitié, lorsque tous deux virent s'évanouir les espérances qu'ils avaient fondées l'un sur l'autre. Cependant les rapports entre les Français de l'Archipel et le pacha étaient entretenus, et la France ménageait toujours Ali, qu'elle espérait maintenant opposer avec succès à la Porte. Mais on avait trop peu fait pour s'attacher sans retour ce chef aussi habile que rusé. Passwan-Oglou, pacha de Servie, s'était révolté contre le Grand-Seigneur. Il fut mis au ban de l'empire, et tous les pachas obligés de se rendre au camp ottoman devant Widdin, sur les bords du Danube, où il s'était enfermé. Ali reçut l'ordre de

---

[1] Lettre du 27 prairial.

marcher contre lui avec dix mille Albanais. Il était désigné, dans le firman, par le surnom de *Terrible*. Il hésitait entre la crainte de désobéir à son souverain et celle de faire douter les Français de son indépendance. Le général Chabot lui envoya le capitaine Scheffer, son aide-de-camp, sous prétexte de régler quelques confins en litige, mais réellement pour empêcher le pacha de se déclarer contre Passwan-Oglou. Ali se plaignit de ce que Gentili et Brueys l'avaient amusé par de vaines promesses; que, loin de lui fournir des secours pour appuyer ses projets d'indépendance, on ne lui avait pas seulement fait payer les vivres fournis à l'escadre française; et qu'il ne pouvait désobéir au divan, qu'autant qu'on lui donnerait dix mille hommes et 100,000 sequins. La négociation resta donc sans effet, et Ali partit pour Widdin, où d'ailleurs l'appelait le désir de juger par lui-même des véritables forces de l'empire ottoman, qu'il espérait démembrer un jour. Par l'éclat de son luxe et la vigueur de son caractère, il effaça tous ses rivaux et s'empara bientôt de la direction du siége.

Il partait pour cette expédition, au moment même où Bonaparte résolut de lui envoyer, de Malte, son aide-de-camp Lavalette. La lettre suivante, du 29 prairial (17 juin), contenait ses instructions.

« L'*Arthémise*, citoyen, a ordre de vous faire mouiller sur la côte d'Albanie pour vous mettre à même de conférer avec Ali-Pacha. La lettre ci-jointe, que vous devrez lui remettre, ne contient rien autre chose que d'ajouter foi à ce que vous lui direz, et de l'inviter à vous donner un truchement sûr pour vous entretenir seul avec lui. Vous lui remettrez vous-même cette lettre, afin d'être assuré qu'il en prenne lecture.

Après quoi vous lui direz que, venant de m'emparer de Malte, et me trouvant dans ces mers avec 30 vaisseaux et 50,000 hommes, j'aurai des relations avec lui, et que je désire savoir si je peux compter sur lui; que je désirerais aussi qu'il envoyât près de moi, en l'embarquant sur la frégate, un homme de marque et qui eût sa confiance; que d'après les services qu'il a rendus aux Français, et sa bravoure et son courage, s'il me montre de la confiance, et qu'il veuille me seconder, je peux accroître de beaucoup sa gloire et sa destinée.

Vous prendrez, en général, note de ce que vous dira Ali-Pacha, et vous vous embarquerez sur la frégate pour venir me joindre, et me rendre compte de tout ce que vous aurez fait.

En passant à Corfou, vous direz au général Chabot qu'il nous envoie des bâtimens chargés de bois, et qu'il fasse une proclamation aux habitans des différentes îles pour qu'ils envoient à l'escadre du vin, des raisins secs, et qu'ils en seront bien payés. »

La lettre pour Ali-Pacha était ainsi conçue :

« Mon très-respectable ami, après vous avoir offert les vœux que je fais pour votre prospérité et la conservation de vos jours, j'ai l'honneur de vous informer que, depuis long-temps, je connais l'attachement que vous avez pour la République Française, ce qui me ferait désirer de trouver le moyen de vous donner des preuves de l'estime que je vous porte. L'occasion me paraissant aujourd'hui favorable, je me suis empressé de vous écrire cette lettre amicale, et j'ai chargé un de mes aides-de-camp de vous la porter, pour vous la remettre en main propre. Je l'ai chargé aussi de vous faire certaines ouvertures[1] de ma part; et, comme il ne sait point votre langue, veuillez bien faire choix d'un interprète fidèle et sûr, pour les entretiens qu'il aura avec vous. Je vous prie d'ajouter foi à tout ce qu'il vous dira de ma part, et de me le renvoyer promptement avec une réponse écrite en turc, de votre propre main. Veuillez agréer mes vœux et l'assurance de mon sincère dévoûment. »

Dès le 20 germinal (9 avril), d'après les ordres du Directoire, concertés sans doute avec Bonaparte, qui était alors à Paris, le ministre de la marine avait chargé le général Chabot d'envoyer un de ses principaux officiers porter à Ali une lettre par laquelle on lui témoignait toute la satisfaction et la reconnaissance du gouvernement pour les secours qu'il avait donnés à l'escadre française, et son offre de les continuer.

---

[1] Ces ouvertures consistaient, dit-on, à s'emparer de la Macédoine et à favoriser le soulèvement de la Grèce. Il n'y a que Lavalette qui puisse le dire. Il n'est pas douteux que la politique commandait à Bonaparte de mettre, à tout événement, dans ses intérêts, un homme tel qu'Ali-Pacha.

L'absence d'Ali-Pacha ne permit pas à Lavalette, lorsqu'il fut arrivé à Corfou, de remplir sa mission. Le général Chabot cependant exprima son étonnement de ce qu'on l'envoyait au pacha sans présens et sans suite; ne croyant pas devoir différer l'exécution des ordres qu'il avait précédemment reçus du ministre de la marine, et encouragé encore par la nouvelle de la prise de Malte, il envoya à Janina, auprès des deux fils d'Ali, Mouctar et Veli, qui étaient dans cette ville, l'adjudant-général Rose, déjà employé avec succès dans plusieurs missions auprès du pacha. Rose donna un grand éclat à sa mission, et fut reçu avec solennité, le 6 messidor (24 juin). Il leur remit la dépêche du ministre de la marine, une lettre du général Chabot, et leur dit qu'il avait reçu de Bonaparte l'ordre de leur annoncer la prise de Malte après un combat de quelques heures, l'entrée d'une escadre considérable dans les mers du Levant, et l'assurance qu'il donnait à Ali-Pacha et à ses fils, de la protection et de l'amitié de la République.

« Je ne puis vous exprimer, écrivit Rose à Bonaparte, l'effet que cette nouvelle fit sur les deux jeunes pachas, la joie qu'ils en témoignèrent, et l'assurance de leur reconnaissance. Ils ajoutèrent qu'il n'y avait pas d'offres que ne vous ferait Ali-Pacha pour contribuer à la gloire de la grande nation. Nous étions convenus qu'il y aurait un tartare tout prêt, que nos lettres le seraient également, et qu'il partirait de suite pour porter ces nouvelles à Ali-Pacha, à son camp. Le tartare partit lorsque j'étais encore avec les pachas. »

Rose, dans sa lettre, ne tarissait point sur le dévoûment d'Ali-Pacha et de ses fils, sur la confiance qui leur était due, et sur le grand parti qu'on en tirerait, si la France dirigeait quelques troupes du côté de l'isthme de Corinthe.

Sur la nouvelle de la prise de Malte, que Rose avait fait passer dans les montagnes de Maïna, le bey de cette contrée le chargeait de faire ses complimens à Bonaparte, et de l'assurer de tout son dévoûment à la République Française [1].

D'après l'accueil fait à Rose par les fils d'Ali, le général Chabot ne doutait pas que le pacha, dès qu'il serait informé du voisinage des forces françaises, ne quittât l'armée et ne se rendît à Janina. Il exaltait également la puissance, l'amitié, les talens d'Ali, et ne jugeait pas nécessaire de prendre de ce côté-là les précautions que Bonaparte lui avait recommandées. Il n'en était pas ainsi du pacha de la Morée, qui ne cessait d'accabler les Français de vexations. Le général Chabot croyait que les Grecs étaient pour la France, et que les Maïnotes surtout lui étaient dévoués.

Ainsi, comme on le verra dans la suite, les agens français étaient dupes de la fausseté et de la perfidie d'un brigand cruel, qui ne connaissait d'autre loi que ses intérêts. Il est vrai que la France ne

[1] Lettre du 24 messidor (12 juillet).

dépensait pour se le rendre favorable, que de stériles protestations.

Du reste, à la nouvelle de la prise de Malte, l'allégresse fut générale dans les départemens des Îles-Ioniennes; des fêtes publiques furent célébrées dans toutes les communes; Corfou et Zante se distinguèrent par leur pompe et leur magnificence. Le président de l'administration du département de Corcyre, Teotoky et le secrétaire Loverdo[1], exprimaient à Bonaparte l'ardent désir de voir dans leur pays leur libérateur, de le connaître, et de lui témoigner leur reconnaissance.

Reprenons la suite des opérations de Bonaparte à Malte. Il écrivit au roi d'Espagne :

« La République Française a accepté la médiation de Votre Majesté pour la capitulation de la ville de Malte.

M. le chevalier d'Amati, votre résident dans cette ville, a su être à la fois agréable à la République Française et au grand-maître. Mais vu l'occupation du port de Malte par la République, la place de M. d'Amati se trouve supprimée. Je le recommande à Votre Majesté, pour qu'elle veuille bien de pas l'oublier dans la distribution de ses grâces.

Je prie Votre Majesté de croire aux sentimens d'estime et à la très-haute considération que j'ai pour elle[2]. »

---

[1] Depuis, entré au service dans les armées de la République, général de brigade en 1813, et lieutenant-général en 1815.
[2] Lettre du 29 prairial (17 juin).

Pendant que la flotte française faisait de l'eau, Bonaparte acheva d'improviser, pour ainsi dire, en deux jours, l'organisation de toutes les branches de l'établissement public.

Par ses arrêtés des 28 et 29 prairial (16 et 17 juin), il ordonna la formation de la garde nationale, prescrivit le désarmement du reste des habitans de l'île, et fit approvisionner les forts. Il mit l'administration publique sous la direction du général commandant Malte, détermina la levée régulière des impôts, ainsi que leur emploi et celui du produit de la vente des domaines nationaux. Il les appliqua d'abord aux besoins des troupes de terre et de mer; ensuite à l'établissement d'une école centrale et de différens cours publics à l'école et dans les hôpitaux; enfin à l'entretien de la bibliothèque et des autres établissemens publics. Il décida aussi qu'un certain nombre de jeunes Maltais seraient admis dans les colléges de France. Les distinctions nobiliaires et toute espèce de servitude furent abolies, plusieurs ordres religieux supprimés; l'exclusion des religieux étrangers à l'île prononcée; la liberté des cultes proclamée; enfin l'exercice du ministère évangélique fut déclaré gratuit.

Il restait à payer au grand-maître Hompesch le prix de sa faiblesse et de sa lâcheté, les 600,000 fr. stipulés par la convention. Bonaparte lui en fit compter 300,000, savoir, 100,000 en argent, et le reste en quatre traites du payeur sur celui de Strasbourg, qu'il invita le Directoire à faire acquitter. 300,000 fr. furent laissés à Malte, du consentement du grand-maître, pour ses créanciers, il leur fit en outre une délégation annuelle de 100,000 fr. sur sa pension jusqu'à l'entière extinction de ses dettes.

Au moment de quitter l'île qu'il n'avait pas su défendre, ce chef obéré, plus moine que guerrier, ajouta encore à son déshonneur en baisant la main du conquérant qui le dépouillait de ses États.

« J'eusse mis, écrivit-il à Bonaparte, un grand empressement à vous aller offrir l'expression de ma reconnaissance pour les constantes affections que vous avez eues pour moi, et de la manière infiniment prévenante avec laquelle vous avez accueilli les diverses demandes que j'ai cru pouvoir vous faire, si, par une délicatesse qui n'a pour objet que de ne rien faire qui puisse rappeler aux Maltais et ma personne et leur ancien attachement, je ne m'étais déterminé à éviter toute occasion de me montrer en public. Veuillez donc bien recevoir par écrit l'expression de ma sensibilité, mes adieux et mes vœux pour vous.

Désirant partir à l'heure la plus tranquille de la nuit, je vous prie, citoyen général, de donner les ordres nécessaires pour que les portes de la ville me soient ouvertes à deux heures du matin, et je me rendrai à bord, sous l'escorte de vos guides que vous avez eu l'attention de me destiner.

Recevez, citoyen général, l'hommage de ma haute estime et de mon sincère attachement. »

Il quitta l'île pour se rendre à Trieste, sous

l'escorte de *l'Arthémise* qui portait Lavalette à Corfou.

Cependant, ce même homme, qui se montrait plein d'un respect aussi obséquieux pour le général français, s'était mis, quelques jours auparavant, sous la protection de la Russie, et Bonaparte envoya au Directoire, l'original du traité que l'ordre venait de conclure avec cette puissance. Il n'y avait que cinq jours qu'il était ratifié; et le courrier, le même que Bonaparte avait fait arrêter, deux ans auparavant à Ancône, n'était pas encore parti. « Ainsi, écrivait-il, l'empereur de Russie nous doit des remercîmens, puisque l'occupation de Malte épargne à son trésor 400,000 roubles. Nous avons mieux entendu que lui-même les intérêts de sa nation.

Cependant, si son but avait été de préparer les voies pour s'établir dans le port de Malte, Sa Majesté aurait dû, ce me semble, faire les choses un peu plus en secret, et ne pas mettre ses projets tant à découvert. Mais enfin, quoi qu'il en soit, nous avons, dans le centre de la Méditerranée, la place la plus forte de l'Europe, et il en coûtera cher à ceux qui nous en délogeront[1]. »

Par ce traité, l'empereur Paul, prenant le titre de protecteur de l'ordre de Malte, approuvait l'établissement dans ses États d'un grand prieuré, en remplacement de celui qui avait existé en Pologne, et lui accordait, en compensation des re-

[1] Lettre de Bonaparte au Directoire, du 29 prairial.

venus qu'il y avait possédés, une fondation annuelle de 300,000 florins. L'empereur fondait de plus, dans ses États, en faveur de la noblesse grecque, un établissement qu'il dotait d'un revenu annuel de 200,000 roubles.

Avec l'original de ce traité, Bonaparte envoya au Directoire plusieurs vues de l'île de Malte, une galère en argent, modèle de la première galère qu'avait eue l'ordre de Rhodes; objet curieux par son ancienneté; un surtout de table venant de Chine, assez bien travaillé, qui servait au grand-maître, dans les grandes cérémonies.

A la suite du grand-maître, il fit déporter à Rome les consuls d'Angleterre et de Russie [1].

Un incident, quoiqu'étranger aux affaires de Malte, mérite de trouver ici sa place.

Après l'insurrection qui avait éclaté dans les troupes françaises, à Rome, contre le général Masséna, le Directoire avait manifesté l'intention de faire plutôt poursuivre les dilapidateurs qui avaient occasioné cette insurrection, que ceux qui s'en étaient rendus coupables. Bonaparte n'était pas homme à pactiser avec l'indiscipline, au moment surtout d'une expédition lointaine, au succès de laquelle l'obéissance passive du soldat était indispensable. Quelques-uns des promoteurs de l'insurrection de Rome se trouvaient dans son armée. Il écrivit au Directoire.

« Du moment que le convoi de Civita-Vecchia nous a joints, j'ai été instruit que les ordres que

---

[1] Arrêté du 30 prairial (18 juin).

vous aviez donnés pour arrêter les instigateurs des troubles de Rome, n'avaient pas été exécutés, et que tous les officiers avaient donné leur parole d'honneur de ne pas souffrir leur arrestation; ce qui avait obligé le général Saint-Cyr à se relâcher de l'exécution de vos ordres. J'ai, sur-le-champ, fait arrêter quatre officiers du 7e. de hussards et quatre de la 61e., qui sont désignés par les chefs comme les principaux meneurs. Je les ai destitués et renvoyés en France, comme indignes de servir dans les troupes de la République. N'ayant pas le temps de faire faire leur procès, j'ordonne qu'on les tienne au fort Lamalgue, jusqu'à ce qu'on ait reçu vos ordres [1]. »

Barraguay-d'Hilliers ne pouvant, à cause du mauvais état de sa santé, suivre l'expédition, Bonaparte le renvoya en France, sur la frégate *la Sensible*; le chargea de porter au Directoire le grand drapeau de l'ordre et ceux de plusieurs régimens, et lui rendit le témoignage qu'il s'était toujours conduit avec distinction à l'armée d'Italie, et fort bien acquitté des différentes missions qui lui avaient été confiées [2].

La Sensible fut prise par la frégate anglaise *le Cheval Marin*. Barraguay-d'Hilliers fut fait prisonnier avec le poëte Arnault, qui retournait aussi de Malte en France, et conduit à l'escadre de l'amiral Jervis, devant Cadix. Barraguay-d'Hilliers écrivit de cette ville au Directoire, pour obtenir

---

[1] Lettre du 29 prairial.
[2] Lettre de Bonaparte au Directoire, du 30 prairial.

son échange. Relâché peu de temps après, sur parole, il apprit, en rentrant en France, qu'il avait été destitué, comme prévenu d'avoir empêché *la Sensible* de se défendre, pour sauver ce qu'il avait à bord. Il demanda à être jugé, et fut honorablement acquitté.

Le 28 (16 juin), l'escadre commença à sortir de Malte. Bonaparte y laissa le général Vaubois avec une garnison de quatre mille hommes, et se renforça d'environ deux mille hommes de troupes maltaises. Le 1er. messidor (19 juin), l'escadre mit à la voile et cingla vers sa destination.

Le 13 (1er. juillet), le Directoire, par un message, instruisit les conseils de la prise de Malte et des griefs qui l'avaient motivée. C'étaient les dispositions hostiles manifestées par le grand-maître contre la République; la permission accordée à l'Espagne et à l'Angleterre, et refusée à la France de recruter des matelots dans l'île; la persécution des Français et des Maltais qui s'étaient montrés favorables à la cause française; un manifeste du grand-maître, du 10 octobre 1793, par lequel il fermait les ports de Malte aux bâtimens français, et déclarait qu'il ne pouvait, ne voulait, ni ne devait reconnaître la République.

Le 21 prairial de cette année même, ajoutait le Directoire, la demande faite par le commandant des forces françaises dans ces mers, d'obtenir la faculté de faire de l'eau dans les différens mouillages de l'île, a été refusée avec cette forme ironique : Que le grand-maître ne pouvait laisser entrer plus deux bâtimens de transport à la fois; ce qui aurait exigé plus de trois cents jours pour donner de l'eau aux troupes françaises. Oser ainsi insulter une armée de la République, commandée par le général Bonaparte ..... !

Et cependant, il faut l'avouer, depuis le 10 octobre 1793 jusqu'au 21 prairial an VI, malgré quelques complaisances du grand-maître pour les ennemis de la France, on ne citait, de sa part, aucun acte d'hostilité ; car on ignorait encore le traité conclu entre lui et la Russie, qui, sans être positivement hostile contre la France, reconnaissait cependant l'empereur Paul, comme *protecteur* de l'ordre de Malte. La conduite du grand-maître, le 21 prairial, était un acte de prudence que justifiait assez la présence d'un armement formidable, auquel c'eût été livrer les ports de l'île, que de lui en permettre l'entrée.

Tous ces griefs n'étaient donc que des prétextes pour colorer une invasion résolue depuis longtemps, parce que, dans le fait, l'occupation de Malte importait essentiellement au succès de l'expédition d'Égypte, et que cette île serait infailliblement tombée au pouvoir des Anglais, si Bonaparte ne s'en était pas emparé d'avance. De toutes manières, c'en était fait de l'indépendance de Malte.

Les conseils législatifs déclarèrent que l'armée française de terre et de mer avait bien mérité de la patrie.

Quant au général, à en juger par les expressions de deux ministres, il était au-dessus de tous les éloges.

« Une des places les plus fortes du monde, lui écrivit Schérer, ministre de la guerre, prise aussitôt qu'assiégée et presque sans effusion du sang français, est encore un de ces prodiges avec lesquels il n'appartient qu'à vous de nous familiariser.

La conquête d'une île, aussi importante sous tous les rapports, suffirait pour consommer une grande expédition; mais pour votre armée, elle n'est que le début des événemens qui vont continuer d'imprimer à vos travaux le sceau du génie, et leur donner ce caractère de grandeur que les siècles ne peuvent effacer. »

« Quelque utile et brillante qu'ait été la carrière militaire et politique que vous avez parcourue jusqu'à ce jour, écrivit le ministre de la marine, Bruix, quelque immensité de gloire que vous vous soyez acquise, jamais, cependant, vous n'avez tenu dans vos mains de plus grands intérêts; jamais vos destinées n'ont été plus étroitement liées aux destinées de votre patrie et à celles du monde.

Comme marin, j'avais les plus vives inquiétudes sur vous et vos vaisseaux; comme Français, je me reposais sur votre génie et sur la fortune qu'il a su enchaîner.

L'Europe incertaine et attentive, attendait impatiemment de vos nouvelles. Un revers eût ranimé toutes les haines et toutes les ambitions; mais vous ne faites parler de vous que par la victoire.

Poursuivez, citoyen général ! Que la marine vous

doive sa réhabilitation dans l'estime publique et sa part à la gloire nationale!

Je voudrais pouvoir vous aider plus efficacement; je voudrais pouvoir faire passer des secours à ces précieux établissemens de l'Adriatique et de la Mer Égée, utiles fondations par vous faites à la prospérité de vos armes et à l'accroissement de nos richesses commerciales. Mais c'est encore vous, citoyen général, qui suppléerez, par vos heureuses conceptions, à la pénurie de nos moyens. Vous avez vu de près les difficultés, et vous savez tenir compte des sentimens et de la bonne volonté[1]. »

Le ministre célébra, dans un banquet splendide, la prise de Malte.

Jusqu'ici la flotte française avait échappé à l'exploration des croisières anglaises. Au départ de l'expédition, Bonaparte avait donné ordre aux vaisseaux qui éclairaient la marche de l'escadre et du convoi, d'arrêter tous les bâtimens qui seraient trouvés dans la Méditerranée, afin de dérober sa marche aux Anglais.

Avant d'arriver à Malte, on rencontra six bâtimens suédois, destinés pour Naples. On amena les capitaines à bord de *l'Orient*. Bonaparte, au lieu de les retenir, se contenta de leur parole d'honneur, qu'ils entreraient à Cagliari, et qu'ils y resteraient quelques jours pour lui donner le temps de faire route. Ils tinrent leur promesse. Le gouvernement suédois fit afficher à la bourse

---

[1] Lettres des 16 et 17 messidor.

le récit de ce trait de confiance d'une part et de loyauté de l'autre.

D'après les instructions que Bonaparte avait laissées aux agens français dans tous les ports de la Méditerranée, ils lui transmettaient exactement les nouvelles qui leur parvenaient sur les forces anglaises, et même sur les dispositions des puissances de l'Italie. Par les intrigues d'Acton et de lady Hamilton, l'influence de l'Angleterre dominait à Naples. Au moment de quitter son poste où il venait d'être remplacé, l'ambassadeur Garat, alors, comme tout le monde, sous le charme de Bonaparte, lui faisait des offres et lui donnait des conseils où l'on reconnaît le penseur plus propre à la philosophie spéculative qu'au maniement des affaires.

« Je vous avoue, général, écrivait-il, que l'idée d'une révolution faite en Italie par des Italiens me fait horreur. On ne voit pas où s'arrêteraient les bouleversemens des passions et de l'ignorance : d'un autre côté, si les Français font les révolutions et s'ils les font pour eux, ils violent leurs principes et les paroles qu'ils ont tant de fois données. La seule chose donc, qui serait bonne, et qui le serait extrêmement, serait de donner ici, à la France, une influence très-prépondérante ; elle détruirait celle des Anglais, qui est contre la nature des choses ; elle ouvrirait de nouvelles sources de biens et de richesses aux Français, et à la fois aux Italiens. Elle amènerait enfin, sans convulsion, l'époque où l'Italie pourra être heureusement constituée et gouvernée, non par nous, mais par nos principes. A mon arrivée à Paris, général, je vous écrirai encore sur cet objet ; il est d'une grande importance par lui-même, il touche par tous les points à l'exécution de toutes vos vues sur la Méditerranée et sur l'Orient.

Je pars demain pour Paris, et le plaisir que j'en ai n'est altéré que par le regret de m'éloigner du théâtre de vos belles opérations ; mais, si vous le désiriez, général, j'en serais bientôt plus près encore, je serais bientôt avec vous. J'ai beaucoup médité dans ma vie sur les moyens de rendre, à toutes les institutions d'un peuple, les grands attributs de quelques législations anciennes et les principes rigoureusement démontrés de notre nouvel ordre social ; sur le moyen de rendre toutes les classes d'une nation capables d'exercer à la fois leurs bras et leur intelligence, de faire sortir des travaux même de la main les belles sensations et les pensées justes. Le résultat de toutes mes méditations a été de me persuader profondément qu'avec de la force et du pouvoir, en prenant l'espèce humaine telle qu'elle est, on pourrait en créer une autre, en quelque sorte, dans laquelle on ne verrait presque rien de la stupidité et des folies de la première. Eh bien ! général, je vous demande une île ou deux, comme un peintre qui a des dessins dans la tête et un pinceau à la main, demande une toile et des couleurs. Vous allez avoir plusieurs îles et plusieurs peuplades à votre disposition, et toutes sont placées dans les climats les plus propres aux expériences sociales. Si on laisse tomber les révolutions dans les routines, il arrivera aux révolutions ce qu'il arrive toujours aux routines, elles deviendront stériles.

C'est à vous, général, à multiplier les essais, pour multiplier les méthodes, et à donner aux méthodes les plus mûres et les plus hardies, le poids et l'autorité d'une expérience faite. Je vous le répète, j'ai assez réfléchi sur mes idées pour leur donner de la précision, et rapprocher mes théories de la pratique. »

Malgré le sens profond de cette dernière phrase, il y a lieu de croire que Bonaparte, peu partisan d'expériences sociales, ne fut pas tenté, pour en faire, de donner une île à Garat.

Tandis que la flotte française voguait vers les côtes d'Égypte, le gouvernement espagnol écrivit à son ambassadeur à Paris que les Anglais, instruits des préparatifs et de la sortie de l'escadre de Toulon, avaient fait partir pour la Méditerranée 16 gros vaisseaux de leur escadre dans l'Océan, et qu'ils en avaient laissé 18 devant Cadix. L'ambassadeur en prévint le Directoire en l'assurant des vœux du roi pour que l'escadre française arrivât heureusement à sa destination; car il regardait les vaisseaux français comme les siens parce que leur sort intéressait également les deux nations.

En effet, l'amiral Saint-Vincent avait envoyé 10 vaisseaux dans la Méditerranée avec ordre d'y réunir ceux qu'y commandait Nelson, et de lui former ainsi une escadre de 13 vaisseaux pour bloquer Toulon, ou suivre la flotte française si elle en était sortie. Dans ses instructions l'amiral prévoyait tout, excepté l'expédition d'Égypte.

Le 23 prairial, l'escadre de Nelson, forte de 12 vaisseaux, 2 frégates et un brick fut vue à 12 lieues au large de Toulon, faisant route vers l'est. Najac en envoya la nouvelle à Bonaparte par deux bateaux corses, bons voiliers, et lui manda que l'apparition de ces forces l'empêchait de faire partir un convoi de 26 gros bâtimens chargés d'artillerie, de munitions de guerre et de bouche, et d'ustensiles de toute espèce pour l'armée; et que par la même raison Belleville n'osait faire sortir de Gênes un autre convoi de même nature, dans la crainte de l'exposer à une perte inévitable.

Le 27, Nelson reconnut la rade de Tagliamon sur les côtes de Toscane, supposant qu'elle pouvait être le rendez-vous de la flotte française. Le 2 messidor, il parut devant Naples. Il y apprit que les Français avaient débarqué à Malte, et que l'ambassadeur Garat avait laissé entendre que leur expédition se rendait en Égypte. Nelson arriva le 4 devant Messine; il y acquit la certitude de la prise de Malte, et y apprit que les Français s'étaient dirigés sur Candie; il passa aussitôt le détroit et se rendit devant Alexandrie où il arriva le 11 messidor.

Les avis expédiés à Bonaparte sur l'apparition d'une escadre anglaise dans la Méditerranée ne lui parvenaient pas. Cependant conformément à ses instructions Najac lui avait, jusqu'au 1er. messidor, expédié 10 avisos de Toulon, et lui en expédiait encore. Depuis 22 jours, on n'avait dans ce port aucune nouvelle de l'expédition, on y était dans la plus grande anxiété.

Pendant ce temps là la flotte française poussée, en quittant les parages de Malte, par un vent fait de nord-ouest, continuait sa route directement à l'est, dans la grande mer qui sépare l'île de Malte de celle de Candie. Elle apprit par un bâtiment qu'elle rencontra à la hauteur du cap Bonara, la première nouvelle de l'apparition des Anglais. Elle ne lui fut confirmée que le 7 messidor, comme elle reconnaissait les côtes de Candie, par la frégate *la Justice* qui venait de croiser devant Naples.

Alors Bonaparte ordonna qu'au lieu de se rendre directement à Alexandrie, on manœuvrât pour attaquer l'Afrique au cap Durazzo, à 23 lieues de cette ville. Le 11 on signala la côte et ce cap. Le même jour Nelson arrivait devant Alexandrie, mais n'y ayant appris aucune nouvelle de la flotte française, par le hasard le plus heureux pour elle, il lui tourna le dos, et, lui laissant le champ libre, se dirigea sur Alexandrette et Rhodes.

Ainsi l'expédition d'Égypte fut préparée et dirigée avec tant d'activité, de secret et de bonheur, qu'elle échappa à la vigilance inquiète des Anglais. Ils apprirent presque en même temps que ce grand projet avait été conçu, entrepris et exécuté.

CHAPITRE III[1].

État et situation de l'Égypte avant l'arrivée des Français.—Races diverses de ses habitans.—Lois; gouvernement; administration.—La flotte française arrive en vue de l'Égypte.—Débarquement à l'anse de Marabou.—Prise d'Alexandrie.—Organisation.—Destination de la flotte.

Avant que l'armée ne débarque en Égypte, il est important de faire connaître cette contrée. Plusieurs voyageurs, et notamment Volney, avaient donné des idées générales sur son état physique et politique; mais aucun d'eux n'avait été appelé par les circonstances et par ses fonctions à étudier ce pays sous les rapports dont la connaissance était nécessaire à une puissance européenne qui venait s'y établir et le gouverner.

L'Égypte se divise naturellement en Haute, Moyenne et Basse Égypte. Elle se subdivise en outre en 17 provinces, dont les limites diffèrent

---

[1] Napoléon a dicté, à Sainte-Hélène, toute sa campagne d'Égypte. On attend encore la publication de ce manuscrit; on sait entre les mains de qui il se trouve[*]. Le général Gourgaud a publié sur cette guerre, sur l'état physique, politique et moral de l'Égypte, divers fragmens dictés par Napoléon, et, quelque incomplets qu'ils soient, l'intérêt qu'ils inspirent fait regretter que le manuscrit ci-dessus désigné n'ait pas encore vu le jour.

[*] Voyez le *Mémorial de Sainte-Hélène*, par Las Cases, t. I, p. 330; t. II, p. 282, 303, 304; t. V, p. 74.

peu de celles des *Nomes*, anciennement établis par Ptolémée.

La Haute-Égypte, appelée Sayd, contient deux provinces : celle de Siène ou Assouân, qui confine à la Nubie, et celle de Girgeh.

La Moyenne-Égypte, nommée Ouestanieh, qui s'étend depuis la petite ville de Manfalout, sur le Nil, jusqu'au Kaire, comprend quatre provinces, savoir : Syout, Atfih, Beny-Soueyf et le Fayoum.

La Basse-Égypte, appelée en arabe Bahyreh, renferme onze provinces : cinq à l'est de la branche orientale du Nil, savoir : le Kaire, le Qélioubeh, le Charqych, Mansourah et Damiette ; trois dans le Delta : le Menoufyeh, le Garbyeh et la province de Rosette dont la capitale est hors du Delta ; enfin trois à l'ouest de la branche occidentale du Nil, savoir : Gizeh, Alexandrie et Bahyreh dont la capitale est Damanf.

L'Égypte comprend aussi quelques pays qui ne sont point adjacens au Nil, et peu connus des Européens à l'époque de l'expédition des Français, tels que la grande et les petites Oasis, la vallée du Fleuve-Sans-Eau et celle des lacs Natron, situés à l'ouest du Nil, dans les déserts de la Libye.

Ainsi l'Égypte se trouve bornée au nord par la Méditerranée, à l'est par l'isthme de Suez et par la Mer-Rouge, au sud par la Nubie turque et à l'ouest par le Grand-Désert. Ses ports sur la Méditerranée sont Alexandrie, Rosette et Damiette, et sur la Mer-Rouge Suez et Qosseyr. Le territoire égyptien s'avance à l'est jusqu'aux sources de Refah, limites de l'Asie et de l'Afrique. Là se trouve le petit fort d'El-Arych, clef de l'Égypte du côté de la Syrie.

L'Égypte produit en abondance du blé, du riz, des légumes, du sucre, du séné, de la casse, du natron, du lin, du chanvre; mais elle n'a ni bois, ni charbon minéral, ni huile. Elle manque aussi de tabac qu'elle tire de Syrie, et de café que l'Arabie lui fournit. Elle nourrit de nombreux troupeaux et une multitude de volailles; on y possède, dans une grande perfection, l'art de faire éclore des poulets par la chaleur artificielle des fours.

Il est à croire que du temps de Sésostris et de Ptolémée, l'Égypte pouvait nourrir 12 ou 15 millions d'habitans sans commerce extérieur et par sa seule agriculture. Des historiens arabes rapportent même que, lors de sa conquête par Amroug, elle contenait 20 millions d'habitans et plus de 20,000 villes; mais depuis cette époque l'Égypte a toujours été en décadence, et, lors de l'arrivée des Français, elle ne contenait pas trois millions d'individus.

Le Nil prend sa source dans les montagnes de l'Abyssinie; son cours est d'environ 800 lieues, dont 200 sur le territoire égyptien. Aussitôt qu'il a franchi le tropique du Cancer, il baigne et entoure un amas d'îles et de rochers de granit, où, éprouvant un léger refoulement, il forme un petit ressaut, connu sous le nom de cataracte de Syène. Là commence l'Égypte. Depuis ce point, et durant un espace d'environ 150 lieues, ce fleuve coule resserré dans une vallée dont la largeur moyenne est de cinq lieues.

A six lieues au dessous du Kaire, il se divise en deux branches; l'une coule vers le nord-ouest et prend le nom de *branche de Rosette*, du nom de la ville située à son embouchure; l'autre, coule vers le nord-est et est appelée *branche de Damiette*. On raconte que, dans des temps plus reculés, le Nil avait sept embouchures. L'espace compris entre ces deux branches a pris le nom de *Delta*, à cause de sa forme triangulaire; on le regarde comme le produit des anciennes alluvions de ce fleuve qui ont comblé une partie du golfe dans lequel il se déchargeait.

Dans le temps où les Portugais faisaient le commerce de l'Inde, le grand Albuquerque proposa au roi de Portugal un projet de *stériliser* l'Égypte, en détournant le Nil au-dessus des cataractes de Syène pour le jeter dans la Mer-Rouge. Il estimait que ce n'était pas un trop grand sacrifice, pour assurer au Portugal le commerce de l'Inde, que de faire disparaître l'Égypte du rang des nations. Effectivement, on eût par là fait de cette contrée un désert, et du Cap de Bonne-Espérance la route unique du commerce des Indes. Le voyageur Bruce ne croyait pas ce projet entièrement inexécutable. Quand Bonaparte conquit l'Égypte, il l'ignorait sans doute, car, lorsque plus tard on l'en instruisit, il en fut singulièrement frappé. Cependant, du temps d'Albuquerque, on ignorait que la Mer-Rouge est supérieure à la Méditerranée de plus de 30 pieds ; que le Nil tend naturellement à couler vers l'ouest, et que, s'il n'était pas resserré entre deux chaines continues de montagnes, il se jetterait dans les déserts de Saharàh et de la Libye. Enfin si on parvenait, après les efforts les plus prodigieux que la puissance de l'homme ait jamais osé entreprendre, à réaliser ce gigantesque projet, il en résulterait indubitablement une grande révolution physique sur ce point du globe. Loin de fermer la route de l'Inde par l'Orient, il est à croire, au contraire, que la Mer-Rouge, grossie par les eaux d'un des plus grands fleuves du monde, ferait irruption par l'isthme de Suez, y établirait une communication permanente, et rendrait à la Méditerranée un affluent qui lui est dû par la nature.

L'étroite vallée du Nil est la seule partie de l'Égypte qui soit cultivée et habitée ; tout le reste n'est qu'un immense désert dont plusieurs bras s'avancent même en divers points jusqu'aux rives de ce fleuve.

« Pour se peindre ces déserts, dit Volney, que l'on se figure, sous un ciel presque toujours ardent et sans nuages, des plaines immenses et à perte de vue, sans arbres, sans ruisseaux, sans montagnes. Quelquefois les yeux s'égarent sur un horizon ras et uni comme la mer. En d'autres endroits, le terrain se courbe en ondulations, ou se hérisse en rocs ou rocailles. Presque toujours également nue, la terre n'offre que des plantes ligneuses, clairsemées, et des buissons épars dont la solitude n'est que rarement troublée par des gazelles, des lièvres, des sauterelles et des rats[1]. »

Dans le sein de ces plages arides, nommées à juste titre océan de sable, il existe plusieurs oasis où la végétation se montre avec d'autant plus de charmes que ce qui les entoure est plus stérile. Ce sont, au milieu du désert, des espaces habités, arrosés par des sources et ombragés par des bosquets. Sans le chameau, animal patient, sobre, et capable, par sa constitution, de rester longtems sans boire ni manger, l'homme ne pourrait parcourir des régions où il faut porter avec soi de quoi apaiser sa faim et sa soif; même avec le secours de cet animal, il succomberait dans l'immense étendue de ces déserts, si les premiers voyageurs qui ont osé s'y aventurer n'avaient découvert, de loin en loin, dans la terre ou à sa surface, des sources ou plutôt des mares d'une eau saumâtre, et n'y eussent creusé des puits où on renouvelle les provisions d'eau. Ces mares et ces puits tracent depuis un temps immémorial, au milieu du désert, des routes dont on ne saurait s'écarter sans s'exposer à une mort certaine. Cependant, combien il est aisé de s'égarer dans des lieux où l'uniformité des objets qui entourent le voyageur ne lui présente aucun point de reconnaissance; où des sables mouvans, soulevés par la tempête, viennent effacer les pas de ceux qui

---

[1] Voyages en Syrie et en Égypte, t. 1, p. 373.

l'ont précédé, et l'engloutissent lui-même dans leurs tourbillons ! Enfin, pour comble de désastres, dans cette affreuse solitude, où les ossemens des hommes et des animaux qui ont péri dans une route si périlleuse, avertissent le voyageur du sort qui le menace, le *kamsim* dessèche en peu de minutes la végétation et suffoque les êtres animés, à moins qu'ils n'appuient leur bouche contre le sol pour échapper au souffle empoisonné de ce vent brûlant.

C'est dans les déserts arides de l'Égypte, de l'Arabie, de la Syrie et de la Mésopotamie, habités autrefois par les Hébreux, que des tribus nomades se sont élevées les premières à l'idée sublime d'un seul Dieu; c'est là qu'à pris naissance cette religion qui, nommée judaïque, chrétienne ou mahométane, selon les modifications qu'elle a reçue, s'est répandue sur la plus grande partie du globe. Aujourd'hui, ces diverses contrées sont sous la domination de l'islamisme; cette croyance est la dernière qui s'y soit propagée. Non-seulement elle a entièrement effacé les autres religions qui l'y avaient précédée, mais elle s'est, bien plus que celles-ci, étendue dans l'Afrique et dans l'Asie, parce que le génie de son fondateur l'avait appropriée aux habitans de ces climats. Un grand nombre de nations auparavant chrétiennes ou plongées dans l'idolâtrie, les peuplades errantes qui, de temps immémorial, vivaient dans le paganisme ou le pur déisme, l'ont adoptée.

Avant l'arrivée des Français en Égypte, il ne

restait plus dans ce pays qu'un petit nombre de chrétiens, divisés en plusieurs sectes, avilis et opprimés par les Égyptiens qui les méprisaient.

Il se trouvait parmi les musulmans trois races d'hommes, qui n'avaient entre elles ni les mêmes mœurs ni la même langue. Les Arabes, ou naturels du pays; les Ottomans, ou Osmanlis; et les Mamelucks, originaires de Circassie.

Les Arabes formaient la masse de la population; leur langue était la langue vulgaire. Ils reconnaissaient pour chefs les grands-cheyks descendans de ceux des Arabes qui avaient conquis l'Égypte au commencement de l'hégire. C'étaient à la fois l'élite de la nation et les docteurs de la loi. Ils étaient propriétaires de villages et d'un grand nombre d'esclaves.

Les Arabes se divisaient en deux grandes classes bien distinctes; les *cultivateurs* et les *Bédouins* ou Arabes errans. Ceux-ci purement guerriers et pasteurs, habitaient le désert, escortaient les caravanes et s'occupaient spécialement de l'éducation des bestiaux, tels que chameaux, bêtes à laine et chevaux, qu'ils faisaient paître dans les oasis ou sur la lisière des terres cultivées.

La classe qui s'adonnait à l'agriculture se composait des *Arabes cultivateurs* proprement dits, et des *Felláh*. Les écrivains qui on traité cette partie les ont presque toujours confondus. Cependant les *cultivateurs* différaient des *felláh* par leur physionomie, leurs manières et leur caractère. Le sang arabe s'était tellement perpétué sans mélange dans leurs familles qu'on ne pouvait les distinguer des Bédouins. Outre les traits de leur race, ils en avaient conservé l'esprit de dispute, de chicane et de rapacité. Ils n'avaient point ces vertus si vantées des Arabes, la franchise, la foi religieuse pour leur parole, le penchant à l'hospitalité. Ils étaient faux, et par-dessus tout voleurs, extrêmement adroits et audacieux. Ils arrêtaient les fellâh, pillaient les barques et dépouillaient les marchands et les voyageurs.

Ils avaient perfectionné l'agriculture et l'industrie agricole beaucoup plus que les fallâh ; leurs terres étaient mieux entretenues, mieux arrosées, et leurs villages plus peuplés. C'est à eux qu'appartenaient presque exclusivement la culture et la fabrication du sucre dans la Moyenne-Égypte. Ils avaient des chevaux et des chameaux en grand nombre. Au premier signal de guerre, on voyait ces cultivateurs monter à cheval, s'armer de lances comme les Bédouins, et camper dans la plaine à côté de leurs maisons. Ils étaient presque toujours armés, et faisaient la loi dans les marchés et dans les villages. C'était surtout dans la Haute-Égypte, dans les provinces éloignées de la capitale, qu'existaient ces désordres ; dans la Basse-Égypte, ils étaient moins puissans.

Les fellâh étaient les ilotes de l'Égypte. On ignore leur origine. Il est à croire qu'ils sortaient du mélange des diverses races qui avaient successivement dominé sur l'Égypte. Dans ce pays comme en France, comme dans toute l'Europe, pour ceux qui vivaient du bien d'autrui, sans peine ni travail, il n'était rien de plus vil que la charrue. Aussi les Bédouins regardaient-ils ces paysans comme des être nés pour travailler à leur nourriture. Ils leur avaient donné le nom de *fellâh*, c'est-à-dire *homme de boue*, et ne s'alliaient jamais avec eux.

Mais c'était surtout chez les Bédouins que se retrouvait le type primitif de la vieille nation arabe. Ils avaient conservé dans toute leur pureté la langue, les mœurs et le caractère des âges d'Abraham et de Jacob, dont les écrivains sacrés nous ont transmis l'histoire. Ils étaient divisés en tribus commandées par des cheyks qui combattaient à leur tête en temps de guerre. Ils campaient sous des tentes, dans l'intérieur du désert, ou sur les limites des terres cultivées. Leurs camps ressemblaient à de grands villages; l'abondance y régnait presque toujours. Ces Arabes étaient sobres, endurcis à la fatigue, excellens cavaliers. Ils n'avaient point de prêtres, se dispensaient des pratiques de la religion, buvaient du vin quand il en avaient, et s'ils faisaient le pèlerinage de la Mekke, c'était plutôt pour les bénéfices qu'ils en retiraient que dans un but religieux. Leur passion dominante était l'avidité de l'argent; l'aspect d'une pièce d'or les faisait sourire. Il n'y avait chez eux d'autres lois que des lois domestiques, inséparables de leurs mœurs patriarcales. Il régnait dans leur camp une grande liberté, et, par une espèce de convention tacite, rarement elle dégénérait en licence. Chacun d'eux avait presque toujours en propriété deux chevaux, deux chameaux, quelques moutons, un fusil, une tente;

alors il était au comble de ses désirs. Outre les travaux du ménage, les femmes s'occupaient à filer la laine qu'elles vendaient ensuite dans les villages d'Égypte, où elle était mise en œuvre. Dans les voyages, elles se plaçaient avec leurs enfans sur des chameaux ou des dromadaires. Ces tribus changeaient fréquemment de canton, et osaient souvent faire paître leurs bestiaux dans les terres cultivées. Alors les cultivateurs montaient à cheval et leur donnaient la chasse.

On comptait en Égypte une soixantaine de tribus d'Arabes Bédouins, formant une population d'à peu près cent vingt mille âmes, capable de fournir vingt mille cavaliers. Quelques-unes d'entre elles étaient presque toujours en paix avec le gouvernement, lui prêtaient des secours, et faisaient toutes les caravanes de Suez et de Syrie; tels étaient les Terrabins, les Houahytas, les Bilys, les Anadis, etc., qui habitaient les déserts autour de la Basse-Égypte.

Tous les Arabes établis en Égypte, quelles que fussent leur condition et leur origine, cultivateurs ou errans, en paix ou en guerre entre eux et avec le gouvernement, avaient un grand esprit national. Ils rêvaient le retour de la patrie arabe, se croyaient supérieurs aux naturels du pays et aux Ottomans, et nés pour commander sur les bords du Nil.

Il y avait en Égypte environ deux cent mille Osmanlis ou Ottomans. Ils s'y étaient établis lors de la conquête de Sélim, dans le seizième siècle; c'étaient parmi eux que se formait le corps des janissaires et spahis. Ils étaient constamment avilis et humiliés par les Mamlouks.

Les Mamlouks ou Circassiens, quoique la moins nombreuse des trois races établies en Égypte, possédaient cependant les richesses et la force. Leur origine remonte à la conquête de l'Égypte par l'empereur Sélim. Il établit dans ce pays, comme dans le reste de l'empire turc, une milice de janissaires et de spahis, et un pacha qui représentait le grand-seigneur, avec l'autorité d'un vice-roi sur toute la province. Mais dans la crainte de voir échapper sa conquête, et relever l'empire arabe, si cette charge tombait entre les mains d'un homme entreprenant et ambitieux, ce sultan ne voulut point confier le gouvernement de l'Égypte à la seule autorité d'un pacha. Pour balancer son influence, il créa une milice de Mamlouks, commandée par 24 beys égaux en pouvoir, et le pacha, contenu par eux, ne pouvait travailler à s'affranchir.

Quoique attribué à Sélim, ce système d'administration et de gouvernement établi en Égypte, avait à peine été ébauché par lui; et il est réellement l'ouvrage de son fils Soliman II.

Le pacha était le chef du gouvernement; son pouvoir était limité par le grand et le petit divan, qu'il convoquait et présidait. Il résidait au Kaire; ses fonctions étaient annuelles, à moins qu'elles ne fussent prorogées par le grand-seigneur.

Le grand divan statuait sur les affaires générales du pays, le petit divan sur les affaires d'un moindre intérêt. Le *kiaya*, ou lieutenant du pacha, le *defterdar*, le *rouznamgy*, un député de chacun des corps de l'armée y siégeaient ; ils étaient membres nés du grand divan, qui se composait en outre de l'*émir-haggy*, du *qady* du Kaire, des principaux cheyks descendans de Mahomet, des quatre mouphty-ulémas, et d'un grand nombre d'*ogaq*.

Il y avait dans chaque province, suivant son importance, un ou plusieurs divans chargés de défendre les intérêts de la province, ayant avec le gouvernement les mêmes rapports que le divan du Kaire avec le pacha.

Il y avait des tribunaux pour la justice, tenus par les qadys, à la tête desquels étaient le Qadyasker-Effendi. Les pièces juridiques devaient être signées par lui. Les plaideurs étaient libres de choisir le tribunal. Lorsqu'une des parties avait des inquiétudes sur l'intelligence ou l'équité du qady, elle avait recours aux gens de loi qui disaient ce que la loi et la justice prononçaient sur le cas exposé ; car on tenait pour principe que le droit était *un* ; qu'il n'y avait pas deux manières de l'envisager, et que personne ne pouvait aller contre son évidence.

Les troupes victorieuses que Sélim avait laissées en Égypte, furent partagées en six *ogaq*. Elles en formaient la garnison. Leur force réunie avait été fixée à 20,000 hommes, mais elle fut rarement complète. L'ogaq des janissaires était le premier en rang. L'*aga*, qui en avait le commandement, avait sur toute la milice la même autorité qu'un général.

Des vingt-quatre beys, douze étaient destinés à des missions extraordinaires; les douze autres avaient des emplois spéciaux, tels que kiaya du pacha, commandans de Suez, Damiette et Alexandrie, defterdar, émir-haggy, émir-khazneh, gouverneurs des provinces de Girgeh, Bahyreh, Menoufyeh, Garbyeh et Charqyeh.

La maison de chaque bey se composait de quatre cents à huit cents esclaves, nommés Mamlouks, superbement équipés et tous à cheval, ayant chacun pour les servir deux ou trois fellâh, ce qui portait la maison ordinaire d'un bey à quinze cents hommes. Les beys avaient en outre plusieurs officiers pour le service d'honneur de leur maison. Les lieutenans des beys, nommés kachefs, commandaient sous eux cette milice, et étaient seigneurs de plusieurs villages; ils avaient de vastes propriétés territoriales dans les provinces et une habitation au Kaire.

Les beys et Mamlouks ne pouvaient se recruter qu'en Circassie. Les jeunes Circassiens étaient vendus par leur mère, ou volés par des gens qui en faisaient leur métier, et ensuite vendus au Kaire par des marchands de Constantinople. Il était extrêmement rare que l'on admît parmi les Mamlouks des Noirs ou des Ottomans. Les esclaves faisant partie de la maison d'un bey, étaient adoptés par lui et composaient sa famille. Intelligens et braves, ils s'élevaient successivement de grade en grade. A sa mort, un bey désignait son successeur parmi ses esclaves; c'était ordinairement son kachef, et lors même que sa mort était imprévue, on connaissait généralement, aux faveurs dont il l'avait comblé pendant son vivant, celui qu'il désirait avoir pour successeur.

Les fonctions des beys étaient de maintenir la police, de vider les différens de village à village, de défendre les cultivateurs contre les Arabes, et de protéger la perception des impôts.

Le *defterdar* était dépositaire du registre des propriétés; il en visait les titres.

L'*émir haggy* portait à la Mekke et à Médine les présens annuels du grand-seigneur, et protégeait la caravane qui se joignait à lui.

L'*émir khazneh*, conduisait par terre à Constantinople les revenus qui devaient être versés dans le trésor du sultan.

Les provinces de Qélioubeh, Mansourah, Gizeh et Fayoum, étaient gouvernées par des kachefs qui avaient la même autorité que les beys. Les actes des uns et des autres devaient être confirmés par les divans particuliers des provinces.

A l'exception du kiaya et des commandans de Suez, Damiette et Alexandrie, que la Porte nommait, les nominations des beys aux autres emplois étaient faites par le grand-divan, confirmées par le pacha et le grand-seigneur; ils étaient inamovibles.

Cet ordre de choses dura deux siècles, pendant lesquels l'Égypte fut soumise et tranquille; mais des beys ambitieux se révoltèrent contre la Porte, se perpétuèrent dans leurs places, se servirent des ogaq pour dominer dans le divan, et des Mamlouks pour asservir les ogaq. Peu à peu ces esclaves étrangers finirent par éloigner les Turcs des places les plus importantes, par se les distribuer, par s'arroger une sorte de souveraineté dans le pays, et par se la disputer entre eux. C'est ainsi que Mourad et Ibrahim beys régnaient réellement en Égypte, à l'arrivée des Français.

Le *moultezim* ou seigneur était chargé de la police et de l'administration de son village. Il avait sous ses ordres un *qaymaqam* qui le représentait, et des officiers dont il faisait choix. Leurs fonctions étaient déterminées par des réglemens du sultan. Ces officiers étaient : le *cheyk*, le *chahed*, le *serraf*, le *khaouly*, le *meched*, les *gafhirs*, l'*oukyl*, le *kallaf*.

Le cheyk avait l'inspection et la surveillance des terres et des paysans : il était représentant du moultezim, à défaut de *qaymaqam*, l'intermédiaire entre les seigneurs et les paysans, et lui répondait de leur inconduite et de leurs contributions, s'il ne l'avait pas averti à temps. Cette fonction était donnée aux cultivateurs les plus distingués par leur aisance et leur dextérité.

Le *chahed* tenait le registre des terres, de leurs propriétaires et de leurs mutations.

Le *serraf* recevait l'impôt d'après le registre du chahed et en versait le montant au moultezim. Les fonctions de serraf étaient en général remplies par les Cophtes, qui possédaient et se transmettaient la connaissance des droits, des réglemens, des usages, et qui jouissaient de la confiance du seigneur et des paysans.

Le *khaouly* ou arpenteur, était le juge des contestations qui s'élevaient sur les limites; il dirigeait la culture des *ousieh* ou terres du seigneur, dont tout le privilége à cet égard sur les fellâh ne consistait qu'à employer des journaliers par préférence.

Le *meched* était l'exécuteur des ordres du moultezim, quand il s'agissait de sévir contre les paysans.

Les *gafhirs* étaient, à proprement parler, des gardes champêtres.

L'*oukil* exploitait les terres du seigneur et était obligé de se servir du *khaouly* pour les faire semer. Il en recueillait les fruits et en disposait conformément aux ordres du moultezim.

Le *kallaf* était le berger du seigneur, et en même temps l'artiste vétérinaire obligé de donner ses soins aux bestiaux des fellâh.

Il y avait encore dans chaque village un iman, un barbier et un menuisier. Quoique omis dans les réglemens du sultan, ils recevaient un traitement de la communauté, et étaient tenus d'accorder leur travail ou leur ministère aux habitans.

On distinguait trois sortes de propriétés immobiliaires en Égypte.

Des terres;

Des charges ou emplois;

Des droits sur l'industrie et les consommations.

Quoiqu'il ne possédât pas les terres, le sultan en était réputé propriétaire universel; mais quand elles rentraient entre ses mains dans les cas prévus par les lois, il ne les conservait point; il en faisait de nouvelles concessions.

Toutes les terres étaient divisées en :

Ousieh, appartenant au moultezim ou seigneur;

Atar, appartenant aux fellâh ou paysans;

Ouaqf, appartenant aux mosquées et autres établissemens pieux de fondation impériale ou particulière, en faveur des deux villes saintes, des hôpitaux, des colléges, des tombeaux, des esclaves et de certaines familles.

Le moultezim pouvait disposer des ousieh par vente ou testament. Ses enfans en héritaient avec l'agrément du sultan, qui ne le refusait jamais. A défaut d'enfans ou de dispositions testamentaires, les biens lui revenaient, et il les conférait toujours à un nouveau feudataire.

Les fellâh ne possédaient les terres dites atar que moyennant des redevances envers le moultezim. Elles se transmettaient par vente et par succession. A défaut d'héritiers, elles étaient à la disposition du moultezim, qui était obligé de les concéder à un autre paysan.

Les biens des fondations, qui ne pouvaient se faire sans l'autorisation du pacha, étaient inaliénables; ils pouvaient être concédés pour 90 ans.

Lorsqu'un homme mourait et laissait une succession, on commençait par prélever, sur ce qu'il laissait, les frais de son suaire et de son enterrement, et les dépenses qu'exigeaient les prières qu'on faisait pour lui, les festins mortuaires et les lectures périodiques du Koran; ensuite, tous ces frais payés, s'il restait quelque chose, on le répartissait entre les créanciers. Les dettes acquittées, l'héritier légitime se saisissait du restant, s'il y en avait.

Si le mort ne laissait ni dette ni héritier, la succession était recueillie par un intendant du fisc, préposé par le commandant, pour servir à de bonnes œuvres, telles que celles d'entretenir les pauvres, de faire ensevelir ceux qui n'en avaient pas le moyen, et autres choses semblables.

Telles étaient les lois de l'islamisme, à l'observation desquelles devait présider un homme de loi instruit dans la science des successions, et mis en place par le qady.

Le qady percevait de 15 à 20 parahs sur chaque mille parahs, et cela pour l'ordre qu'il mettait dans le partage de la succession, et pour les écritures, afin d'éviter les procès entre les héritiers.

Ces réglemens avaient été observés tant sous le règne des sultans équitables que sous celui des tyrans, et aucun d'eux ne les avait jamais transgressés. Le fisc n'héritait point des chrétiens qui mouraient sans laisser d'héritiers : ils avaient un khatti schérif du sultan de Constantinople, qui les mettait à l'abri de cette juridiction.

Les héritiers étaient les maîtres de partager la succession sans faire intervenir le tribunal de justice.

Les charges étaient ou annuelles ou à vie. Il n'y en avait point d'héréditaires par leur institution, mais le sultan ne refusait jamais l'investiture d'une charge inamovible, à celui auquel le possesseur l'avait vendue ou résignée. Elle passait même communément aux enfans ou héritiers de celui qui l'avait remplie.

Il en était même ainsi des places de cheyk, de chahed, de kaouly, etc., qui étaient à la nomination des moultezim ou au choix des fellâh. Cela semblait tenir au caractère de la nation chez laquelle tout tend vers la stabilité et l'uniformité. On retrouvait chez les Égyptiens l'humeur tranquille et presque apathique que les anciens voyageurs avaient remarquée chez eux. Ils montraient peu de curiosité et de goût pour les voyages. Toutes les révolutions arrivées dans leur pays étaient dues à des étrangers. Le besoin de l'uniformité avait donné naissance à la loi qui divisait les Égyptiens en sept classes, dans lesquelles les enfans devaient succéder à leurs pères et pratiquer les mêmes métiers. Cet état de choses s'était à peu près maintenu.

La propriété des droits dérivait de celle des charges. C'étaient des revenus fonciers, des rétributions et des perceptions affectées à leur dotation.

Les beys ou leurs mamlouks étaient moultezim de plus des deux tiers des villages. Ils jouissaient en outre de la plus grande partie des droits indirects.

La totalité de l'impôt sur les terres, comprise sous la dénomination de *mal-el-hourr*, était perçue par le *moultezim* et affectée au paiement :

1°. Du *miry*;
2°. Du *kouchoufyeh*;

3°. Du *fayz*.

Le moultezim payait le *miry* au sultan ; le *kouchoufieh* au bey ou kachef, gouverneur de la province ; le *fayz* était son revenu net.

La répartition du miry était la même qu'au temps de Soliman. Peut-être déjà vicieuse dans son principe, elle l'était devenue bien plus encore par suite de la détérioration ou de l'amélioration des terres. Cet impôt s'élevait, tant en principal qu'en supplémens, à 50,017,890 médins, ou 1,786,353 fr. 20 c.[1].

La plus grande partie de l'impôt, qui s'acquittait en nature dans les six provinces de la Haute-Égypte, n'était pas comprise dans cette somme.

Le kouchoufych, composé de différentes perceptions dont les dénominations avaient varié, et dont le taux était plus ou moins élevé, suivant l'avidité des beys, était de 49,880,494 médins, ou 1,781,446 fr. 20 c.

Il en était de même du fayz. Les moultezim convertissaient en droits exigibles, des présens ou des rétributions payées par les fellâh, pour des causes accidentelles. Lorsque toutes les terres étaient arrosées, cet impôt produisait 274,228,209 médins, ou 9,793,864 fr. 60 c.

Son produit était donc proportionné à la quantité de terres arrosées, parce que les terres non arrosées ne devaient pas d'impôt, à la différence

---

[1] D'après un tarif, dressé par Monge et Berthollet, la valeur du médin, qui était réellement de 3 cent. ⁵⁄₁₆, fut fixée à 28 pour un franc.

du miry et du kouchoufyeh dont le montant était invariable, et que les moultezim devaient, dans tous les cas, acquitter au sultan et aux gouverneurs des provinces.

Dès que les eaux du Nil abandonnaient les terres, et que les semailles étaient terminées, le serraf, de concert avec le divan de perception, le scheik et le chahed, procédait à la répartition de l'impôt, d'après l'étendue et la qualité des terres.

Les terres des fellâh supportaient seules la contribution nécessaire pour les dépenses locales, ordinaires et accidentelles.

Le serraf dressait le rôle, et remettait à chaque fellâh un bulletin de sa cotte. Les paiemens se faisaient par tiers, dans l'ordre analogue à celui des récoltes. Les moyens de contrainte étaient la bastonnade, la prison et les fers.

On peut calculer que la tyrannie des beys, la cupidité des moultezim, les besoins du gouvernement et les rapines des Arabes, doublaient le montant des contributions fixes. Ainsi, quoiqu'elles parussent modérées, l'oppression et la misère accablaient le cultivateur du sol le plus fécond de la terre.

Dans la Haute-Égypte, l'administration des contributions, à peu près la même au fond, était modifiée par des dispositions analogues au système de possession qui y était établi.

Les *atar* et les *ousieh* y variaient chaque année, parce que les moultezim et les fellâh possédaient les terres en commun. Dès que la retraite des eaux permettait l'ensemencement des terres, celles qui étaient susceptibles de culture étaient mesurées. Celles qui étaient concédées aux fellâh par le moultezim, devenaient les *atar* de l'année; ce qui restait, composait l'*ousieh*. L'impôt était ensuite réparti. Cet ordre de partage et de possession avait pour cause l'inégalité des inondations, et la bizarrerie de leurs effets, qui rendent quelquefois stérile un terrain qui était excellent, et fécond celui qui ne valait rien.

Cette circonstance faisait que les fellâh de la Haute-Égypte étaient d'une moins mauvaise condition que ceux de l'Égypte inférieure. Le moultezim ne pouvait les contraindre à rester et à travailler dans sa terre. Ils n'étaient cultivateurs et contribuables que par un engagement volontaire et pour une année. La liberté dont ils jouissaient, le temps que leur laissait une culture peu pénible, leur permettaient de se livrer à plusieurs genres d'industrie, tels que la fabrication des toiles, des cordes, des nattes, de la poterie, etc.

L'Égypte devant son existence aux inondations du Nil, leur degré était l'unique mesure des produits de la terre. En principe, pour les terres non inondées, l'impôt, comme on l'a déjà dit, n'était pas dû par les fellâh; mais comme il suffisait que le gouvernement fît ouvrir le *khalig* pour que l'inondation fût légalement constatée, et que l'impôt fût établi, il s'ensuivait que le défaut d'inondation suffisante n'affranchissait pas toujours les terres.

La Porte ne faisant jamais la remise du miry,

et les gouverneurs, encore moins celle du kou-chonfyeh, après une inondation défectueuse ou excessive, et lorsque les récoltes étaient médiocres ou mauvaises, le moultezim ne percevait que ces deux portions de l'impôt. Quant au recouvrement de son fayz, il était suspendu ; mais l'année suivante, il l'exigeait avec le nouveau. Il n'y renonçait que lorsque les contribuables étaient dans l'impuissance absolue de payer, d'après le principe fiscal suivi dans tous les pays du monde, que *là où il n'y a rien, le roi perd ses droits.*

Les officiers institués par le sultan, ayant des revenus en délégation sur le miry, en villages, et surtout en droits indirects, qu'ils étaient autorisés à percevoir, payaient au sultan un miry ou impôt sur les charges. Il s'élevait à 10,870,773 médins, ou 388,241 fr. 50 c.

Les douanes avaient été abandonnées, savoir : celles de Boulaq, du Vieux-Kaire, d'Alexandrie et de Damiette, à l'ogaq des janissaires, et celles de Suez au pacha, moyennant un miry de 19,445,486 médins, ou 694,481 fr. 60 c. La perception des droits était affermée à des Cophtes et à des Juifs, parce que l'esprit de l'islamisme réprouvait les bénéfices étrangers au travail et à l'industrie. Les douanes de Qosseyr et de Rosette ne payaient rien au sultan.

D'après les importations et exportations, et le tarif des droits, les recettes annuelles pouvaient produire 74,939,084 médins, ou 2,676,395 f. 85 c. ; cependant on assurait que les Mamlouks retiraient six millions de la ferme. On peut, d'après cela, se faire une idée des exactions et des avanies commises par les douaniers.

Le *bahrin* comprenait des droits sur les grains arrivant à Boulaq et au Vieux-Kaire, et sur toutes les barques naviguant sur le Nil, dans les ports, les lacs et les eaux de l'Égypte.

Le *kourdeh* était perçu sur les spectacles, les baladins, les escamoteurs, les sépultures, et sur divers fabricans et marchands.

Il y avait des droits sur la casse et le séné, sur les boucheries du Kaire et d'Alexandrie.

Ces droits appartenaient à des ogaq, moyennant un miry qu'ils payaient, qui était de 2,818,588 médins, ou 100,663 fr. 80 c.

Les droits de marque d'or et d'argent, les droits sur la vente des esclaves, le bain des Turcs, la fabrication du sel ammoniac, la vente en magasin du safranum, du poisson salé, du coton, du riz, etc., étaient la propriété des moultezim qui les affermaient, et payaient un miry de 354,258 médins, ou 12,652 fr.

Il y avait une infinité d'autres droits de cette espèce, qui n'étaient pas légitimés par le prince, ni par conséquent sujets au miry. Ils faisaient partie du traitement des beys et autres fonctionnaires qui les avaient créés, et n'avaient rien de commun avec les finances du sultan. On n'entrera point dans le détail fastidieux de tous ces droits; mais il n'y avait pas une branche d'industrie et de consommation qui en fût exempte. Les moultezim, les beys, les serdar, les aga commandant dans les places, et les fermiers les multipliaient dès qu'ils en trouvaient l'occasion. De là une complication et une confusion qui laissaient peu de moyens de bien apprécier toutes les charges dont les Égyptiens étaient grevés. En général le marchand et le cultivateur étaient arrêtés à chaque pas par des rétributions onéreuses.

Les sujets du grand-seigneur, non musulmans, étaient soumis à une imposition personnelle dite *karach*. Elle était censée due par quatre-vingt-dix mille têtes, et se montait à 14,850,000 médins [1].

Ainsi c'étaient les fonctionnaires publics et les grands tenanciers qui percevaient, à leur profit, tous les impôts, à condition de verser au trésor du sultan, la somme qu'il avait fixée, et d'acquitter les dépenses qu'il avait mises à leur charge. La surveillance et la comptabilité du gouvernement étaient donc bornées à cette somme et à ces dépenses. La perception et l'emploi du surplus des impositions, quelque considérable qu'il fût, étant faits par les beys et les autres personnages auxquels le grand-seigneur était censé les avoir concédés, ne donnaient lieu qu'à des gestions privées. C'était une confusion, un cahos. La somme versée au trésor public, pour le sultan, ne se montait qu'à 116,651,727 médins, ou 4,166,133 f. 10 c. La recette en était faite par un trésorier-général ou rouzmaugy. Ses opérations étaient dirigées par des réglemens qui distribuaient les di-

---

[1] 165 médins par tête.

verses parties de son service à des effendis qui lui étaient subordonnés.

Sur cette somme, le trésor acquittait les supplémens de traitemens à des fonctionnaires, les dépenses de l'armée, les pensions, les actes et services pieux, la caravane de la Mekke, montant à 3,522,690 fr. ; il restait 592,009 fr.

Cette somme s'appelait *khaznch*, et devait être envoyée à Constantinople. Souvent elle était encore réduite de moitié. L'envoi de ce tribut se faisait avec une grande solennité ; mais dans les derniers temps, la Porte n'obtenait plus rien qu'en dépêchant au Kaire un aga chargé d'y recevoir le tribut, qui l'emportait sans aucun éclat, ou qui n'emportait rien du tout, suivant le bon plaisir des beys.

Les effendis, dont on vient de parler, étaient un corps chargé de l'administration supérieure des finances. Ils tenaient des registres exacts de toutes les mutations des propriétés territoriales, pour faire chaque année le compte du miry.

Ils étaient administrateurs de l'enregistrement. Les mutations de propriétés avaient lieu par vente, succession ou donation. Elles étaient toutes sujettes à l'enregistrement et payaient certains droits.

Ils veillaient aux recettes, aux dépenses, aux comptes ; ils avaient la propriété de leurs charges, ou le droit de les vendre ou de les transmettre à leurs héritiers. On pouvait seulement les contraindre à les vendre, lorsqu'on ne leur trouvait pas les connaissances nécessaires, ou lorsqu'ils avaient prévariqué. Il leur était défendu de donner le moindre renseignement sur les revenus, les dépenses et l'administration, sans un ordre précis du sultan ou du pacha. Ils employaient des caractères inconnus dans la tenue de leurs écritures. La plupart des effendis étaient Mamlouks, et avaient pour successeurs des enfans adoptifs qu'ils instruisaient dans leur profession, pour les rendre capables de les remplacer. Il y avait aussi des effendis qui dirigeaient des écoles, copiaient ou composaient des ouvrages. Ils jouissaient de beaucoup de considération sous les rapports de la probité, des mœurs, de l'instruction, de l'aménité. Ils étaient riches ou aisés; ils avaient accès chez les grands.

Ce qu'on pratiquait en Égypte était la représentation fidèle de ce qu'on y avait pratiqué dès les premiers temps de la civilisation de cette contrée. Ses habitans, forcés de faire périodiquement le mesurage de leurs terres, devinrent habiles dans cet art, et ce fut chez eux que les autres peuples en puisèrent les premières notions. Voilà pourquoi tous les témoignages de l'antiquité se réunissent pour attribuer aux Égyptiens l'invention de la géométrie; science dont le nom seul, expliqué littéralement, annonce qu'elle se réduisait, dans l'origine, aux opérations de l'arpentage.

Le Nil, dans ses débordemens périodiques, peut confondre chaque année les limites des propriétés; l'étendue de pays qu'il submerge varie d'une année à l'autre. Il est donc essentiel de mesurer tous les ans, après la retraite des eaux, la superficie des terres inondées, parce qu'étant les seules susceptibles de culture, elles sont aussi les seules qui doivent acquitter la redevance des propriétaires et les impôts que le gouvernement perçoit. De là a dû naître une espèce de cadastre dont les anciens prêtres de l'Égypte étaient dépositaires. Ce dépôt était un des principaux priviléges de l'ordre sacerdotal, et lui donnait une grande influence parce que les particuliers étaient obligés d'avoir recours à eux dans les contestations sur les limites de leurs terres. Lorsque l'Égypte eût été conquise par les étrangers, les prêtres perdirent l'influence qu'ils avaient exercée sous les anciens rois; mais les conquérans soit Perses, soit Arabes ou Ottomans, furent intéressés à ménager ceux qui, employés dans les détails de l'administration du pays, en connaissaient toutes les ressources et pouvaient seuls fournir les moyens d'asseoir et de lever des tributs. Ils restèrent possesseurs du cadastre, et la caste sacerdotale ayant été démembrée, ils ne formèrent plus qu'une seule corporation d'arpenteurs, qui conserva ses attributions sous les princes étrangers auxquels l'Égypte fut soumise. C'est ainsi, qu'à l'arrivée des Français, elles se trouvaient entre les mains des Cophtes. Les Cophtes ou Qobtes étaient une race d'hommes entièrement distincte des autres habitans de l'Égypte. Ils étaient chrétiens et au nombre d'environ 200,000. Ils descendaient des anciens peuples qui, soit qu'ils fussent sortis de l'Inde ou des flancs du Caucase, soit qu'ils fussent descendus de l'Éthiopie, habitaient les bords du Nil avant la conquête de l'Égypte par Cambyse ; ils avaient leur écriture et leur langue à part. C'étaient en quelque sorte les fermiers de l'Égypte ; ils en exploitaient les revenus pour leur propre compte, sous la condition tacite de fournir aux maîtres de ce pays l'argent nécessaire à leurs besoins.

Ainsi l'Égypte, sous le rapport de la propriété, n'était pas dans une condition pire que la plupart des états de l'Europe, qui se vantent des progrès de leur civilisation. C'était un véritable régime féodal dont les lois n'étaient pas même aussi oppressives que celles qui règnent encore en Russie, en Pologne, en Hongrie. Les serfs de l'Europe ont affaire à des maîtres en général justes, doux, humains, parce qu'ils sont éclairés ; les Égyptiens ont pour maîtres des Turcs ; voilà toute la différence. Si leur arbitraire et leurs violences ne se jouaient pas des lois, le sort des paysans de l'Égypte serait préférable à celui des esclaves russes, polonais et hongrois.

Sous le rapport de l'impôt foncier, de son assiette, de sa répartition et de son recouvrement, l'avantage serait, sans contredit aussi du côté des Égyptiens, si les sages institutions dont ils avaient évidemment hérité de leurs ancêtres, avaient été observées, et si elles n'avaient pas été sacrifiées à la cupidité des seigneurs et des Cophtes.

Pour les contributions indirectes dont le prétendu perfectionnement n'est pas une des moindres plaies des états civilisés, l'Égypte n'avait rien à leur envier. En voyant la multiplicité des droits imposés sur tous les objets de consommation, on serait tenté de croire qu'elle avait emprunté à l'Europe son génie fiscal.

En traversant les mers, le général de la République faisait, sur un vaisseau français, des lois pour l'Égypte, comme s'il eût été sûr de conjurer les tempêtes, d'éviter la flotte anglaise, de battre et de dissiper les Mamlouks. *Au quartier général à bord de l'Orient, Bonaparte, membre de l'Institut national, général en chef*, disposait de leurs dépouilles, déterminait les formes du gouvernement à établir, s'occupait d'avance de l'organisation des ports, et déterminait la destination des bâtimens de transport de l'expédition, et de leurs équipages. Les soldats avaient commis quelques désordres à Malte; pour prévenir le retour de ces excès qui auraient démoralisé l'armée, dissipé ses ressources et indisposé les Égyptiens, il porta des peines sévères contre le pillage, le viol et les dilapidations. Ce n'était plus le général qui, sur le sol européen, ne parle à une armée que le langage de l'honneur; c'était le chef d'une expédition lointaine, le fondateur d'une colonie, dont le bras de fer devait contenir ses soldats dans la discipline et l'obéissance[1].

Le 12 messidor (30 juin), à la pointe du jour, l'armée navale reconnut la tour des Arabes, sur le golfe de ce nom, à l'extrémité du lac Maréotis,

---

[1] Nous avons consigné ces divers arrêtés de Bonaparte à la fin de ce volume. Voyez pièces justificatives, n°. IV.

et sur les huit heures et demie du matin, la flotte entière put appercevoir les minarets de la ville d'Alexandrie [1]. C'était le quarante-troisième jour depuis le départ de la flotte du port de Toulon, et le treizième après avoir quitté Malte. Aucun accident n'avait troublé cette traversée.

La côte, à l'ouest, s'étendait comme un ruban blanc sur l'horison bleuâtre de la mer. Pas un arbre, pas une habitation ; ce n'était pas seulement la nature attristée, mais la destruction de la nature, le silence et la mort. La gaîté des soldats n'en fut pas altérée; un d'eux dit à son camarade : « Tiens, regarde, voilà les six arpens qu'on t'a décrétés. »

Afin d'apprendre le but de l'expédition à ceux pour qui elle pouvait être encore un mystère, Bonaparte adressa cette proclamation à l'armée :

A bord de *l'Orient*, 12 messidor (30 juin) :

« Soldats ! vous allez entreprendre une conquête dont les effets sur la civilisation et le commerce du monde sont incalculables. Vous porterez à l'Angleterre le coup le plus sûr et le plus

---

[1] Dans ses Mémoires (Gourgaud, t. II, p. 198), Napoléon a donné une note sur Alexandrie, qui contient des détails intéressans sur l'origine de cette ville, sa prospérité, ses révolutions, sa décadence, sa situation lorsqu'il s'en empara, et les travaux qu'il ordonna pour sa défense. Nous l'avons consignée à la fin de ce volume. La connaissance en est utile pour bien comprendre tous les événemens dont cette ville fut le théâtre au début de l'expédition. Voyez pièces justificatives, n°. v.

sensible, en attendant que vous puissiez lui donner le coup de la mort.

Nous ferons quelques marches fatigantes; nous livrerons plusieurs combats; nous réussirons dans toutes nos entreprises, les destins sont pour nous.

Les beys mamlouks qui favorisent exclusivement le commerce anglais, qui ont couvert d'avanies nos négocians, et qui tyrannisent les malheureux habitans du Nil, quelques jours après notre arrivée, n'existeront plus.

Les peuples avec lesquels nous allons vivre sont mahométans. Leur premier article de foi est celui ci : « Il n'y a pas d'autre Dieu que Dieu, et Mahomet est son prophète. » Ne les contredisez pas; agissez avec eux comme nous avons agi avec les Juifs, avec les Italiens; ayez pour leurs muphtis et leurs imans les égards que vous avez eus pour les rabbins et les évêques; ayez pour les cérémonies que prescrit le Koran, pour les mosquées, la même tolérance que vous avez eue pour les couvens, pour les synagogues, pour la religion de Moïse et celle de Jésus-Christ.

Les légions romaines protégeaient toutes les religions. Vous trouverez ici des usages différens de ceux de l'Europe; il faut vous y accoutumer.

Les peuples chez lesquels nous allons entrer traitent les femmes autrement que nous; mais dans tous les pays, celui qui viole est un monstre.

Le pillage n'enrichit qu'un petit nombre d'hommes; il nous déshonore; il détruit nos ressources;

il nous rend ennemi des peuples qu'il est de notre intérêt d'avoir pour amis.

La première ville que nous allons rencontrer a été bâtie par Alexandre : nous trouverons à chaque pas de grands souvenirs, dignes d'exciter l'émulation des Français. »

Avant de débarquer sur le territoire de la Porte Ottomane, Bonaparte écrivit au pacha d'Égypte. Il lui annonçait que la Porte, ayant ôté sa protection aux beys, gens capricieux et avides qui n'écoutaient pas les principes de la justice et qui accablaient d'outrages et d'avanies ses bons et anciens amis les Français, le Directoire de la République s'était décidé à envoyer une puissante armée, pour mettre fin aux brigandages des beys d'Égypte, ainsi qu'elle avait été obligée de le faire plusieurs fois dans ce siècle, contre les beys de Tunis et d'Alger.

« Toi qui devrais être le maître des beys, et que cependant ils tiennent au Kaire sans autorité et sans pouvoir, lui disait-il, tu dois voir mon arrivée avec plaisir.

Tu es sans doute déjà instruit que je ne viens point pour rien faire contre le Koran, ni le sultan. Tu sais que la nation française est la seule et unique alliée que le sultan ait en Europe.

Viens donc à ma rencontre et maudis avec moi la race impie des beys [1]. »

Une caravelle, vaisseau de guerre turc, était

---

[1] Lettre du 12 messidor, à bord de *l'Orient*.

mouillée dans le port d'Alexandrie. Bonaparte écrivit au commandant qu'il serait dans cette ville le 13 messidor ; qu'il ne devait avoir aucune inquiétude. « Vous appartenez à notre grand ami le sultan, ajoutait-il ; conduisez-vous en conséquence ; mais si vous commettez la moindre hostilité contre l'armée française, je vous traiterai en ennemi, et vous en serez cause, car cela est loin de mon intention et de mon cœur [1]. »

Le 13, à la pointe du jour, la flotte entière se trouvait devant Alexandrie. Bonaparte adressa cette proclamation au peuple égyptien :

« Depuis assez long-temps les beys qui gouvernent l'Égypte, insultent à la nation française et couvrent ses négocians d'avanies ; l'heure de leur châtiment est arrivée.

Depuis long-temps ce ramassis d'esclaves, achetés dans le Caucase et la Géorgie, tyrannisent la plus belle partie du monde. Mais Dieu, de qui dépend tout, a ordonné que leur empire finît.

Peuple de l'Égypte, on vous dira que je viens pour détruire votre religion ; ne le croyez pas. Répondez que je viens vous restituer vos droits, punir les usurpateurs, et que je respecte, plus que les Mamlouks, Dieu, son prophète et le koran.

Dites-leur que tous les hommes sont égaux devant

---

[1] Lettre du 12 messidor, à bord de *l'Orient*.

Dieu. La sagesse, les talens et les vertus mettent seuls de la différence entre eux.

Or, quelle sagesse, quels talens, quelles vertus distinguent les Mamlouks, pour qu'ils aient exclusivement tout ce qui rend la vie aimable et douce?

Y a-t-il une belle terre? Elle appartient aux Mamlouks. Y a-t-il une belle esclave, un beau cheval, une belle maison? Cela appartient aux Mamlouks.

Si l'Égypte est leur ferme, qu'ils montrent le bail que Dieu leur en a fait. Mais Dieu est juste et miséricordieux pour le peuple. Tous les Égyptiens sont appelés à gérer toutes les places. Que les plus sages, les plus instruits, les plus vertueux gouvernent, et le peuple sera heureux.

Il y avait jadis, parmi vous, de grandes villes, de grands canaux, un grand commerce; qui a tout détruit, si ce n'est l'avarice, les injustices et la tyrannie des Mamlouks?

Qadys, cheyks, imans, tcorbadjis, dites au peuple que nous sommes aussi de vrais musulmans. N'est-ce pas nous qui avons détruit le pape, qui disait qu'il fallait faire la guerre aux Musulmans? N'est-ce pas nous qui avons détruit les chevaliers de Malte, parce que ces insensés croyaient que Dieu voulait qu'ils fissent la guerre aux Musulmans? N'est-ce pas nous qui avons été dans tous les temps les amis du grand-seigneur (que Dieu accomplisse ses desseins) et les ennemis de ses ennemis? Les Mamlouks, au contraire, ne se sont-ils pas toujours révoltés contre l'autorité du grand-seigneur qu'ils méconnaissent encore? Ils ne font que leurs caprices.

Trois fois heureux ceux qui seront avec nous! Ils prospéreront dans leur fortune et leur rang. Heureux ceux qui seront neutres! Ils auront le temps de nous connaître, et ils se rangeront avec nous.

Mais malheur, trois fois malheur à ceux qui s'armeront pour les Mamlouks et combattront contre nous; il n'y aura pas d'espérance pour eux, ils périront. »

Cette proclamation était accompagnée d'un arrêté portant que tous les villages qui prendraient les armes contre l'armée seraient brûlés; que les cheyks feraient mettre les scellés sur les biens, maisons et propriétés qui appartenaient aux Mamlouks, et auraient soin que rien ne fût détourné; que les cheyks, les qadys et les imans conserveraient les fonctions de leurs places, que chaque habitant resterait chez lui, et que les prières continueraient comme à l'ordinaire.

Le général en chef envoya prendre, à Alexandrie, le consul français, Bracevich, afin d'avoir, de lui, des renseignemens, tant sur les Anglais que sur ce qui se passait dans la ville, et sur la situation de l'Égypte.

Arrivé à bord de l'Amiral, le consul raconta qu'une escadre anglaise, forte de 14 vaisseaux de ligne, avait paru à une lieue et demie d'Alexandrie, le 10 messidor (28 juin), et que l'amiral Nelson, après avoir fait demander au consul anglais des nouvelles de la flotte française, avait dirigé sa route vers le nord-est. Bracevich ajouta, que la vue de l'escadre française avait occasioné, dans la ville, un mouvement contre les chrétiens; que lui-même, pour s'embarquer, avait couru les plus grands périls; qu'au surplus la ville et les forts paraissaient disposés à se défendre contre quiconque tenterait de débarquer, à quelque nation qu'il appartînt.

Bonaparte écouta ce récit sans montrer la moindre émotion. L'escadre anglaise pouvait paraître d'un moment à l'autre, et attaquer la flotte et le convoi dans une position défavorable; il n'y avait pas un instant à perdre. Les croisières signalèrent une voile; on la crut anglaise. « *Fortune!* s'écria Bonaparte, *m'abandonneras-tu? Quoi! pas seulement cinq jours!* » C'était la frégate *la Justice* qui rejoignait la flotte [1]. Le général en chef ordonna aussitôt de faire mouiller la flotte le plus près possible de l'anse du Marabou, à trois lieues d'Alexandrie, et d'y commencer le débarquement. Durant la manœuvre, deux vaisseaux de guerre s'abordèrent et tombèrent sur l'amiral. Cet accident obligea de mouiller à l'endroit même où il était arrivé, à trois lieues de terre. Un vent impétueux du nord et l'agitation de la mer qui se brisait avec force contre les récifs de la côte, rendaient difficile et dangereuse l'approche de la terre; mais rien ne put arrêter l'impatience des

---

[1] Comme cette frégate avait déjà rejoint à Candie, il est probable qu'elle était restée de nouveau en arrière.

soldats. Bonaparte voulut partir à leur tête et surveiller le débarquement. La demi-galère qu'il montait fut bientôt suivie d'une foule de canots, où les généraux Bon et Kléber avaient fait descendre une partie de leurs divisions qui se trouvaient à bord des vaisseaux de guerre. Les généraux Desaix, Reynier et Menou, dont les divisions occupaient les bâtimens du convoi, reçurent l'ordre de débarquer de leur côté sur trois colonnes vers le Marabou. En un instant, la mer fut couverte d'embarcations chargées de soldats. Elles s'avancèrent péniblement à travers cette mer houleuse qui, tantôt menaçait de les engloutir, tantôt les poussant les unes contre les autres, les forçait à s'aborder, et ces périls n'étaient pas les plus grands. A l'approche de la terre, on avait à craindre les brisans dont toute la côte est hérissée. La nuit ajoutait encore à l'horreur de cette situation.

La demi-galère du général en chef s'était approchée le plus près possible du banc de récifs où se trouve la passe qui conduit à l'anse du Marabou; là, il attendit les embarcations que montaient les troupes; mais elles ne purent traverser le banc de récifs qu'assez avant dans la nuit.

La division Menou, qui avait un pratique à bord, fut la première qui mit des troupes à terre, environ 1,800 hommes; la division Kléber en débarqua environ 1,000, et celle du général Bon, 1,500. Les divisions Reynier et Desaix n'avaient pas encore pu gagner la côte. On n'avait débarqué ni chevaux ni canons, mais il fallait profiter de la nuit pour se porter sur Alexandrie. Bonaparte envoya donc, sans délai, des éclaireurs en avant; il passa en revue les troupes débarquées, et le 14, à deux heures et demie du matin, il se mit en marche sur trois colonnes.

Au moment du départ, arrivèrent quelques chaloupes de la division Reynier. Ce général prit position pour garder le point de débarquement; et Desaix eut l'ordre de suivre le mouvement de l'armée, aussitôt que sa division aurait pris terre.

On commanda aussi aux bâtimens de transport d'appareiller, et de venir mouiller à l'anse du Marabou, pour faciliter le débarquement du reste des troupes, et amener à terre deux pièces de campagne, avec des chevaux de trait.

Bonaparte marchait à pied avec l'avant-garde, accompagné de son état-major et des généraux. Il avait recommandé au général Caffarelly, qui avait une jambe de bois, d'attendre qu'on eût débarqué un cheval; mais ce général, sourd à toutes les instances, voulut partager les fatigues d'une marche pénible à travers les sables.

La même ardeur, le même enthousiasme régnaient dans toute l'armée. Le général Bon commandait la colonne de droite, Kléber celle du centre, Menou celle de gauche, côtoyant la mer. Une demi-heure avant le jour, un des avant-postes fut attaqué par quelques Arabes, qui tuèrent un officier. Ils s'approchèrent; une fusillade s'engagea entre eux et les tirailleurs de l'armée. C'étaient les premiers coups de feu que l'armée essuyait en Égypte. A une demi-lieue d'Alexandrie, leur troupe se réunit au nombre d'environ 300 cavaliers; mais à l'approche des Français, ils abandonnèrent les hauteurs qui dominent la ville, et s'enfoncèrent dans le désert.

Près de l'enceinte de la vieille ville des Arabes, Bonaparte donna l'ordre à chaque colonne de s'arrêter à la portée du canon. Voulant prévenir l'effusion du sang, il se disposait à parlementer, mais il ne put se faire écouter. Des hurlemens effroyables d'hommes, de femmes, d'enfans, et une canonnade qui démasqua quelques mauvaises pièces, firent connaitre les intentions de l'ennemi. Bonaparte fit battre la charge, les hurlemens redoublèrent avec une nouvelle fureur. Les Français s'avancèrent vers l'enceinte, et, malgré le feu des assiégés et une grêle de pierres, ils escaladèrent les murailles. Menou s'y élança le premier, reçut six blessures et fut précipité du haut des remparts. Kléber, au pied de la muraille, désignait l'endroit où il voulait que ses grenadiers montassent à l'assaut, lorsqu'une balle l'atteignit au front et le renversa. L'aide-de-camp Sulkowsky fut deux fois culbuté de la brèche. Bonaparte le nomma chef d'escadron. La 4º. demi-brigade, commandée par le général Marmont, enfonça à coups de hache la porte *de Rosette*, et toute la division du général Bon entra dans l'enceinte des Arabes[1]. Les assiégés s'enfuirent dans la ville. Ceux qui étaient dans les vieilles tours continuaient leur feu, et refusèrent obstinément de se

---

[1] Lettre de Bonaparte au Directoire, du 18 messidor.

rendre. Koraïm, schérif d'Alexandrie, qui combattait partout, ayant pris Menou pour le général en chef; et le croyant mort, redoubla de courage.

Les troupes avaient ordre de ne point entrer dans la ville, et de se former sur les hauteurs du port qui la dominent. Le général en chef se rendit sur ces monticules, pour amener la ville à capituler; mais le soldat furieux de la résistance de l'ennemi, s'était laissé entraîner par son ardeur. Une grande partie des troupes se trouvait engagée dans les rues, où il s'établissait une fusillade meurtrière. Les Arabes excellaient dans ce genre de guerre; chaque maison était pour eux une citadelle. Bonaparte fit battre la générale, manda le commandant de la caravelle, qui était dans le port-vieux, et le chargea de porter des paroles de paix aux habitans et de les rassurer sur ses intentions. Les imans, les cheyks, les schérifs vinrent se présenter à Bonaparte. Il leur fit remettre sa proclamation du 13. Les hostilités cessèrent. Koraïm, commandant des forces turques, se rendit. Les forts et châteaux furent remis à l'armée.

L'adjudant-général Lescale eut le bras percé d'une balle. Le chef de brigade Massé, de la 32e. fut tué, ainsi que cinq officiers des différentes divisions.

Les Français eurent environ 250 blessés[1],

---

[1] Larrey, *Relation chirurgicale de l'armée d'Orient*, page 7.

15 hommes tués, et environ 20 noyés, par des accidens qu'occasionèrent l'état de la mer et les récifs qui bordent la côte.

Les Arabes du désert, accourus pendant l'attaque, par pelotons de 30 à 40 hommes, sur les derrières des Français, leur avaient pris un certain nombre de traînards. Dès qu'ils virent qu'Alexandrie était tombée au pouvoir de l'armée, ils ramenèrent leurs prisonniers, en déclarant que puisque les Français ne venaient combattre que les Mamlouks, et ne voulaient pas faire la guerre aux Arabes, enlever leurs femmes, ni détruire la religion de Mahomet, ils ne pouvaient être leurs ennemis. Treize des principaux chefs vinrent trouver le général en chef qui s'assit au milieu d'eux et engagea une longue conversation. Les Arabes convinrent de ne plus harceler les derrières de l'armée, de lui donner tous les secours en leur pouvoir, et s'engagèrent même à fournir des hommes et des chevaux pour marcher contre les Mamlouks. Bonaparte leur promit, de son côté, de leur restituer, quand il serait maître de l'Égypte, les terres qui leur avaient appartenu autrefois. Après avoir fait cet accord, ils se réunirent autour d'une table, et vouèrent au feu de l'enfer celle des deux parties qui violerait le pacte d'alliance; ensuite le général en chef mangea avec eux le pain gage de la foi des traités, et leur fit des présens. Ils acceptaient ces dons, objets de leur visite, ils faisaient éclater les démonstrations de leur reconnaissance, ils juraient fidélité à l'alliance........, et retournaient piller tous les Français qu'ils rencontraient. Tel était l'Arabe [1].

Ce fut à Alexandrie que l'armée commença à être désenchantée. A l'aspect des maisons grillées, de la solitude, du silence des habitans, des chiens dégoûtans et couverts de vermine [2], des femmes hideuses, tenant avec leurs dents le coin d'un voile grossier, pour cacher leurs traits et leurs seins noirâtres; à l'aspect de ces vastes plaines dépouillées de verdure, en respirant l'air brûlant du désert, quelques Français attristés tournaient les regards vers la patrie, et déjà laissaient, en soupirant, échapper des regrets.

Les notables de la ville d'Alexandrie publièrent, le 15 messidor, la proclamation suivante, évidemment dictée par le général en chef.

DÉCLARATION DES MUPHTIS ET DES PRINCIPAUX CHEYKS DE LA VILLE D'ALEXANDRIE AU NOM DES HABITANS :

« Gloire à Dieu à qui toute gloire est due, et salut de paix sur le prophète Muhamet, sur sa famille et les compagnons de sa mission divine.

Voici l'accord qui a eu lieu entre nous, les

---

[1] Lettre de Bonaparte au Directoire, du 18 messidor, Relation de l'Expédition d'Égypte, par Berthier, p. 14.

[2] Le chien, cet ami de l'homme, ce compagnon fidèle et généreux, ce courtisan gai et loyal, là, sombre, égoïste, étranger à son hôte, isolé sans cesser d'être esclave, méconnaît celui dont il défend encore l'asile, et dévore sans horreur sa dépouille. (Iknon, tome 1, page 50.)

notables de la ville d'Alexandrie, dont le nom est au bas de cet acte, et entre le commandant de la nation française, général en chef de l'armée campée dans cette ville.

Les susdits notables continueront à observer leur loi et leurs saintes institutions; ils jugeront les différens selon la justice la plus pure, et s'éloigneront avec soin du sentier tortueux de l'iniquité. Le qady auquel le tribunal de la justice sera confié, devra être de mœurs pures et d'une conduite irréprochable. Mais il ne prononcera aucune sentence sans avoir pris la décision et le conseil des chefs de la loi, et il ne dressera l'acte de son jugement qu'en conséquence de leur décision. Les cheyks susdits s'occuperont des moyens de faire régner l'équité, et ils tendront de tous leurs efforts vers le même but, comme s'ils n'étaient animés que d'un même esprit. Ils ne prendront aucune solution qu'après que tous ensemble l'auront approuvée d'un commun accord; ils travailleront avec zèle au bien du pays, au bonheur des habitans, et à la destruction des gens vicieux et des méchans. Ils promettent encore de ne point trahir l'armée française, de ne jamais chercher à lui nuire, de ne point agir contre ses intérêts, et de n'entrer dans aucun complot qui pourrait être formé contre elle.

Ils ont fait, sur tous ces points, le serment authentique qu'ils renouvelleront dans cet acte, de la manière la plus droite et la plus solennelle.

Le général en chef de l'armée française leur a promis, de son côté, d'empêcher qu'aucun des soldats de son armée n'inquiétât les habitans d'Alexandrie, par des vexations, par des rapines et par des menaces, et que celui qui se porterait à de pareils excès sera puni du supplice le plus sévère.

Le général en chef a aussi promis solennellement de ne jamais forcer aucun des habitans à changer sa religion et à ne jamais exiger d'innovation dans les pratiques religieuses; mais qu'au contraire son intention était que tous les habitans restassent dans leur religion, et de leur assurer le repos et leurs propriétés par tous les moyens qu'il a en son pouvoir, tant qu'ils ne chercheront point à nuire, ni à sa personne, ni à l'armée qu'il commande.

Le présent acte a été dressé, mercredi matin, 20 de la lune de Muharem, l'an de l'Hégire 1213.

Signés :

Le pauvre Ibrahim el Bourgi, chef de la secte Hanofite;

Le pauvre Muhamed el Messiri;

Le pauvre Ahmed;

Le pauvre Souliman Caïnef-Mouphty du Maliki. »

Dès que Bonaparte fut maître d'Alexandrie, son premier soin fut d'y établir un lazaret, le premier qu'on eut vu dans le Levant, auquel il donna la même organisation qu'à celui de Marseille. Heureusement à cette époque la peste n'existait point à Alexandrie, à Rosette, ni dans aucun endroit de l'Égypte.

Le général en chef prit des mesures pour faire arriver dans cette ville les approvisionnemens nécessaires à l'armée. Il écrivit à l'ordonnateur Najac, à Toulon, d'accélérer le départ du second convoi, de faire imprimer et d'envoyer dans tous les ports du Languedoc et de la Provence, et même au consul de Gênes, un écrit pour engager tous les négocians à expédier à Alexandrie des chargemens de vin et d'eau-de-vie. Ces expéditions étaient beaucoup plus faciles que par le passé, le port de Malte offrant un point de relâche commode et une retraite sûre contre les corsaires anglais [1].

Depuis son arrivée dans la rade d'Alexandrie, Brueys n'avait pas perdu un instant pour faire sonder les différentes passes qui pouvaient lui assurer le mouillage dans le Port-Vieux. Les comptes qui lui avaient été rendus n'étaient pas satisfaisans, et l'interrogatoire qu'il avait fait subir aux pilotes pratiques que Bonaparte lui avait envoyés, ne l'étaient pas davantage, puisque, selon eux, il fallait passer sur des fonds où il n'y avait que 4 brasses et demie, ou 22 pieds 6 pouces. Or, les plus petits vaisseaux de 74 tiraient cette quantité d'eau, et ne pouvaient par conséquent pas y entrer. Il attendait des renseignemens plus certains; mais tout lui annonçait que l'entrée des deux ports était impraticable pour les vaisseaux de guerre.

Il ne pouvait pas tenir dans la position où il était à cause de la qualité du fond parsemé de roches, ni y attendre l'ennemi qui, avec des forces

[1] Lettre du 15 messidor.

égales, détruirait toute l'armée en la prenant en détail, si l'amiral avait la maladresse de l'attendre au mouillage.

Dans ce premier moment il ne voyait donc pas d'autre endroit pour l'escadre, que le mouillage d'Abouqyr; qui assurait au moins un abri contre les vents d'été, dont le fond était très-bon, et où il pourrait, à ce qu'il pensait, prendre une position militaire qui le mettrait à même de résister à l'attaque de l'ennemi. Alors il enverrait à Alexandrie, soit par le moyen des djermes ou des avisos, l'artillerie et les autres objets qu'il avait à bord des vaisseaux.

« Je suis extrêmement contrarié par ce défaut de mouillage, écrivit Brueys à Bonaparte en lui transmettant tous ces détails, et mon chagrin serait au comble, si cela devait être une raison pour me séparer de vous, n'ayant d'autre désir que de suivre votre sort en quelque qualité que ce soit. Je vous prie d'être assuré que je serai toujours bien placé, pourvu que je sois placé auprès de vous; personne, j'ose vous l'assurer, ne vous étant plus sincèrement attaché. Ce sentiment est dû à l'homme qui a rendu d'aussi grands services à la France, et vous y avez ajouté, par vos bontés, celui de la reconnaissance [1]. »

Dans la circonstance où se trouvait l'armée, il était indispensable de prendre des dispositions telles que l'escadre pût manœuvrer, selon les

---

[1] Lettre à bord de *l'Orient*, du 14 messidor (2 juillet).

événemens, et se trouver à l'abri des forces supérieures que les Anglais pourraient avoir dans ces mers. Par cette considération, le général en chef ordonna que l'amiral Brueys ferait entrer dans la journée du 16, son escadre dans le Port-Vieux d'Alexandrie, si le temps le permettait, et s'il y avait le fond nécessaire;

Que dans le cas contraire, il prendrait des mesures telles que, dans la journée du 16, il eût débarqué l'artillerie et autres effets de terre, ainsi que tous les individus qui composaient l'armée de terre, en gardant seulement cent hommes par vaisseau de guerre, et quarante par frégate, et en ayant soin qu'il ne s'y trouvât ni grenadiers ni carabiniers;

Qu'il enverrait à terre Gantheaume, chef de l'état-major de l'escadre, pour présider lui-même à l'opération de la sonde du port, et dans le cas où il n'y aurait pas le fond nécessaire, pour accélérer le débarquement des individus et objets qui étaient à bord de l'escadre;

Que *le Dubois* et *le Causse* entreraient dans le port;

Que le chef de division Perrée, avec les deux galères, les bombardes, les différentes chaloupes canonnières et avisos, se rendrait dans le port d'Alexandrie, où le général en chef lui ferait passer des instructions pour seconder, avec ses forces, les opérations de l'armée de terre;

Que les citoyens Leroy et Vavasseur, avec les employés, officiers de la marine et tous les ouvriers que l'escadre pourrait fournir, se rendraient également à Alexandrie, pour y former un établissement maritime;

Que dans la journée du 16, l'amiral ferait connaître au général en chef, par un rapport, si l'escadre pouvait entrer dans le port d'Alexandrie, ou se défendre, embossée dans la rade d'Abouqyr, contre une escadre ennemie supérieure; que dans le cas où ni l'un ni l'autre ne pourraient s'exécuter, il devrait partir pour Corfou, l'artillerie débarquée, laissant à Alexandrie *le Dubois*, *le Causse*, tous les effets nécessaires pour les armer en guerre; *la Diane, la Junon, l'Alceste, l'Arthémise*, toute la flottille légère et toutes les frégates armées en flûtes, avec ce qui était nécessaire pour leur armement;

Que si l'ennemi paraissait avec des forces très-supérieures, dans le cas où l'amiral ne pût entrer ni à Alexandrie ni à Abouqyr, la flotte se retirerait à Corfou [1].

Dès que Brueys eût reçu cet arrêté, il donna l'ordre au capitaine de frégate, Barré, qui déjà était occupé à faire des sondes à l'entrée du Port-Vieux, de rester au mouillage pour continuer ses opérations, l'invitant, dès qu'il aurait trouvé un passage propre à assurer l'entrée des vaisseaux, à en rendre compte au général en chef, et à expédier un aviso à Abouqyr, où l'armée allait prendre position. L'amiral donna l'assurance à ce capitaine, que des récompenses lui seraient ac-

[1] Arrêté du général en chef, du 15 messidor.

cordées pour le zèle et les soins qu'il mettrait dans ce travail important.

Un ordre semblable fut expédié au lieutenant de vaisseau Vidal, pour seconder le capitaine Barré [1].

Ces deux officiers étaient les seuls qui eussent donné l'espérance que les vaisseaux de guerre pourraient entrer dans le port; tous les officiers expérimentés étaient d'avis qu'on ne pouvait entreprendre cette manœuvre, sans courir les plus grands dangers. Le contre-amiral Villeneuve et le chef de division Casabianca regardaient la chose comme impraticable, ou du moins bien dangereuse. En attendant que la question fût décidée, l'amiral se mit en devoir de se rendre au mouillage d'Abouqyr. Il écrivit à Bonaparte, en l'informant de ces divers avis et des dispositions qu'il avait faites : « Croyez, général, que mon plus grand désir est de seconder vos opérations, et de trouver l'occasion de vous donner des preuves de mon sincère attachement et de ma vive reconnaissance [2]. »

Du reste, l'escadre était mal approvisionnée en vivres; plusieurs vaisseaux n'avaient plus que pour quatorze jours de biscuit; ils avaient des farines, mais leurs fours ne pouvaient faire qu'une petite quantité de pain. Le bois à brûler commençait à devenir très-rare [3].

---

[1] Lettres de Brueys, du 17 messidor.
[2] Lettre du 18 messidor.
[3] *Idem.*

Bonaparte écrivit au Directoire : « Le Port-Vieux d'Alexandrie peut contenir une escadre aussi nombreuse qu'elle soit; mais il y a un point de la passe où il n'y a que cinq brasses d'eau; ce qui fait penser aux marins qu'il n'est pas possible que les vaisseaux de soixante-quatorze y entrent. Cette circonstance contrarie singulièrement mes projets; les vaisseaux de construction vénitienne pourront y entrer, et déjà *le Dubois* et *le Causse* y sont. L'escadre sera aujourd'hui à Abouqyr, pour achever de débarquer notre artillerie [1]. »

Bonaparte prit la précaution d'envoyer à Abouqyr des officiers du génie et de l'artillerie. Brueys l'en remercia et lui manda : « Je me concerterai avec eux, aussitôt après avoir mouillé; et, si nous sommes assez heureux pour trouver une position à terre qui puisse protéger les deux têtes de ma ligne, je me regarde comme inexpugnable, du moins pendant tout l'été et même l'automne. Je serai alors d'autant plus satisfait, que je pourrai appareiller quand bon me semblera, pour combattre l'ennemi, et me porter partout où je pourrai vous être utile; au lieu que, quand même on trouverait le moyen de faire entrer l'escadre dans le port d'Alexandrie, je serais bloqué par un seul vaisseau ennemi, et je deviendrais spectateur oisif de votre gloire, sans pouvoir y prendre la moindre part.

Il me semblerait alors que je ne suis venu à

---

[1] Lettre du 18 messidor (6 juillet).

Alexandrie que pour y voir échouer mes vaisseaux, tandis que mon désir bien prononcé est de pouvoir vous être utile de quelque manière que ce soit; et, comme je vous l'ai déjà dit, tout poste me sera bon, pourvu que vous m'y placiez d'une manière active.

Dès que le jour paraîtra, l'armée sera sous voile. Recevez, mon général, les vœux bien sincères que je fais pour que vous conserviez, au milieu de vos grands travaux, la santé qui vous est nécessaire pour les terminer heureusement. Malgré mes demandes réitérées, je n'ai pu obtenir un seul pilote pratique pour la rade d'Abouqyr[1]. »

Il importe de bien se fixer sur les mesures prises par Bonaparte pour la sûreté de la flotte, parce qu'il sera nécessaire d'y revenir, après la catastrophe qu'elle éprouva, pour en connaître les causes. On voit, par la correspondance de l'amiral, qu'il inclinait pour demeurer au mouillage d'Abouqyr, afin de rester associé aux opérations et à la gloire du général en chef, pour lequel il avait une sorte de culte.

Pendant ce temps-là, le général en chef visitait la ville et les forts, c'est-à-dire des ruines, de mauvaises constructions, où de chétifs canons avaient pour affûts quelques pierres. Il ordonnait des travaux, et portait toute son attention sur les batteries qui devaient défendre les ports. Le citoyen Vavasseur en fut nommé directeur.

---

[1] Lettre du 19 messidor (7 juillet).

Il réunit un conseil composé des commandans des différentes armes, pour établir l'emplacement nécessaire aux services de l'armée, pour l'artillerie, l'arsenal de construction, les magasins à poudre, le logement du personnel, le service de l'ordonnateur, pour la marine et les forts de la province d'Alexandrie [1].

Pour assurer des vivres à l'armée, le général en chef ordonna que tous les blés, comestibles et bois qui se trouvaient dans l'un ou l'autre port, sur les vaisseaux des nations amies de la France, seraient mis en réquisition ; qu'ils seraient sur-le-champ débarqués, estimés et achetés. Il fit mettre le scellé sur toutes les maisons, vaisseaux et autres propriétés des Mamlouks, en ordonna la confiscation, ainsi que des vaisseaux et marchandises appartenant à des sujets des puissances ennemies de la République, l'Angleterre, le Portugal et la Russie [2].

Bonaparte fit mettre en liberté tous les Turcs de Syrie, des îles de l'Archipel et du bey de Tripoli, dont il avait brisé les fers à Malte, et dont il s'était servi comme matelots pendant la traversée. Il leur donna des passeports pour leur route, et des proclamations en arabe pour les répandre dans leur patrie [3]. Il ordonna à tous les habitans d'Alexandrie de porter la cocarde tricolore [4].

---

[1] Arrêté du 15 messidor.
[2] Idem.
[3] Idem.
[4] Idem.

Un monument antique fournit à Bonaparte l'occasion de rendre des honneurs aux premiers de ses soldats qui avaient péri en Égypte, et de parler à l'imagination de son armée.

Il ordonna que tous les Français tués à la prise d'Alexandrie seraient enterrés au pied de la colonne de Pompée, et que leurs noms y seraient inscrits; il fit mettre cet arrêté à l'ordre de l'armée [1].

Deux routes conduisaient d'Alexandrie au Kaire, l'une passant par le désert de Damanhour, l'autre par Rosette, en côtoyant la mer et traversant le lac Madieh. En prenant cette dernière route, l'armée aurait eu l'avantage de marcher avec une flottille qui aurait suivi ses mouvemens et porté ses équipages et ses vivres; mais elle aurait eu huit à dix marches de plus. D'ailleurs on n'était pas encore maître de Rosette. Bonaparte se décida donc pour la route du désert; le 16 messidor (4 juillet), la division du général Desaix, formant l'avant-garde de l'armée, reçut l'ordre de marcher sur Damanhour; elle devait être suivie à un jour d'intervalle par les autres divisions.

Dugua, commandant la division de Kléber, resté blessé à Alexandrie, se mit en marche par la route de Rosette avec les cavaliers qui n'étaient pas montés; il était chargé de protéger l'entrée de la flottille dans le Nil, de s'emparer de Rosette, de nommer un divan provisoire, d'y laisser garnison, d'établir une batterie dans le fort, d'em-

---

[1] Arrêté du 17 messidor (5 juillet).

barquer du riz sur la flottille, de lui faire remonter le Nil, de suivre la route du Kaire sur la rive gauche du fleuve, afin de rejoindre à Rahmanieh le corps principal de l'armée, qui marcherait sur cette ville par Damanhour.

En même temps, Bonaparte écrivit au chef de division de la marine Perrée, de faire partir de suite tous les bâtimens de sa flottille qui ne tiraient que quatre ou cinq pieds d'eau; d'en donner le commandement à un officier de confiance qui se rendrait à Abouqyr où il mettrait l'embargo sur tous les bâtimens qui pourraient s'y trouver; de s'informer du commandant du fort si la division du général Dugua était passée, de se mettre sur-le-champ en marche pour arriver au bord du Nil par la barre et se porter à Rosette; de sonder l'embouchure du fleuve, et d'y laisser un de ses bâtimens pour la désigner à ceux qui arriveraient après. Les bâtimens arrivés à Rosette devaient rester à la disposition du général Dugua. Perrée devait ensuite partir le plus tôt possible avec le reste de sa flottille, laissant deux avisos. Il lui était ordonné de faire entrer dans le Nil tous les bâtimens qu'il pourrait, excepté les deux plus grands qu'il enverrait croiser à la bouche de Damiette, avec ordre d'amener à l'escadre, mouillée à Aboukyr, tous les bâtimens qui voudraient sortir du Nil. Cette croisière devait respecter les djermes [1] des pêcheurs, et leur donner des proclamations [2].

[1] Espèce de barques égyptiennes.
[2] Lettre du 17 messidor.

Le général Andréossy, commandant l'équipage de pont, reçut l'ordre de suivre le mouvement de la flottille ; le général Menou, convalescent de ses blessures, celui d'aller prendre le commandement de Rosette.

Bonaparte donna à Kléber le commandement d'Alexandrie et lui laissa ses instructions. Sa blessure ne lui permettait pas de suivre l'armée ; mais il écrivait au général en chef que, dès qu'il serait en état de faire quelque exercice, il irait le rejoindre et se mettre à la tête de sa division.

Le citoyen Leroy fut nommé ordonnateur de la marine à Alexandrie.

Seïd-Mohamed-Koraïm, schérif de la famille du prophète, gouverneur de cette ville au moment de la conquête, fut continué dans ses fonctions, sous les ordres du général Kléber. Cet homme, dévoué à la Porte-Ottomane, avait su, par sa souplesse, se conserver la confiance de son gouvernement et la bienveillance des beys. Quand il avait vu l'armée toute débarquée, il s'était attaché à capter Bonaparte. Il était toujours dans son antichambre, il ne quittait pas le quartier-général. En recevant son serment de fidélité, le général en chef, entouré des grands de la ville et des membres de l'ancien gouvernement, lui dit : « Je vous ai pris les armes à la main, j'aurais pu vous traiter en prisonnier ; mais vous avez montré du courage, et, comme je le crois inséparable de l'honneur, je vous rends vos armes et j'espère que vous serez aussi fidèle à la République que vous l'avez été à un mauvais gouvernement. » Koraïm promit de seconder les Français de tout son pouvoir.

Bonaparte écrivit au chargé d'affaires de France à Constantinople, pour l'instruire de l'arrivée de l'armée, de la prise d'Alexandrie, du mouvement commencé sur le Kaire, lui recommanda de convaincre la Porte de la ferme résolution où était la République Française de vivre en bonne intelligence avec elle, et lui annonça la prochaine arrivée à Constantinople d'un ambassadeur français [1].

On a déjà dit que cet ambassadeur était Talleyrand qui, après avoir promis à Bonaparte de remplir cette mission importante, dès qu'il fut parti pour l'Égypte, s'en déchargea sur Descorches qui ne la remplit pas non plus. Ainsi le gouvernement français trompa le général en chef, en laissant près de la Porte-Ottomane le champ libre aux Anglais, et en négligeant, dès le début de l'expédition, d'ouvrir une négociation qui importait essentiellement à son succès.

Le général en chef rendit compte au Directoire de sa traversée depuis Malte jusqu'en Égypte, du siége de cette ville et de son pacte avec les Arabes du désert. « Cette nation, écrivait-il, n'est rien moins que ce que l'ont peinte les voyageurs ; elle est calme, fière et brave. » Il l'instruisit des dispositions militaires qu'il avait ordonnées, de toutes les mesures qu'il avait prises pour l'organisation de la ville et la sûreté de la flotte [2].

---

[1] Lettre du 18 messidor.
[2] Idem.

Après avoir assuré les différens services et les approvisionnemens de l'armée à Alexandrie dont il fit sa grande place de dépôt, et mis en mouvement ses divisions, Bonaparte se disposa à pénétrer lui-même en Égypte.

CHAPITRE IV.

Attitude du gouvernement égyptien.—Ibrahim et Mourad, beys. —Marche de l'armée française sur le Kaire.—Désert de Damanhour.—Combat de Rahmanieh.—Combat de Chébreis.—Bataille des Pyramides.—Entrée des Français au Kaire.—Organisation du gouvernement.—Prise de possession des provinces.—Administration de Kléber à Alexandrie et de Menou à Rosette. — Expédition contre Ibrahim-Bey. — Combat de Salhieh; fortification de ce poste.—Reynier commandant dans le Charqyeh.—Relations de Bonaparte avec les Iles-Ioniennes.

A l'apparition de la flotte anglaise devant Alexandrie, le 10 messidor, Koraïm avait envoyé des exprès au Kaire pour en prévenir Mourad-Bey ; il l'avait successivement instruit de l'arrivée de l'armée française et de la prise d'Alexandrie. Mourad-Bey s'était rendu de suite dans son palais de Gizeh, avait expédié des avis dans toutes les provinces où se trouvaient les beys et kachefs attachés à sa maison, rappelé près de lui son favori Mohamed-Elfi qui faisait la guerre aux Arabes dans la province de Charqyeh, et donné à tous ses Mamlouks l'ordre de s'armer et de se tenir prêts au combat. Il annonçait le plus grand mépris pour les troupes françaises, et se vantait d'avance de défendre à lui seul l'Égypte.

Ce bey était un des plus grands princes qui régnaient alors sur l'Orient. Il s'était rendu célèbre par sa valeur dans ses querelles avec Aly-Bey dont il avait épousé la veuve. En 1776, ayant conçu le projet de s'emparer du gouvernement de l'Égypte, il avait marché pour combattre Ibrahim-Bey, qui y aspirait comme lui. Les forces de ces deux rivaux étaient à peu près égales; mais frappés tous les deux de la crainte qu'un nouveau prétendant ne s'élevât sur les ruines de celui qui succomberait dans cette lutte, ils avaient fait la paix et s'était partagé le pouvoir; Ibrahim, sous le titre de *Cheyk-el-Beled*, dirigeait l'administration, et Mourad, sous celui d'*Émir-Haggy*, était à la tête du militaire. Unis par l'intérêt, mais toujours rivaux et jaloux l'un de l'autre, ces nouveaux dominateurs de l'Égypte avaient, depuis 12 ans, déjoué un grand nombre de trames ourdies contre eux par les anciens beys, et battu les armées que la Porte-Ottomane avaient envoyées pour ressaisir son autorité. Délivrés de leurs ennemis communs, ils s'étaient eux-mêmes disputé les armes à la main le pouvoir suprême, mais un intérêt commun les rapprochait toujours, et ils paraissaient vivre en assez bonne intelligence, à l'époque où l'armée française arriva en Égypte.

Mourad-Bey était d'une taille ordinaire; sa physionomie noble et imposante. La nature l'avait doué d'une grande énergie, et d'une force de corps extraordinaire. Il possédait ce maintien et cet air de dignité que donne ordinairement l'exercice d'un grand pouvoir. Il était somptueux dans ses habits, et sa magnificence égalait quelquefois celle des anciens despotes de l'Asie. On lui reprochait plusieurs actes de cruauté, inséparables du pouvoir en Orient ; mais on convenait généralement que la fermeté, la franchise et la loyauté formaient le fond de son caractère.

Dès que la nouvelle du débarquement de l'armée française était parvenue au Kaire, les Français établis dans cette ville avaient couru les plus grands dangers. Au moment de partir pour aller combattre, Mourad-Bey avait résolu de leur faire couper la tête ; il ajourna cet atroce projet après sa victoire, d'après les conseils de Charles Rosetti, italien rusé et adroit qui possédait une partie de sa confiance. Les Français en furent quittes dans ce moment pour une avanie de 6,000 pataques (20,000 fr.). La femme d'Ibrahim-Bey entreprit de les sauver de la fureur du peuple, et obtint de son mari et de Mourad-Bey lui-même, son consentement à ce qu'elle leur donnât un asile dans son palais. Elle eut pour eux les plus grands soins, et pourvut à tout ce qui leur était nécessaire, sans aucune vue d'intérêt, décidée à suivre son mari partout où le sort le conduirait.

Cependant la division du général Desaix s'avançait péniblement dans le désert de Damanhour, et déjà, après le premier jour de marche, ses soldats avaient éprouvé tous les tourmens de la soif. Elle arriva au puits de Beïdah, le 17 thermidor ; il avait été en partie comblé par les Arabes ; le peu d'eau que l'on put en tirer fut bientôt épuisé, et ne put suffire à désaltérer toute la troupe. Desaix fit au général en chef le tableau de sa situation fâcheuse et de ses pressans besoins. « Je suis désolé, lui écrivit-il, de vous parler sur le ton de l'inquiétude. Quand nous serons sortis de cette horrible position, j'espère pouvoir trouver moi-même tout ce qu'il me faut, et ne jamais vous tourmenter. Si l'armée ne passe pas le désert avec toute la rapidité de l'éclair, elle périra. Elle n'y trouvera pas de quoi désaltérer mille hommes. On ne trouve que des citernes qui, une fois vidées, ne se remplissent plus. Les villages sont des huttes entièrement sans ressources. De grâce, mon général, ne nous laissez pas dans cette situation ; la troupe se décourage et murmure. Faites nous avancer ou reculer à toutes jambes[1] ».

L'armée partit d'Alexandrie dans les journées des 18 et 19 messidor, avec son artillerie de campagne et un petit corps de cavalerie, si toutefois on pouvait donner ce nom à trois cents cavaliers montés sur des chevaux qui, épuisés par une traversée de près de deux mois, pouvaient à peine porter leurs cavaliers. L'artillerie, par la même raison, était mal attelée. Le général en chef partit le 19 au soir (7 juillet), avec son état-major. Frappant à plusieurs reprises sur l'épaule de Berthier, il lui dit, d'un air satisfait : *Eh bien, Berthier, nous y sommes enfin!*

Pendant la route, l'armée fut en proie à tous les besoins et harcelée par les Arabes. Ils avaient aussi comblé le puits de Berket-Gitâs. Le soldat, brûlé par l'ardeur du soleil et en proie à une soif dévorante, ne pouvait trouver à se désaltérer dans des puits d'eau saumâtre, insuffisans

[1] Lettre du 17 messidor.

pour ses besoins. Afin de calmer les murmures et l'impatience des troupes, les chefs assuraient d'heure en heure qu'on allait trouver de l'eau en abondance. Une illusion, propre au sol brûlant de ces contrées, venait tout-à-coup rendre l'espérance. On voyait à quelque distance de soi une plaine immense d'eau, où semblaient se réfléchir les images, des monticules de sable, des arbres, des inégalités du terrain. Le soldat hâletant pressait alors sa marche, mais l'eau fuyait devant lui, se montrant toujours à la même distance. C'était le phénomène du *mirage* qui fait éprouver à l'homme altéré le supplice de Tantale [1]. A l'espoir trompé de voir le terme de ses maux succédaient la tristesse, l'abattement et une prostration de forces; celui qui en était atteint périssait comme par extinction. Cette mort paraissait douce et calme. A son dernier instant un soldat dit qu'il éprouvait un bien-être inexprimable. Le chirurgien en chef, Larrey, en ranima un assez grand nombre avec un peu d'eau douce aiguisée de quelques gouttes d'esprit de vin qu'il portait avec lui dans une petite outre de cuir, ou avec la liqueur minérale d'Hofmann incorporée dans du sucre [2].

Arrivées le 20 à Damanhour, les troupes y séjournèrent le 21. Le 20 au matin, 15 employés

---

[1] Ce phénomène a lieu aussi dans la plaine de la Crau, département des Bouches-du-Rhône, et dans les landes de Bordeaux.

[2] Larrey, *Relation chirurgicale de l'armée d'Orient*, page 9.

du service des transports militaires qui devaient suivre le quartier-général, étaient partis d'Alexandrie avant leur escorte. Ils furent attaqués par les Arabes, à quatre lieues de la ville, cinq d'entre eux furent tués, les dix autres se sauvèrent.

A midi, un Grec courut dans les rues d'Alexandrie, en criant de toutes ses forces que les Mamlouks arrivaient; que l'armée française était coupée; qu'il fallait fermer les boutiques : elles furent en effet fermées. On amena cet homme à Kléber; il le renvoya au schérif qui lui fit administrer une *bonne volée* de coups de bâton; on publia dans les rues la défense de donner de pareilles alarmes.

Cependant les Arabes se montraient plus nombreux que jamais autour du quartier-général de Damanhour. Ils harcelaient les grandes gardes; plusieurs actions s'engagèrent. Le général de brigade Muireur venait d'acheter un cheval; il voulut l'essayer et sortir du camp. On l'engagea à ne pas trop s'éloigner; mais par une fatalité qui accompagne souvent ceux qui sont arrivés à leur dernière heure, il n'écouta pas cet avis. Après avoir fait quelques pas au galop, il fut attaqué par trois Arabes accroupis et cachés derrière des monticules de sable, tué et dépouillé avant qu'on ne fût venu à son secours. Le général en chef le regretta vivement. Il le regardait comme un des plus braves généraux de son armée [1]. C'était l'homme des dangers et des avant-postes; son sommeil

---

[1] Lettre de Bonaparte au Directoire, du 6 thermidor (24 juillet).

était inquiet si l'ennemi ne se trouvait pas en face [1].

Le 22, au lever du soleil, l'armée se mit en marche pour Ramanich; la division Desaix qui était arrivée la première à Damanhour, laissa défiler toutes les autres, et forma l'arrière-garde; à cause du petit nombre de puits, les divisions furent forcées de marcher à deux heures l'une de l'autre.

En sortant de Damanhour, Bonaparte n'ayant avec lui que quelques officiers d'état-major et quelques-uns de ses guides, marchait à une certaine distance des corps d'armée, séparé seulement par une légère élévation de terrain des Bédouins dont il ne fut point apperçu. Après avoir reconnu le péril auquel il venait d'échapper : *Il n'est point écrit là-haut*, dit-il gaiement, *que je doive être pris par les Arabes.*

A neuf heures et demie du matin, les divisions Menou, Bon et Reynier, avaient pris position. Le soldat découvrit le Nil; il s'y précipita tout habillé et s'abreuva avec délice de ses eaux. Dès lors les marches ne furent plus aussi pénibles. On se délassait le soir de la fatigue et de la chaleur en se baignant dans le fleuve.

Le général en chef reçut à Rahmanieh un coup de pied de cheval qui lui fit à la jambe droite une contusion assez forte pour faire craindre des suites. Larrey les prévint et le guérit en peu de temps, malgré la marche et l'activité naturelle de Bonaparte qui ne lui permettaient pas le repos.

---

[1] *Derniers momens de Napoléon.*—Antomarchi, t. II, p. 4.

Presque au même instant où l'armée s'était précipitée dans les eaux du Nil, le tambour la rappela à ses drapeaux. Un corps d'environ 800 Mamlouks s'avançait en ordre de bataille. On courut aux armes. Ils s'éloignèrent et se dirigèrent sur la route de Damanhour, où ils rencontrèrent la division Desaix. Le feu de l'artillerie avertit qu'elle était attaquée. Bonaparte marcha à l'instant contre les Mamlouks; mais l'artillerie de Desaix les avait déjà éloignés. Ils avaient pris la fuite et s'étaient dispersés après avoir eu 40 hommes tués ou blessés. Parmentier, lieutenant à la 61e. demi-brigade, et un guide à cheval périrent dans cette action. Dix fantassins furent légèrement blessés.

Le soldat, épuisé par la marche et les privations, avait besoin de repos; les chevaux, faibles et harassés par les fatigues de la mer, en avaient plus besoin encore. Bonaparte prit le parti de séjourner à Rahmanieh les 23 et 24, et d'y attendre la flottille et la division Dugua qui venait par Rosette.

La terreur, répandue sur tous les points de l'Égypte, à la nouvelle de l'arrivée des Français à Alexandrie, s'était fait sentir à Rosette plus qu'ailleurs, à cause de sa proximité de cette première ville. Ses habitans s'attendaient à être pillés, massacrés, ou au moins emmenés en esclavage. Ils étaient entretenus dans ces idées par des marchands candiotes qui s'y trouvaient alors; ils y avaient été attirés par le gouverneur, leur compatriote, Osman Roguey, qui, délégué de Saleh-Bey, y avait commis lui-même, comme kachef, le

Mamlouk Sélim. Des fuyards d'Alexandrie avaient traversé Rosette pour se cacher dans l'intérieur du Delta, et y avaient entraîné des habitans. Les mosquées s'étaient remplies de dévots qui s'abandonnaient à Mahomet ; les femmes poussaient des cris, et emportaient leurs enfans dans les campagnes. Les Candiotes insultaient les Français établis ; il y en eut même un de massacré. Heureusement la proclamation du général en chef était arrivée au milieu de ces excès ; elle appaisa les alarmes du peuple qui prit les Français sous sa protection, et pria l'un d'eux, le négociant Varsy, d'aller à la tête d'une députation porter des paroles de paix au général en chef.

Le kachef Selim, voyant ces dispositions, avait remonté le Nil pour rejoindre les Mamlouks à Rahmanieh, et avait été tué dans le premier combat.

Cependant le général Dugua s'était avancé sur Rosette ; on était allé au-devant de lui et on lui avait remis les clefs de la ville. Varsy, le muphti, le serdar-aga et le chaouich s'étaient constitués otages, les Français étaient dans la ville sans coup férir. Dugua avait ordonné la formation d'une administration provisoire, et, laissant à Rosette une garnison de 200 hommes, il s'était mis en route pour rejoindre l'armée. Il arriva au quartier-général de Rahmanieh après une marche forcée, et annonça que la flottille était heureusement entrée dans le Nil ; mais, les eaux étant basses, elle remontait le fleuve avec difficulté. Elle arriva enfin dans la nuit du 24. Cette nuit même, l'armée partit pour Minich-Salameh. Elle y coucha, et le 25, avant le jour, elle était en marche pour livrer bataille à l'ennemi partout où elle pourrait le rencontrer.

Bonaparte apprit que Mourad-Bey, à la tête d'un corps de 4,000 Mamlouks, attendait les Français à Chébreis[1]. Sa droite était appuyée à ce village où il avait placé quelques pièces de canon, et au Nil, sur lequel il avait une flottille de 10 chaloupes canonnières et de djermes armées.

Bonaparte avait ordonné à la flottille française, composée de trois chaloupes canonnières, un chebek et une demi-galère, de continuer sa marche, en se dirigeant de manière à pouvoir appuyer la gauche de l'armée sur le Nil, et attaquer la flottille ennemie au moment où l'on attaquerait les Mamlouks et le village de Chébreis. Malheureusement la violence des vents ne permit pas de suivre en tout ces dispositions. La flottille dépassa la gauche de l'armée, gagna une lieue sur elle, se trouva en présence de l'ennemi, et se vit obligée d'engager un combat d'autant plus inégal qu'elle avait à la fois à soutenir le feu des Mamlouks, des fellâh et des Arabes, et à se défendre contre la flottille ennemie. Il fut extrêmement opiniâtre. On tira de chaque côté plus de 1,500 coups de canon. Les fellâh, conduits par les Mamlouks, se jettèrent, les uns à l'eau, les autres dans des

---

[1] Les Égyptiens appellent ce village *Chobrâris*; nous lui conserverons néanmoins le nom de Chébreis, sous lequel il est plus connu.

djermes, et parvinrent à prendre à l'abordage la demi-galère et une chaloupe canonnière. Le chef de division Perrée, quoique blessé au bras d'un coup de canon, disposa aussitôt ce qui lui restait de forces, et parvint à reprendre à l'ennemi ses deux bâtimens sous la protection de son chebek qui vomissait de tous côtés le feu et la mort, et brûla des chaloupes canonnières à l'ennemi. Il fut puissamment secondé par l'intrépidité et le sang-froid du général Andréossy, qui commandait un corps de troupes de debarquement; les citoyens Monge, Berthollet et Bourienne montrèrent beaucoup de courage. L'ordonnateur en chef Sucy fut grièvement blessé en défendant avec vigueur une chaloupe canonnière chargée de vivres.

Cependant le bruit du canon avait fait connaître au général en chef que sa flottille était engagée. Il fit marcher l'armée au pas de charge; elle s'approcha de Chébreis, et aperçut les Mamlouks rangés en bataille en avant de ce village. Bonaparte reconnut leur position et forma l'armée; elle était composée de cinq divisions : chacune d'elles formait un carré qui présentait à chaque face six hommes de hauteur; l'artillerie était placée aux angles; au centre, étaient les équipages et la cavalerie. Les grenadiers de chaque carré formaient des pelotons qui flanquaient les divisions, et étaient destinés à renforcer les points d'attaque.

Les sapeurs, les dépôts d'artillerie, prirent position et se barricadèrent dans deux villages en arrière, afin de servir de point de retraite, en cas d'événement. L'armée n'était qu'à une demi-lieu des Mamlouks. Tout-à-coup ils s'ébranlèrent par masses, sans aucun ordre de formation, et inondèrent la plaine. Ils débordèrent les ailes des Français, et caracolèrent sur les flancs et les derrières, cherchant le point le plus faible pour pénétrer; mais partout la ligne était également formidable et leur opposait un double feu de flanc et de front. D'autres masses chargèrent avec impétuosité la droite et le front de l'armée. On les laissa approcher jusqu'à portée de la mitraille. Aussitôt l'artillerie se démasqua et les mit en fuite. Quelques-uns de ces braves fondirent, le sabre à la main, sur les pelotons de flanqueurs. Attendus de pied ferme, presque tous furent tués par le feu de la mousqueterie ou par la baïonnette.

Animée par ce premier succès, l'armée s'ébranla et marcha au pas de charge sur Chébreis, que l'aile droite avait ordre de déborder. Ce village fut emporté après une faible résistance. Les Mamlouks opérèrent leur retraite en désordre vers le Kaire. Leur flottille prit également la fuite en remontant le Nil, et termina ainsi un combat acharné qui durait depuis deux heures. Les cavaliers démontés embarqués sur cette flottille, et commandés par le général Zayonschek, sous les ordres d'Andréossy, contribuèrent beaucoup à la gloire de cette journée. La perte de l'ennemi fut de plus de 600 hommes tués ou blessés; celle des Français d'environ 70.

Après le combat, le général Zayonschek eut ordre de suivre la rive droite du Nil, avec 1,500 hommes, à la hauteur de la marche de l'armée qui s'avançait sur la rive gauche.

Le chef de division Perrée fut nommé contre-amiral; le général de brigade d'artillerie Dommartin fut promu au grade de général de division.

L'armée coucha le 25 à Chébreis. Le lendemain, elle se mit en marche pour aller coucher à Chabour. Cette journée était forte; on marchait en ordre de bataille et au pas accéléré dans l'espérance d'atteindre la flottille ennemie; mais les Mamlouks brûlèrent les bâtimens qu'on était sur le point d'atteindre. Le 26 au soir, l'armée bivouaqua à Chabour, sous de beaux sycomores et trouva des champs pleins de pastèques, espèce de melons d'eau formant une nourriture saine et rafraîchissante. Le 27, l'armée coucha à Koûm-Chérik. Elle était sans cesse harcelée par les Arabes. On ne pouvait s'éloigner à une portée de canon sans tomber dans quelque embuscade. S'ils étaient les plus nombreux, ils assassinaient et pillaient; ils prenaient la fuite à nombre égal et lorsqu'il fallait combattre. L'adjoint aux adjudans-généraux, Gallois, officier distingué, fut tué en portant un ordre du général en chef. L'adjudant Desnanots, neveu du savant Lacépède, tomba entre leurs mains et fut emmené à leur camp. Bonaparte envoya au chef de la tribu un messager porteur d'une lettre et de 100 piastres pour le rachat de ce jeune homme. Il s'éleva une vive querelle sur le partage de la somme entre ceux qui l'avaient fait prisonnier. Ils étaient prêts à en venir aux mains, lorsque le chef, pour terminer la contestation, tira un pistolet de sa ceinture, fit sauter le crâne au malheureux Desnanots, et rendit de sang-froid les cent piastres au messager, pour qu'il les rapportât au général en chef.

La division Desaix reprit l'avant-garde. Le 28, l'armée coucha à Algam; le 29, à Abounochabeh, et le 30, au gros village de Ouardam; là elle bivouaqua dans une grande forêt de palmiers. Le soldat commençait à connaître les usages du pays et à déterrer les lentilles et autres légumes que les fellâh avaient coutume de cacher sous la terre. Mais le pain et le vin manquaient; le biscuit apporté d'Alexandrie était consommé depuis longtemps. On trouvait d'immenses tas de blé; on n'avait ni fours ni moulin. Pour tirer parti du grain, on était réduit à le piler entre deux pierres, ou à le faire griller et à le manger en galettes ou en bouillie. Le général en chef, pour donner l'exemple, bivouaquait au milieu de l'armée, dans les endroits les moins commodes. Le dîner de l'état-major consistait dans un plat de lentilles. La soirée du soldat se passait en conversations politiques sur les résultats de la campagne qui venait de s'ouvrir. Quelques-uns allaient jusqu'à dire que le Directoire les avait déportés en Égypte, et qu'il n'existait pas de ville du Kaire. Leur imagination était tellement tourmentée que deux dragons se jettèrent tout habillés dans le Nil et s'y noyèrent. Mais dans ce malaise extrême, au milieu même des murmures et des clameurs des soldats, on retrouvait toujours la gaîté française. Ils accusaient Caffarelly d'être l'agent dont s'était servi le Directoire pour tromper Bonaparte et l'armée, et ils disaient, en faisant allusion à sa jambe de bois : *Il se moque bien de cela, lui, il a un pied en France.*

L'armée passa toute la journée du 1er. thermidor à Ouardam, pour se délasser des fatigues de la route, réparer l'artillerie, nétoyer les armes et se préparer au combat. Le 2 thermidor, elle se mit en marche et alla coucher au village d'Om-Dinar, à six lieues du Kaire, presque à la hauteur de la pointe du Delta, dite en arabe *Badel-Baqaràh* (ventre de la vache), où le général Zayonscheck prit position avec sa troupe. Là, Bonaparte fut instruit que Mourad-Bey avait réuni dans la plaine d'Embabeh tous ses Mamlouks, la milice du Kaire et un grand nombre d'Arabes, résolu de livrer une bataille décisive.

Le 3 thermidor, à deux heures du matin, l'armée partit d'Om-Dinar. Pour la première fois, depuis Chébreis, elle rencontra un corps de Mamlouks; c'était l'avant-garde de Mourad-Bey. Elle se replia avec ordre et sans rien tenter. Tout annonçait que cette journée déciderait du sort de l'Égypte. Les soldats reprirent courage, instruits qu'ils approchaient du terme de leurs souffrances; une ardeur martiale régnait dans tous les rangs. Lorsque le soleil parut à l'horizon, l'armée aperçut les Pyramides. Aussitôt elle posa ses armes, et fit une halte spontanée pour les contempler. « *Soldats!* s'écria Bonaparte, dont la figure s'anima tout-à-coup d'un noble enthousiasme, *soldats, vous allez combattre aujourd'hui les dominateurs de l'Égypte; songez que du haut de ces monumens quarante siècles vous contemplent!»*

A dix heures, l'armée aperçut Embabeh et les ennemis en bataille ; à deux heures après midi, les deux armées se trouvèrent en présence, séparées par une plaine d'une demi-lieue. L'armée ennemie s'étendait depuis le Nil jusqu'aux Pyramides. Elle était forte d'environ 60,000 hommes. Les janissaires et les spahis, au nombre de 20,000, gardaient un grand camp retranché pratiqué près du village d'Embabeh, et garni d'une quarantaine de canons que l'on avait tirés de la flottille.

Les Mamlouks occupaient le centre ; ce corps s'élevait à 9 ou 10,000 cavaliers, servis chacun par trois fellâh à pied. Un corps de 3,000 cavaliers arabes tenaient l'extrême gauche jusqu'aux Pyramides[1]. Ces dispositions étaient formidables.

---

[1] Cette évaluation est extraite des Mémoires de Napoléon. Gourgaud, tome II, page 254.

Miot, témoin oculaire, rapporte que l'armée ennemie était forte de 6,000 Mamlouks environ, et d'une foule d'Arabes et de fellâh.

Jomini dit 6,000 Mamlouks, soutenus par une foule innombrable de Cophtes, de Grecs, de fellâh et d'Arabes à cheval. Nous ignorons sur quelle autorité cet écrivain s'est fondé; on ne voit nulle part qu'il y ait eu des Cophtes et des Grecs.

Berthier dit que Bonaparte fut instruit à Om-Dinar que Mourad-Bey était retranché à la tête de 6,000 Mamlouks, une foule d'Arabes et de fellâh. Ceci n'établit pas la force des Mamlouks au moment où les deux armées se trouvèrent en présence.

On sait que la milice des Mamlouks s'élevait à 12,000 hommes. Ibrahim-Bey en avait sur la rive droite environ 2,000. Il n'y en avait alors dans aucun autre endroit de l'Égypte; quelques centaines seulement escortaient la caravane de la Mekke. Reste donc pour Mourad-Bey 9 à 10,000.

L'armée française ne s'était point encore mesurée contre les janissaires et spahis; mais elle avait éprouvé l'impétueuse bravoure des Mamlouks. Le général en chef forma son ordre de bataille comme à Chébreis, mais de manière à présenter plus de feu à l'ennemi. Desaix commandait la droite, formée de sa division et de celle du général Reynier. La division Kléber, aux ordres du général Dugua, tenait le centre. La division Bon, et celle de Menou, commandée par le général Vial, occupaient la gauche appuyée au Nil.

Bonaparte, instruit que l'artillerie du camp retranché n'était pas sur affûts de campagne, et par conséquent ne pouvait sortir de l'enceinte, résolut de prolonger sa droite et de faire suivre le mouvement de cette aile à toute l'armée, en passant hors de la portée du camp retranché. Par-là, l'armée française n'avait affaire qu'aux Mamlouks; l'infanterie et l'artillerie de janissaires ne pouvaient être d'aucun secours à l'ennemi.

Mourad-Bey vit les colonnes de Desaix s'ébranler et ne tarda pas à deviner le but de Bonaparte. Quoique ce chef ne connût point la tactique, la nature l'avait doué d'un grand caractère, d'un courage à toute épreuve, et d'un coup-d'œil pénétrant. La bataille de Chébreis lui avait servi d'expérience. Il sentit avec une habileté qu'on pourrait à peine attendre du général européen le plus consommé, que le destin de la journée consistait à empêcher les Français d'exécuter ce mouvement, et à profiter de l'avantage de sa nombreuse cavalerie pour les attaquer en marche[1].

Il détacha un de ses beys les plus braves avec un corps d'élite de 6 à 7,000 Mamlouks qui, avec la rapidité de l'éclair, chargea les divisions Desaix et Reynier. Elles n'eurent pas le temps de se former et furent un instant compromises; mais la tête des Mamlouks qui avait commencé le choc, était peu nombreuse; leur masse n'arriva que quelques minutes après; ce retard suffit pour former les carrés. Lorsque les Mamlouks furent à cinquante pas du front, on les accueillit par une mitraille et une grêle de balles qui en fit tomber un grand nombre. En vain ces braves s'élancèrent à plusieurs reprises sur les carrés français. Les grenadiers immobiles firent pleuvoir sur eux un feu meurtrier, et leur opposèrent un rempart impénétrable. C'est alors qu'un bey audacieux, voyant tous ses efforts échouer contre le front des Français, se dévoua, avec 40 de ses Mamlouks, de la manière la plus héroïque pour ouvrir un passage à Mourad. Ils acculèrent leurs chevaux contre les baïonnettes des grenadiers et les renversèrent sur eux. Par-là, ils parvinrent à faire une brèche dans le carré; mais elle se referma aussitôt; ils périrent tous; il en vint mourir une trentaine aux pieds de Desaix. Bonaparte, qui était dans le carré du général Dugua, saisit ce moment décisif, fit partir les généraux Bon et

[1] Gourgaud, tome II, page 236.

Vial pour attaquer le camp retranché d'Embabeh, et se porta en personne, entre le Nil et Reynier, sur le gros des Mamlouks. Ceux-ci ne pouvant rompre la ligne, tournèrent autour des carrés, se jetèrent dans l'intervalle formé par les deux divisions, et dès lors leur charge fut manquée. Un double feu acheva leur défaite. Les Arabes qui formaient la gauche de Mourad-Bey, voyant pencher la victoire du côté des Français, abandonnèrent le champ de bataille et s'enfoncèrent dans le désert.

Cependant la division Menou, commandée par Vial, s'avançait entre les Mamlouks et les retranchemens d'Embabeh, tandis que la colonne d'attaque du général Bon, conduite par Rampon, marchait pour occuper une espèce de défilé entre le camp et Gizeh. A la vue de ces dispositions formidables, une partie des Mamlouks qui étaient dans les retranchemens en sortirent, cherchant à se faire jour; les janissaires, les spahis et les fellàh s'enfuirent vers la gauche d'Embabeh; mais la division Vial qui, dans ce moment même, terminait son mouvement, les reçut à bout portant, les chargea à la baïonnette et les jeta dans le Nil. Pendant ce temps, les autres divisions gagnaient toujours du terrain. Les Mamlouks qui étaient hors des retranchemens, se trouvant pris entre le feu des carrés et celui des colonnes d'attaque, essayèrent de regagner leur camp, et tombèrent en désespérés sur la petite colonne de Rampon, entre le fleuve et le village. Tous leurs efforts furent vains; un bataillon de carabiniers, sous le feu duquel ils furent obligés de passer à cinq pas, en fit une boucherie effroyable; le champ de bataille en fut jonché. Ne voulant pas tomber entre les mains des Français, un très-grand nombre se jeta dans le Nil et s'y noya.

Mourad-Bey qui avait, depuis le commencement de la bataille, constamment combattu les divisions Desaix, Reynier et Dugua, voyant son camp retranché au pouvoir des Français, séparé lui-même de sa droite, qui était cernée de toutes parts et en partie détruite, accablé de fatigue, blessé à la joue et couvert de sang, fit sa retraite sur les Pyramides, suivi de 3oo cavaliers. Il fut poursuivi par Desaix et Reynier; mais bientôt il s'aperçut de la fausse direction qu'il avait donnée à sa retraite, et voulut reprendre la route de Gizeh. Il reconnut en même temps la faute qu'avait faite un corps de sa cavalerie en restant dans les retranchemens. Quelques-uns de ces braves, cernés de toutes parts, s'y défendaient encore vaillamment et vendaient chèrement leur vie. En vain Mourad essaya plusieurs charges pour leur rouvrir un passage. Ses Mamlouks eux-mêmes avaient l'âme frappée de terreur et agirent mollement. Les divisions Desaix, Reynier et Dugua leur coupèrent le chemin de Gizeh et les poursuivirent jusqu'à la lisière du désert.

Alors la confusion et le carnage furent horribles à Embabeh. De cette nombreuse milice, tout ce qui put échapper aux baïonnettes des Français, se précipita sur des djermes, kaïkes et autres bateaux pour passer le Nil qui les engloutit. Un petit nombre seulement parvint à s'échapper; les fellâh, légèrement vêtus et excellens nageurs, se sauvèrent presque tous. On dit que près de 5,000 Mamlouks furent tués ou noyés dans cette bataille. Leurs nombreux cadavres répandirent en peu de jours jusqu'à Damiette et Rosette, et le long du rivage, la nouvelle de la victoire des Français. On porte à 10,000 hommes la perte de l'ennemi, tant Mamlouks que janissaires et fellâh. Plus de 400 chameaux chargés de bagages, un pareil nombre de chevaux, 50 pièces d'artillerie et le camp des Mamlouks tombèrent au pouvoir des Français. Ils n'eure que 260 blessés [1], et ne perdirent qu'une trentaine d'hommes.

Les Mamlouks avaient sur le Nil une soixantaine de bâtimens chargés de toutes leurs richesses. En voyant l'issue du combat et désespérant de les sauver, il y mirent le feu. La flottille française n'avait pu suivre la marche de l'armée; le vent lui avait manqué. Si on l'avait eue, on aurait pu faire un grand nombre de prisonniers, et s'emparer de toutes les richesses qui furent la proie des flammes.

Le contre-amiral Perrée avait entendu le canon des Français, malgré le vent du nord qui soufflait avec violence. A mesure qu'il s'était calmé, le bruit du canon lui avait paru augmenter, de sorte qu'à la fin, il paraissait s'être rapproché de la flottille. Il crut donc que les Français faisaient leur

---

[1]. Larrey. *Relation chirurgicale de l'armée d'Orient*, page 13.

retraite, et que la bataille était perdue ; mais la multitude de cadavres mamlouks que roulait le Nil, rassura bientôt la flottille sur l'issue du combat.

Les divisions Desaix, Reynier et Dugua, après avoir poursuivi les Mamlouks, jusqu'à la nuit, revinrent à Gizeh ; déjà cette ville était au pouvoir des Français. Bonaparte descendit de cheval à Embabeh, et se rendit à pied à la maison de campagne de Mourad-Bey, à Gizeh ; le contentement était peint sur son visage. Cette habitation ne ressemblait en rien aux châteaux d'Europe. L'état-major eut beaucoup de peine à en reconnaître la distribution et à s'y loger. Là, pour la première fois l'armée trouva en Égypte le luxe et les arts de l'Europe. Les jardins étaient remplis d'arbres magnifiques et de berceaux de vignes chargées de raisins. L'espoir d'un riche butin avait ranimé les forces du soldat. Les divisions Bon et Menou, occupaient le camp retranché, nageaient dans l'abondance. On avait trouvé de nombreuses provisions de bouche, et des bagages. Sur le corps de chaque Mamlouk, les soldats trouvaient une bourse de trois, quatre et cinq cents pièces d'or ; car on sait qu'ils avaient coutume de porter toute leur fortune avec eux, quant ils allaient combattre. Leurs vêtemens étaient extrêmement riches et éclatans de magnificence, leurs cimeterres et leurs pistolets ciselés d'or et d'argent ; les harnois, les selles et les housses de leurs chevaux éblouissaient les yeux par leur luxe et leur richesse. Le champ de bataille était devenu un marché. Au milieu des cadavres, on vendait des chevaux, des armes, des vêtemens, des chameaux. C'était la joie la plus bruyante dans le silence de la mort; les uns mangeaient, buvaient; d'autres se couvraient la tête d'un turban ensanglanté; celui-ci revêtait une pelisse, son trophée; personne ne songeait plus aux souffrances qu'il avait endurées. Le chef de brigade Destaing fut nommé général de brigade.

Pendant la nuit, la division Menou passa un bras du Nil, et prit position dans l'île de Roudah. Toute la rive droite offrait l'aspect d'un vaste incendie; les flammes, qui dévoraient la flottille ennemie, s'élevaient à une grande hauteur, et éclairaient le champ de bataille jusqu'aux Pyramides.

Lorsque, le 3 thermidor au matin, Mourad-Bey se préparait à livrer bataille, Seïd-Aboubeker, pacha du Kaire, où il représentait le fantôme de suzeraineté du sultan, avait été extrêmement embarrassé sur la conduite à tenir dans une circonstance aussi critique. La lettre que Bonaparte avait chargé le commandant de la caravelle de lui envoyer, ne lui était point parvenue; il ignorait donc les vues du général. Réuni à Ibrahim-Bey, plus prudent et moins belliqueux que Mourad, il avait invité Baudeuf, l'un des principaux négocians français, à leur faire connaître le but de l'expédition. N'en étant point lui-même instruit, celui-ci avait répondu que les intentions de la France ne pouvaient être hostiles contre la Porte, et que probablement elle ne voulait qu'un passage pour aller attaquer les possessions anglaises dans l'Inde. Le pacha et le bey avaient décidé que Baudeuf se rendrait auprès de Bonaparte pour entrer en négociation; mais au moment où il allait partir, on avait appris que les Français en étaient venus aux mains avec Mourad Bey. Alors, réuni à Seïd-Aboubeker, Ibrahim, avec deux mille Mamlouks, avait disposé son camp sur la rive droite du Nil, et, moins confiant que Mourad-Bey, avait pris avec lui ce qu'il avait de plus précieux. Il avait été témoin immobile de la bataille des Pyramides et de la défaite de Mourad. Dans la nuit du 3 au 4 thermidor, il leva son camp, et, accompagné du pacha, se retira vers Belbeïs, sur la route de Syrie, emmenant avec lui ses trésors et ses esclaves.

La ville du Kaire, abandonnée de ses maîtres, devint, de la part de la population, un théâtre de désordre et d'horreur. Pendant toute la nuit, la confusion y fut à son comble. Le peuple se porta avec fureur aux palais de ses tyrans; ceux des beys furent dévastés; celui de Mourad fut incendié. On tenta d'attaquer la maison où s'étaient réfugiés les négocians français; mais les assaillans furent arrêtés par la bonne contenance de l'Italien Barthélemi, qui s'y trouvait aussi enfermé. Les principaux cheyks des mosquées et les agas des janissaires et de la police parvinrent enfin à réprimer ces excès.

Le lendemain, 4 thermidor (22 juillet), Bonaparte adressa cette proclamation aux habitans :

« Peuple du Kaire, je suis content de votre

conduite; vous avez bien fait de ne pas prendre parti contre moi; je suis venu pour détruire la race des Mamlouks, protéger le commerce et les naturels du pays. Que tous ceux qui ont peur se tranquillisent; que ceux qui se sont éloignés rentrent dans leurs maisons; que la prière ait lieu comme à l'ordinaire, comme je veux qu'elle continue toujours. Ne craignez rien pour vos familles, vos maisons, vos propriétés, et surtout pour la religion du prophète que j'aime. Comme il est urgent qu'il y ait des hommes chargés de la police, afin que la tranquillité ne soit pas troublée, il y aura un divan composé de sept personnes qui se réuniront à la mosquée de Ver. Il y en aura toujours deux près du commandant de la place, et quatre seront occupés à maintenir la tranquillité publique et à veiller à la police. »

Bonaparte envoya aux cheyks et aux notables du Kaire cette proclamation et celle qu'il avait adressée aux Égyptiens, en débarquant à Alexandrie. Il leur écrivait en même temps de faire passer de son côté tous les bateaux qu'ils avaient sur la rive droite; de lui envoyer une députation en témoignage de leur soumission, et de faire préparer du pain, de la viande, de la paille et de l'orge pour l'armée. « Soyez sans inquiétude, ajoutait-il, car personne plus que moi ne désire contribuer à votre bonheur. »

Instruit que le pacha n'avait point reçu sa lettre du 12 messidor, et le croyant resté au Kaire, Bonaparte lui écrivit de nouveau pour l'assurer des intentions pacifiques de la République envers la Porte-Ottomane.

Bientôt une députation des grands cheyks, précédés du cheyk de la grande mosquée, de Jémil-Azar et du kiaya du pacha parut sur le Nil. Elle se rendit à Gizeh, auprès du général en chef, annonça qu'Ibrahim-Bey était parti avec le pacha; que les janissaires s'étaient assemblés et avaient décidé de se rendre; qu'elle venait traiter de la reddition de la ville et implorer la clémence du vainqueur. Les députés restèrent plusieurs heures à Gizeh, où on employa les moyens qu'on crut les plus efficaces pour les confirmer dans leurs bonnes dispositions, et leur inspirer de la confiance. Le kiaya dit que, le pacha étant parti, il avait cru de son devoir de venir à Gizeh, puisque le général en chef déclarait que ce n'était pas aux Turcs, mais aux Mamlouks qu'il faisait la guerre. Il eut une conférence avec Bonaparte qui le persuada. Ce kiaya entrevoyait l'espérance de jouer un grand rôle et de faire fortune. Il promit donc d'engager Ibrahim-Bey à se retirer de l'Égypte, et les habitans du Kaire à se soumettre.

Bonaparte répondit à la députation, que le désir des Français était de rester amis du peuple égyptien et de la Porte-Ottomane; que les mœurs, les usages et la religion du pays seraient scrupuleusement respectés. Elle revint au Kaire, accompagnée d'un détachement de la 32º. demi-brigade, commandé par le brave Dupuis, que Bonaparte avait nommé général de brigade sur le champ de bataille des Pyramides. Ce corps défila dans les rues du Kaire, au milieu d'une population immense réunie sur son passage, dans un silence respectueux, et alla prendre possession de la citadelle, à l'extrémité de la ville sur les confins du désert.

Bonaparte écrivit au pacha qu'il était très-fâché de la violence que lui avait faite Ibrahim-Bey, en le forçant de quitter le Kaire pour le suivre, et l'engagea à revenir dans cette ville, s'il en était encore le maître, lui promettant qu'il y jouirait de la considération et du rang dus au représentant du sultan, l'ami de la France. Ce pacha ne fit aucune réponse et ne revint pas.

Cependant le peuple du Kaire se préparait à recevoir les Français.

Les vainqueurs trouvent partout des adulateurs et des poëtes, même parmi les peuples qu'ils ont domptés. Le 5 thermidor, le chef des mouphtys entonna un cantique de louanges dans la principale mosquée du grand Kaire, et *le Triomphe des braves de l'Occident et du favori de la victoire* y fut chanté [1].

Pendant ce temps-là, l'armée se délassait de ses fatigues, et s'appropriait les riches dépouilles des vaincus. On pêchait dans le Nil les cadavres des Mamlouks ; leurs armes étaient précieuses, et la quantité d'or que l'on trouvait sur eux rendait le soldat très-zélé pour cette recherche. La ville

---

[1] Nous avons renvoyé à la fin de ce volume cette pièce remarquable, vrai *Te Deum* oriental, qui peut donner une idée de la littérature arabe à cette époque. V. Pièces Justificatives ; n° VI.

de Gizeh était environnée d'une enceinte assez vaste pour renfermer tous les établissemens de l'armée, et assez forte pour résister aux Arabes et aux Mamlouks. On s'empressa de les mettre en état.

Mourad-Bey s'était jeté dans la Haute-Égypte pour réorganiser les débris de ses forces et en rassembler de nouvelles. A ce guerrier, qui montrait du courage et de l'habileté, Bonaparte opposa un de ses meilleurs lieutenans. Il ordonna à Desaix de se porter, avec sa division, à deux lieues en avant de Gizeh, en suivant les bords du Nil; de choisir un emplacement qui, hors le temps de la crue, ne fût pas inondé, et cependant assez près du fleuve. L'intention du général en chef était que ce point fût retranché par trois redoutes formant le triangle, se flanquant entre elles, et pouvant être défendues chacune par quatre-vingt-dix hommes, deux canonniers et deux petites pièces de canon; de les réunir entre elles par trois bons fossés qui formeraient les courtines, de manière que ce triangle pût contenir toute la division et lui servir de camp retranché. Des ordres furent en conséquence donnés aux commandans du génie et de l'artillerie de tracer les ouvrages et de pousser vivement les travaux. Il était recommandé à Desaix d'ordonner à Belliard d'envoyer des espions, de fréquentes reconnaissances au loin, pour connaître ce que faisaient les Mamlouks, des lettres et proclamations, et d'exiger que les villages envoyassent des députés pour prêter le serment d'obéissance.

Après toutes ces opérations, pour lesquelles Bonaparte n'accordait que deux jours, Desaix devait laisser une partie de sa division sous le commandement de Belliard, et revenir avec le reste à Gizeh pour recevoir de nouveaux ordres. Dès que les redoutes seraient susceptibles de quelque défense, il y laisserait un bataillon, et recevrait l'ordre de rejoindre la division.

De semblables dispositions furent faites pour tracer aux Pyramides un fort à étoile, ou redoute brisée, capable de contenir de deux cent cinquante à trois cents hommes et deux pièces de canon, afin de contenir les Arabes. Pour protéger ces travaux, Dugua y envoya son avant-garde avec une pièce de trois et trente hommes à cheval, sous le commandement de Verdier, et lui prescrivit de faire une circulaire aux Arabes des environs, pour les prévenir que le général en chef tirerait vengeance contre eux des assassinats qui seraient commis sur les Français [1].

Ces menaces ne produisirent pas d'abord un grand effet. La population des villages montrait des dispositions hostiles. Vu la difficulté qu'on éprouvait à faire travailler le soldat, on employait à ces ouvrages des paysans qui faisaient fort peu de chose, et qu'il fallait encore garder avec les troupes. Quelques soldats de Verdier étant allés sans armes au village d'El-Khyam, pour moudre du grain, furent assaillis par une vingtaine d'Arabes qui en massacrèrent quinze et en blessèrent

---

[1] Lettres du 5 thermidor (23 juillet).

quatre dangereusement. Il ne s'en serait pas sauvé un seul, sans une compagnie de carabiniers qui, au premier coup de fusil, coururent à leur secours [1].

Pour soumettre Mourad-Bey, Bonaparte eut aussi recours à la voix des négociations. Il paraîtrait même que ce bey lui avait fait faire quelque proposition, à en juger par la lettre suivante du général en chef qui chargea l'Italien Rosetti de conclure et signer, avec Mourad-Bey, une convention qui mit fin aux hostilités.

« Vous vous rendrez secrètement, citoyen, auprès de Mourad-Bey, vous lui direz que vous m'avez présenté l'homme qu'il avait envoyé; que cet homme, par des paroles indiscrètes, des discours verbeux et faux, n'était parvenu qu'à m'indisposer davantage contre lui; mais que j'ai compris que le moment pouvait venir où il fût de mon intérêt de me servir de Mourad-Bey comme de mon bras droit, et que je consentais à ce qu'il conservât la province de Girgeh, dans laquelle il devrait se retirer dans l'espace de cinq jours, et que, de mon côté, je n'y ferais point entrer de troupes. Vous lui direz que, ce premier arrangement fait, il sera possible, en le connaissant mieux, que je lui fasse de plus grands avantages; et vous signerez de suite un traité en français et en arabe, conçu à peu près en ces termes :

1. Mourad-Bey conservera avec lui cinq ou six

---

[1] Lettre de Verdier, du 10 thermidor.

cents hommes à cheval, avec lesquels il gouvernera la province de Girgeh, depuis les cataractes jusqu'à une demi-lieue plus bas que Girgeh, et la maintiendra à l'abri des Arabes.

II. Il se reconnaîtra, dans le gouvernement de ladite province, dépendant de la France. Il paiera, à l'administration de l'armée, le miry que cette province payait.

III. Le général s'engage, de son côté, à ne faire entrer aucune troupe dans la province de Girgeh, et à en laisser le gouvernement à Mourad-Bey.

IV. Mourad-Bey se retirera au-delà de Girgeh, dans l'espace de cinq jours. Aucun de ses gens n'en pourra sortir, pour entrer dans les limites d'une autre province, sans une permission du général. »

Le 6 thermidor (24 juillet), Bonaparte écrivit au Directoire pour l'instruire des opérations de l'armée depuis son départ d'Alexandrie, des combats de Rahmanieh et de Chébreis, de la victoire éclatante qu'il venait de remporter au pied des Pyramides, et de la soumission du Kaire.

Le 7 thermidor (25 juillet), le général en chef fit son entrée dans la capitale de l'Égypte, à quatre heures après midi. Il alla loger sur la place Esbekieh, dans la maison d'Elfi-Bey, et y établit son quartier-général. Cette maison était située à une extrémité de la ville, et le jardin communiquait avec la campagne. Le soir de son entrée au Kaire, Bonaparte écrivit à son frère Joseph, député au conseil des Cinq-cents :

« Tu verras, dans les papiers publics, la relation des batailles et de la conquête de l'Égypte qui a été disputée assez pour ajouter une feuille à la gloire militaire de cette armée. L'Égypte est le pays le plus riche en blé, riz, légumes, viande, qui existe sur la terre ; la barbarie est à son comble, il n'y a point d'argent, pas même pour solder la troupe. Je pense être en France dans deux mois. Fais en sorte que j'aie une campagne à mon arrivée, soit près de Paris, soit en Bourgogne ; je compte y passer l'hiver[1]. »

Que penser de cette lettre ? A-t-elle été écrite par celui auquel on l'attribue, ou fabriquée ? Comment Bonaparte pouvait-il songer à retourner en France, trois mois après son débarquement en Égypte ? « C'est tout simple, répondent les auteurs de l'*introduction* à la *correspondance* ; de concert avec Bonaparte, le Directoire avait résolu de se débarrasser de l'armée ; c'est pour cela qu'il l'avait envoyée en Égypte. Le but était rempli. Bonaparte se proposait donc d'abandonner l'armée à son mauvais sort, et de revenir en France avec quelques-uns de ses compagnons privilégiés. » Lorsque, en Italie, les armes de la France furent malheureuses, et que, sans nouvelles de l'Égypte, on croyait l'armée et son général perdus sans ressource, dans les conseils

---

[1] Cette lettre se trouve imprimée dans la *Correspondance interceptée de l'armée d'Orient*, publiée à Londres.

législatifs on accusa aussi le Directoire de les avoir déportés en Égypte pour les vouer à une ruine certaine. On l'accusa d'avoir fait ce sacrifice impie aux suggestions de l'Angleterre. On ne réfutera pas sérieusement des suppositions aussi contradictoires qu'absurdes, dont le temps et la raison ont fait justice. Il serait donc naturel d'en conclure que la lettre de Bonaparte avait été fabriquée pour accréditer indirectement la première de ces suppositions.

D'un autre côté, on a vu [1] qu'avant de décider définitivement l'expédition d'Égypte, le Directoire et Bonaparte s'étaient occupés sérieusement d'une descente en Angleterre. On a vu [2] que quelques jours avant de partir de Paris pour Toulon, le 24 germinal, Bonaparte avait remis au Directoire le plan de cette descente pour être exécutée l'hiver suivant. On assure qu'alors il fut convenu qu'il la commanderait, et qu'il reviendrait en France après avoir établi son armée en Égypte, où il la laisserait sous le commandement de Kléber [3]. Si sa lettre du 7 thermidor est vraie, il est donc probable qu'elle se rapportait à ce projet, et que celui d'aller passer l'hiver à la campagne avait pour objet de le dissimuler à l'ennemi, si la lettre tombait entre ses mains. La perte de la flotte à Abouqyr, la déclaration de guerre de la Porte, et la nécessité

[1] Campagnes d'Italie, chapitre dernier.
[2] Chapitre I ci-dessus.
[3] Ce fait nous a été confirmé par un membre du Directoire, Merlin de Douai, en fonction à cette époque.

où Bonaparte fut de rester en Égypte, pour combattre les armées qui venaient l'y attaquer, durent nécessairement le faire changer de résolution.

D'ailleurs la haute ambition dont Bonaparte eut les premières idées après la bataille de Lodi, se déclara tout-à-fait sur le sol de l'Égypte, après la victoire des Pyramides et la possession du Kaire. Alors il crut pouvoir s'abandonner aux rêves les plus brillans [1].

Fondateur d'États libres en Italie, Bonaparte ne vint pas, comme ses détracteurs l'ont prétendu, établir en Égypte la liberté telle que l'entendaient alors les peuples les plus éclairés de l'Europe. Pour la comprendre, la nation égyptienne était trop ignorante, trop abrutie par le despotisme. Cependant par le tableau que nous avons fait de ses institutions, on a pu voir qu'elles étaient loin d'être barbares, qu'elles consacraient les droits des gouvernés, qu'elles imposaient des devoirs aux gouvernans; il ne leur manquait donc pour la prospérité du pays, que d'être respectées. Fondateur d'une colonie française, Bonaparte sentait qu'il devait d'abord s'appuyer sur les lois du peuple conquis, sur ses mœurs et ses usages. Cependant conquérant d'un pays, berceau des lumières, il eut la noble pensée d'y ramener les bienfaits de la civilisation. Par une heureuse innovation, il résolut donc de faire concourir au gouvernement et à l'administration, les habitans

[1] Lascases, tome VI, page 403.

les plus distingués par leurs lumières, leurs talens et leur influence sur le peuple. C'était aussi, par une sage politique, tempérer la rigueur du commandement, et rendre l'obéissance plus facile. On aurait pu, avec le temps, faire comprendre aux Égyptiens, par leur propre expérience, l'avantage des formes administratives de l'Occident, sur celles du despotisme oriental. Cette espérance n'a été qu'un rêve; mais ce fut alors celui d'un homme de génie, qui, dans ses hardies conceptions, envisageait le bien de l'humanité, et qui, portant sa pensée au-delà du présent, bâtissait pour l'avenir.

Avant d'entrer au Kaire, mais après la soumission de cette ville, Bonaparte avait déjà, dans sa proclamation du 4 thermidor, invité les notables habitans à établir pour la police un divan provisoire. A peine fut-il entré dans cette ville, qu'il y constitua définitivement le divan, et qu'il organisa l'administration des provinces. Le divan du Kaire fut composé de neuf personnes, savoir : le cheyk El-Sadat, le cheyk El-Cherkaouï, le cheyk El-Sahouï, le cheyk El-Bekri, le cheyk El-Fayoumy, le cheyk Chiarichi, le cheyk Mussa-Lirssi, le cheyk Nakib-el-Ascheraf Seïd-Omar, le cheyk Mohamed-el-Émir. Le divan nommait dans son sein son président et choisissait un interprète pris hors de son sein, deux secrétaires interprètes sachant le français et l'arabe, deux agas pour la police, deux commissions de trois, l'une pour surveiller les marchés et la propreté de la ville, et l'autre chargée de faire enterrer les morts qui se trouveraient au Kaire, ou à deux lieues aux environs.

Le divan s'assemblait tous les jours à midi, et il y avait constamment trois membres en permanence.

Il avait à sa porte une garde française et une garde turque.

Le général Berthier et le commandant de la place furent chargés d'installer le divan et de lui faire prêter le serment de ne rien faire contre les intérêts de l'armée[1].

Le général en chef lui adressa plusieurs questions sur la formation, la composition et les appointemens des divans provinciaux, sur les successions, sur la manière de rendre la justice, sur les propriétés et les impositions. Les réponses du divan furent pleines de sagacité, rappelèrent les lois et usages qui régissaient l'Égypte, et servirent en grande partie de base au système de gouvernement et d'administration adopté par Bonaparte.

Le divan fut d'avis que les villes d'Alexandrie, Rosette et Damiette fussent représentées dans le divan du Kaire; qu'il fût convoqué dans ces trois villes une assemblée des gens de loi, des schérifs, des négocians et des notables, pour faire le choix de trois membres; que la même assemblée nommât douze ou quinze membres pour composer son divan particulier, ayant soin de faire des choix

---

[1] Arrêté du 7 thermidor (25 juillet).

agréables à la République Française et aux habitans, et que les nominations fussent adressées au divan du Kaire, pour être présentées à la confirmation du général en chef.

Quant aux autres provinces d'Égypte, l'assemblée proposa que dans chaque grande province on formât quatre divans de douze membres qui se tiendraient dans les villes principales, et dont la nomination se ferait par l'assemblée générale de chaque province, sauf la confirmation du général en chef; que dans les provinces d'une moindre étendue, il n'y eût que trois divans, et deux dans les petites, formés de la même manière que ceux des grandes provinces; que chacun de ces divans eût trois députés dans le divan du Kaire, comme ceux d'Alexandrie, Damiette et Rosette. L'assemblée décida que le plus grand bien du pays voulait que l'on confirmât toutes les lois existantes au sujet des successions, et qu'il n'y avait rien à changer ni à innover dans la manière de rendre la justice. Elle pensa qu'il était nécessaire de faire un règlement pour fixer d'une manière claire les droits que le qady et ses subalternes pourraient retirer d'un procès; que ces droits devaient être supportés par les deux parties en proportion de l'importance de la cause, sans s'écarter cependant des usages reçus dans chaque lieu et sans vexation ni tyrannie; que le choix des qadys dans chaque province fût laissé au divan, comme le plus capable de connaitre ceux qui étaient le plus propres à cette place, ainsi que les lieux où ils devaient être établis; qu'on envoyât dans chaque province un commandant français avec des forces suffisantes pour y maintenir le bon ordre, et qu'il y eût auprès de ce commandant un ancien officier des milices du Kaire, en qualité de conseiller, et un commissaire entendu dans la perception des impôts; que le commandant, l'officier musulman et le commissaire percepteur, résidassent ensemble dans la capitale de la province, de tout temps siége du gouverneur; que le commandant de la province, selon les anciens usages, perçût les les droits dits *kouchoufyeh*, et les impositions territoriales que devaient payer les villages; qu'ensuite il s'acquittât vis-à-vis du gouvernement, payât ce qui revenait aux milices, les salaires des employés, les pensions assignées sur le miry de sa province, les sommes assignées à celui qui était chargé de porter des provisions et des rafraîchissemens à la caravane des pélerins, à son retour de la Mekke, enfin que sur les revenus le commandant prélevât les dépenses nécessaires pour ses besoins particuliers, ses troupes et sa maison; que si le général en chef trouvait à propos de faire régir les provinces pour le compte de la République, et de faire payer par le trésor public tous les objets désignés si-dessus, la perception fût faite d'après les usages anciens, en supprimant les vexations mises successivement sous le gouvernement tyrannique des Mamlouks. « Les sujets le conjurent, disait le divan, de vouloir bien alléger leurs charges pour le bonheur et la prospérité du gouvernement; car ce sont ces vexations accumulées qui ont ruiné les villages, écrasé la fortune des pauvres sujets, et occasioné la ruine des tyrans, et l'extrême misère des cultivateurs. »

Pour la levée des impôts, tel était le système du divan : envoyer dans chaque village un officier musulman des anciennes milices, en qualité de de lieutenant, ou bien un commissaire temporaire qui serait accompagné d'un écrivain cophte ou d'un exacteur nommé par l'intendant-général du Kaire. Ces préposés lèveraient les impositions dans le temps propre et fixé par les anciens usages, sans employer des moyens tyranniques. Les villages qui paieraient ce qu'ils devaient seraient protégés; quant à ceux qui s'y refuseraient, le lieutenant en donnerait avis au conseiller et à l'intendant qui seraient auprès du commandant de la province, et ceux-ci demanderaient au commandant les troupes nécessaires pour faire rentrer dans le devoir le village rebelle. Lorsque les Arabes et les voleurs de grands chemins infesteraient les routes dans une partie de la province, le lieutenant musulman le ferait incontinent savoir au commandant et au conseiller de gouvernement, qui enverraient les troupes nécessaires pour faire cesser le désordre, et, s'il le fallait, le commandant se mettrait lui-même à la tête de la force pour punir les malfaiteurs selon leurs crimes; ce qui procurerait la prospérité du pays, la tranquillité des habitans, et la facilité de la perception des impôts.

Pour la police des Arabes, le divan jugeait convenable que les commandans des provinces envoyassent des lettres de sauf-conduit à ceux de leurs gouvernemens respectifs pour les engager à se présenter et à se fixer dans leur domicile ordinaire; qu'on exigeât d'eux des otages pour assurer leur obéissance; que ceux qui ne se rendraient pas à cette invitation, seraient déclarés rébelles, et que le commandant et le conseiller du gouvernement prendraient des mesures pour les faire repentir de leur rébellion, en employant tous les moyens autorisés par les anciens usages.

Bonaparte organisa l'administration des provinces, conformément à plusieurs des vues exprimées par le divan, et arrêta qu'il y aurait dans chaque province, 1°. un divan composé de sept personnes chargées de veiller aux intérêts de la province, de faire part au général en chef de toutes les plaintes qu'il pourrait y avoir; d'empêcher les guerres que se faisaient les villages entre eux, de surveiller les mauvais sujets, de les châtier, en demandant main-forte au commandant français, et d'éclairer le peuple toutes les fois que cela serait nécessaire; 2°. un aga des janissaires, qui se tiendrait toujours avec le commandant français; que cet aga aurait avec lui une compagnie de 60 hommes du pays, armés, avec lesquels il se porterait partout où il serait nécessaire, pour maintenir le bon ordre, et faire rester chacun dans l'obéissance et la tranquillité; 3°. un intendant, chargé de la perception du *miry* et du *feddam*, et de tous les revenus qui appartenaient ci-devant aux Mamlouks, devenus propriétés de la République; 4°. qu'il y aurait près de cet intendant un agent français, tant pour correspondre avec l'administration des finances que pour faire exécuter tous les ordres qu'il pourrait recevoir, et se trouver toujours au fait de l'administration [1]; que tous les propriétaires de l'Égypte seraient confirmés dans leurs propriétés; que les fondations pieuses affectées aux mosquées, et spécialement à celles de Médine et de la Mekke, seraient confirmées; que toutes les transactions civiles continueraient à avoir lieu, et que la justice civile serait administrée comme par le passé [2]. »

Bonaparte fit ses dispositions pour soumettre et occuper les provinces. Il avait laissé Kléber à Alexandrie, Menou à Rosette, et nommé Dumuy, commandant dans le Bahyreh, à Damanhour. Il envoya Zayonschek dans le Menoufieh, Murat dans le Qélioubeh, Vial dans les provinces de Mansourah et de Damiette, Fugières dans celles de Garbyeh, et Belliard à Gizeh.

Ils avaient pour instruction générale d'organiser les divans et les compagnies de janissaires, de désarmer les habitans, de requérir des chevaux pour monter la cavalerie, d'établir de petits hôpitaux, et de bâtir des fours pour la troupe; d'activer le travail des commissions pour l'inventaire des biens appartenant aux Mamlouks, de faire connaître les ressources pécuniaires qu'offraient les provinces, d'y répandre des proclamations, de faire lever par des officiers du génie

---

[1] Arrêté du 9 thermidor (27 juillet).
[2] Arrêté du 13 (31).

ou de l'état-major des croquis de la situation des villages, de recueillir des renseignemens sur la population et le produit des impôts¹.

Bonaparte leur écrivait :

« Les Turcs ne peuvent être conduits que par la plus grande sévérité ; tous les jours je fais couper cinq ou six têtes dans les rues du Kaire. Nous avons dû les ménager jusqu'à présent pour détruire cette réputation de terreur qui nous précédait : aujourd'hui, au contraire, il faut prendre le ton qui convient pour que ces peuples obéissent ; et pour eux, obéir c'est craindre².

Il recommandait à Vial, aussitôt son arrivée à Damiette, d'en prévenir le citoyen Blanc, directeur général de la santé à Alexandrie, d'établir de suite un lazaret dans la première de ces villes ; de ne laisser rien sortir du port ; il lui ordonnait de lever à Damiette une contribution extraordinaire de 150,000 fr. ; de percevoir les douanes et les impositions directes et indirectes comme à l'ordinaire ; de faire réparer les forts situés à l'embouchure du Nil, de manière à les mettre à l'abri d'un coup de main ; de se faire instruire et de l'avertir de tout ce qui se passerait à Acre et en Syrie ; de se mettre en correspondance avec une frégate française qui croisait aux embouchures du Nil, ainsi qu'avec les bombardes, afin de s'en servir, et de les faire avancer jusqu'au Kaire, à mesure que le Nil s'accroîtrait³.

---

¹ Lettre de Bonaparte à Zayonscheck, du 12 thermidor (30 juillet).
² Lettres des 12 et 15 thermidor à Zayonscheck et Menou.
³ Lettre du 8 thermidor.

Dans la capitale de l'Égypte, l'armée se trouva de suite très-riche en denrées, mais très-pauvre en numéraire. En échange de quelque argent, qu'avaient fourni des négocians d'Alexandrie, Boparte avait donné des lingots; il chargea Kléber de convoquer ces négocians et de leur proposer de rendre contre des denrées ces lingots avec lesquels on battrait monnaie au Kaire.

L'armée avait grand besoin de ses bagages; Bonaparte envoya à Rosette l'adjudant-général Almeyras avec un bataillon de la 85e. et une grande quantité de vivres pour l'escadre, et le chargea d'embarquer à son retour tous les effets de l'armée et de les escorter jusqu'au Kaire. Il ordonna à Kléber de les faire transporter à Rosette, entre autres les vins, eaux-de-vie, tentes, souliers, etc., et l'imprimerie arabe et française. « J'attends, lui écrivait-il, des nouvelles de votre santé; je désire qu'elle se rétablisse promptement et que vous veniez bientôt nous rejoindre. Nous avons essuyé plus de fatigues que beaucoup de gens n'avaient le courage de le supposer ; mais dans ce moment nous nous reposons au Kaire, qui ne laisse pas de nous offrir beaucoup de ressources[1]. »

En attendant que les hauteurs d'Alexandrie fussent retranchées, Kléber arrêta un système provisoire de défense. Les troupes continuèrent à bivouaquer sur la place; on leur distribua des nattes et tout ce qui pouvait les garantir de l'hu-

---

[1] Lettre du 9 thermidor.

midité pendant la nuit, et les mettre pendant le jour à l'abri de l'excessive chaleur.

La garnison était de 1000 hommes, non compris les grenadiers. La garde journalière, réduite autant que possible, était de 400. Un renfort était indispensable; on espérait le tirer des vaisseaux, s'ils entraient dans le port.

On n'obtenait rien des Turcs et des Arabes qu'à force d'argent. Le schérif Koraïm disait au général Kléber qui s'en plaignait : « Pour gagner la confiance des habitants, il faut payer largement leurs services. Mourad-Bey est généralement aimé, parce qu'il donne comme il prend, à tort et à travers ».

Pour avoir des ouvriers du pays aux travaux de la place, il fallut donc les payer. On donna à un travailleur 20 sous par jour, 25 sous à un piqueur arabe chargé de 18 hommes, 9 fr. à un chef, espèce d'ingénieur, ayant la surveillance et la police des ateliers.

Kléber établit une commission de subsistances pour le service journalier, composée du commissaire de la place, de l'agent des vivres et du consul Magallon. Cette commission fut chargée de faire construire des fours, de se pourvoir de tous les ustensiles nécessaires aux hôpitaux, d'acheter des bestiaux pour ne pas répandre l'alarme en faisant des réquisitions.

On espérait avoir dans les citernes assez d'eau pour la consommation jusqu'au prochain débordement du Nil.

Pour réprimer les excès commis la nuit par des Français et des Turcs, il fut convenu entre Kléber et le schérif que les patrouilles seraient composées d'hommes des deux nations.

Conté fut chargé d'établir des télégraphes à Rosette, à Abouqyr, à Alexandrie, à Kérioun et à Damanhour.

Kléber écrivit au général en chef : « Quoique ma plaie ne doive se cicatriser que dans un mois d'ici, rien ne m'empêchera de me rendre au Kaire, ou du moins d'aller joindre ma division. Je regarde Alexandrie comme un lieu d'exil, permettez-moi d'en sortir le plus tôt possible ! ».

Le 25 messidor, on eut une alerte à Alexandrie. Un Français, canonnier marin, fut assassiné dans le moment même où, d'un autre côté, le domestique d'un officier du génie était jeté dans la mer. On cria aux armes : Français et Arabes coururent dans les rues, les uns pour se renfermer chez eux, les autres pour se rendre à leur poste. Le tumulte fut à son comble ; le canonnier, frappé d'un coup de sabre fort grave et de huit coups de stylet, fut porté dans la maison du général Kléber. Il fit battre la générale, envoya chercher le schérif, et convoqua les chefs musulmans. Il se plaignit de cet attentat, fit apporter sur un brancard le canonnier mourant, leur rappela leurs sermens, et leur demanda justice et vengeance. En leur faisant le tableau des forces qui les environnaient, il leur déclara sa résolution

---

* Lettre du 24 messidor.

d'abîmer leur ville, dût-il s'enterrer sous ses ruines, pour punir la moindre violence exercée sur un Français. « Quand Mourad-Bey serait à vos portes, leur dit-il, une marine formidable n'est-elle pas là pour réduire vos maisons en cendres? » Il termina en ordonnant que les coupables seraient recherchés et punis suivant toute la rigueur des lois, et qu'on remît entre ses mains huit otages à son choix. Les cheiks ayant osé répondre qu'ils livreraient le coupable, si le peuple y consentait, le général leur déclara qu'il regarderait toute réunion des Musulmans comme séditieuse, et que si, dans l'intervalle de cinq jours, le meurtrier n'était pas puni, il ferait pendre un des otages au bout d'une vergue. Après une séance de cinq heures, on obtempéra à ce qu'exigeait le général, et sur la demande des notables de la ville il prit en outre un otage de chaque quartier pour leur répondre à eux-mêmes de la tranquillité des habitans. D'après les rapports et les circonstances qui avaient précédé ou accompagné cet événement, le général était tenté de croire que c'était une sédition manquée. Il en prit occasion pour faire diriger quelques ouvrages contre la ville.

Le 26 messidor, il adressa cette proclamation à la garnison :

« Soldats ! Un de vos frères d'armes a été assassiné hier; il a reçu huit coups de stylet et un coup de sabre. Un autre a été jeté à la mer; j'en ai demandé vengeance; je l'obtiendrai, ou il sera impossible de découvrir les coupables.

Soldats ! vous serez exposés à de pareils événemens tant que vous ne vous conformerez pas aux ordres du général en chef, c'est-à-dire tant que vous ne respecterez pas les propriétés des habitans, leurs usages, leurs cultes. Chargé de les protéger, ainsi que je le suis de veiller à votre sûreté, j'ai cru, en calculant les suites de vos excès et de vos désordres, devoir ordonner ce qui suit :

I. Celui qui s'introduirait dans le harem d'un Musulman, sera regardé comme provocateur de trouble et de meurtre et puni de mort.

II. Celui qui escaladerait le mur de la maison d'un Musulman ou de tout autre, sous quelque prétexte que ce puisse être, sera regardé comme voleur et puni de mort.

III. Celui qui, chassant dans l'intérieur de la ville, tirerait des coups de fusil sur des pigeons, au risque de tuer ou de blesser les habitans, ainsi que cela est arrivé, sera regardé comme assassin et puni de mort.

IV. Celui qui troublerait les Musulmans, soit dans l'exercice de leur culte dans les mosquées, soit dans les bâtimens des bains où ils font leurs ablutions, sera regardé comme provocateur de trouble et de meurtre et puni de mort. »

Kléber fit lire pendant trois jours cet arrêté aux appels de la garnison, ainsi que la proclamation du général en chef, du 3 messidor, sur le viol et le pillage [1].

[1] Voyez Pièces Justificatives, n°. IV

Le relâchement de la discipline motivait la sévérité de ces mesures. Le camp, sur la place d'Alexandrie, ressemblait à une halte de Cosaques. Mais le soldat se bâtit de petites cabanes couvertes de feuilles de palmiers, et le camp fut aligné dans son dévelopement et dans sa profondeur. Le coup-d'œil, la salubrité et la défense y gagnèrent également.

L'assassin du canonnier disparut; on procéda contre lui; il fut condamné par les juges du pays à la peine du talion; ils ordonnèrent que sa maison serait démolie. Kléber fit demander par le canonnier lui-même l'annulation de cette dernière disposition du jugement. Il n'espérait cependant pas un grand succès de cet acte de clémence, parce que les Turcs prenaient cela pour un aveu de faiblesse, tandis qu'ils tombaient aux pieds du général lorsqu'il usait de rigueur, ou qu'il montrait seulement de la fermeté. Il ne pouvait compter sur leurs sermens qu'après l'entrée de Bonaparte au Kaire.

Après l'argent, ce dont on manquait le plus, c'était le bois de chauffage : aussi les soldats se portaient-ils à des excès difficiles à réprimer; ils enlevaient jusqu'aux roues à chapelets des citernes pour les brûler.

« Si j'ai le regret, écrivait Kléber à Bonaparte, de n'avoir pu vous suivre, et de n'avoir pas contribué à vos succès, j'ai du moins l'espérance de vous revoir bientôt. J'attends vos ordres à cet égard »; et rendant compte des travaux du génie et de l'artillerie, il s'écriait : « Que de grandes, que de belles choses il y aurait à faire ici[1]. »

Un employé de l'armée fit courir le bruit à Alexandrie, qu'il y avait eu, à Paris, un mouvement dans le sens contraire au 18 fructidor de l'an v; que Lamarque, Sieyes et plusieurs autres avaient été déportés; que Talleyrand était ambassadeur à Vienne; Bernadotte ministre de la guerre, et *Bonaparte rappelé*. Cette dernière assertion produisit une grande sensation. Kléber fit arrêter le nouvelliste pour l'interroger. Ce qui avait donné quelque consistance à ces bruits, c'est qu'un courrier qui, quelques jours auparavant, était arrivé de Toulon, pour Bonaparte, avait pris un air fort mystérieux. Kléber, en informant le général en chef de ce fait, le priait de lui faire connaître ce qu'il y avait de vrai : « Car je suis résolu, lui mandait-il, de vous suivre partout; je vous suivrai également en France. Je n'obéirai plus jamais à d'autre qu'à vous, et je ne commanderai pas, parce que je ne veux pas être en contact immédiat avec le gouvernement[2].

Le général Dumuy, que Kléber avait envoyé avec un petit corps dans le Bahyreh, trouva les habitans de Damanhour insurgés, fut obligé de faire sa retraite et rentra dans Alexandrie.

Kléber résolut de faire un emprunt de 30,000 f. sur le commerce. Koraïm fut d'abord de cet avis. Des députés s'étant réunis avec lui chez le géné-

---

[1] Lettre du 29 messidor.
[2] Lettre du 1er. thermidor.

ral en chef, Koraïm fit des difficultés, s'emporta et injuria un interprète français. Kléber réduisit à 15,000 fr. l'emprunt offert par les marchands francs et neutres, et taxa les Musulmans à une contribution militaire de 100,000 fr., payable dans vingt-quatre heures.

Koraïm, tout en affectant le plus grand zèle pour les Français, travaillait en secret à entraver leurs opérations et à leur aliéner l'esprit des naturels du pays. Kléber dissimulait cependant avec lui; mais il vit clairement que Koraïm avait donné avis aux Arabes de la marche de Dumuy, fomenté l'insurrection de Damanhour, et que ce schérif cherchait, en trahissant l'armée, à justifier, auprès du gouvernement égyptien, ses premières démarches en faveur des Français. Kléber le fit arrêter et conduire sur un des bâtimens de l'escadre; il le remplaça par Mohammed-el-Guriani, ennemi irréconciliable des beys qui l'avaient dépouillé de tous ses biens.

Comme le général en chef avait accordé beaucoup de confiance à Koraïm, et recommandé à Kléber de le traiter avec une grande déférence, ce général manda à l'amiral Brueys d'avoir pour son prisonnier, toute la considération due à son rang; et il écrivit à Koraïm qu'il ne voulait que lui fournir les moyens de se rendre auprès du général en chef pour se justifier; et à Bonaparte, que la rentrée de ce personnage dans Alexandrie, ferait un mauvais effet, même parmi ceux de sa nation, dont il n'était ni aimé ni estimé.

« Il y a trois jours, écrivit l'amiral à Bonaparte,

que le général Kléber m'a envoyé le schérif d'Alexandrie ; je lui ai destiné un grand local pour lui et ses gens ; enfin je le traite avec égard et distinction, en attendant que vous ayez prononcé sur son sort. Il paraît fort content, et ne cesse de donner des bénédictions au général Bonaparte et au capitan-pacha, car c'est ainsi qu'il me nomme. Le général Kléber me dit vous avoir rendu compte des motifs qui l'ont déterminé à l'éloigner d'Alexandrie et à l'envoyer à mon bord [1]. »

Avant d'avoir reçu cette dépêche, et sur l'avis donné par Kléber, qu'il avait fait conduire Koraïm à bord de l'amiral, Bonaparte ayant des preuves de la trahison de Seïd-Mohammed-el-Koraïm, arrêta qu'il paierait une contribution de 300,000 f., à défaut de quoi il aurait la tête tranchée. Il écrivit à Brueys : « Faites bien garder Koraïm. C'est un coquin qui nous a trompés ; s'il ne nous donne pas les cent mille écus que je lui ai demandés, je lui ferai couper la tête [2]. »

Depuis que Koraïm était à bord de *l'Orient*, on jouissait, dans l'intérieur d'Alexandrie, de la plus grande tranquillité ; on n'entendait plus de propos incendiaires ; il ne se manifestait plus de ces terreurs paniques qui prouvaient l'inquiétude et l'irrésolution des habitans. Il n'en était pas de même hors de la ville ; l'affaire du général Dumuy, à Damanhour, avait donné une telle insolence aux Arabes-Bédouins, qu'ils osèrent se montrer en

---

[1] Lettre du 8 thermidor
[2] Lettre du 9.

assez grand nombre autour d'Alexandrie. Ils arrêtaient les messagers et enlevaient les dépêches; ils assassinaient les soldats qui avaient l'imprudence de s'écarter. Deux hommes du poste établi à la colonne de Pompée, poursuivirent un chien à deux cents toises dans la plaine, deux Arabes à cheval sortirent d'une embuscade, tuèrent un soldat d'un coup de pistolet, et blessèrent l'autre mortellement. Kléber convoqua les chefs du pays, et convint avec eux de mesures pour entreprendre sérieusement de pacifier ces hordes du désert. Il fit faire une petite expédition contre elles par le chef d'escadron Rabasse, qui tua quarante-trois hommes. Les Arabes revinrent le lendemain pour enterrer les leurs, et entre autres leur chef, auquel ils élevèrent un petit monument de pierres brutes; mais on ne leur laissa pas le temps de l'achever. On leur donna la chasse, et ils ne reparurent plus.

Kléber était toujours sans nouvelles du général en chef; mais il avait appris, par Menou, son entrée au Kaire. On la célébra avec toute la pompe dont Alexandrie était susceptible. Les agens diplomatiques, les négocians de toutes les nations et les principaux Musulmans vinrent visiter le général Kléber, et lui protester de leur dévouement et de leur fidélité à la nation française. Pendant la nuit, les marchés, les maisons, les boutiques furent illuminées; les musiques des deux nations échangèrent des sérénades en l'honneur de leurs chefs; les principaux Musulmans se tenaient dans une grande salle, où allaient et venaient pêle-mêle Turcs, Français, et quelques femmes d'officiers et de négocians. On y distribuait largement et gratis des rafraîchissemens et des parfums. Kléber y parut un instant ; la joie était générale et paraissait sincère.

Ayant reçu, le 12 thermidor (30 juillet), tout à la fois les dépêches de Kléber, Bonaparte approuva la conduite qu'il avait tenue, notamment l'arrestation de Koraïm, et lui transmit l'ordre d'arrêter encore d'autres individus ses complices. « La chose que nous avions le plus à craindre, lui mandait-il, c'était d'être précédés par la terreur qui n'existait déjà que trop, et qui nous aurait exposés dans chaque bicoque, à des scènes pareilles à celles d'Alexandrie. Tous ces gens-ci pouvaient penser que nous venions dans le même esprit que saint Louis, et qu'ils portent eux-mêmes lorsqu'ils entrent dans les États chrétiens ; mais aujourd'hui les circonstances sont tout opposées. Ce n'est plus ce que nous ferons à Alexandrie qui fixera notre réputation, mais ce que nous ferons au Kaire ; d'ailleurs répandus sur tous les points, nous sommes parfaitement connus. Je vous prie d'organiser la place d'Alexandrie. Dès que tous les officiers seront nommés et que vos blessures seront cicatrisées, vous pourrez rejoindre l'armée. Vous sentez que votre présence est encore nécessaire dans cette place, une quinzaine de jours[1]. »

Le général en chef ordonna à Kléber de perce-

[1] Lettres du 12 thermidor.

voir, à Alexandrie, 600,000 fr. de contribution extraordinaire destinée, un tiers au service de la marine, un tiers à la solde des troupes, et un tiers aux frais d'administration de l'armée.

Bonaparte ayant acquis de nouvelles preuves de la trahison de Koraïm, chargea l'amiral Brueys de le faire mettre aux fers, et de prendre toutes les précautions pour qu'il ne s'échappât pas; de faire arrêter tous les domestiques et autres individus qu'il aurait avec lui, et de les envoyer, sous bonne escorte, au général Kléber. L'on assurait que son argent était dans une citerne; qu'il avait un registre dans lequel était tout le détail de ses affaires; que plusieurs de ses domestiques étaient au fait de tout; il s'agissait donc de les interroger et de mettre le scellé dans la maison de Koraïm. S'il payait dans les huit jours les 300,000 fr. auxquels il avait été imposé, l'intention du général en chef était qu'on le retînt prisonnier à bord de l'escadre, de manière qu'il ne pût s'échapper, et jusqu'à ce qu'il y eût une occasion sûre de l'envoyer en France. Si dans les cinq jours, il n'avait pas payé le tiers au moins des 300,000 fr., Bonaparte ordonnait à Kléber de le faire fusiller [1].

Mais dans ce moment, Koraïm n'était plus à bord de la flotte. Dès le 11 thermidor, Brueys écrivit au général en chef : « Le schérif d'Alexandrie, détenu à mon bord, a le plus grand désir d'aller vous rejoindre. J'attends vos ordres. » Cependant il ne les attendit pas. Cédant aux

---

[1] Lettres du 14 thermidor.

instances de Koraïm, l'amiral le relâcha le 13, et l'envoya à Rosette. Il s'y promena quelques heures en attendant le général Menou qui, en rentrant d'une course, le fit consigner à bord d'un aviso, et l'envoya au Kaire sous bonne et sûre escorte.

Menou était parti d'Alexandrie, pour se rendre à Rosette, avec les guides à pied et à cheval qui étaient restés en arrière et avec des employés. Les vents étant contraires, il avait failli échouer, et s'était vu contraint de rentrer. Il était reparti le 23 messidor, et y était arrivé après une navigation extrêmement pénible. Les communications de Rosette avec l'armée, étaient, ainsi que celles d'Alexandrie, interrompues par les Arabes et les habitans. Ils attaquaient les bateaux expédiés sur le Nil, principalement dans les villages de Tfemch et de Métoubis. On envoya contre eux un aviso et quelques troupes ; ils se soumirent et fournirent des otages.

Quelques jours après, une barque fut attaquée devant la ville de Fouèh, dans le territoire de Rosette. Les Français qui la montaient furent arrêtés, conduits à Salmieh et fusillés. Menou voulut faire un grand exemple. Il partit avec deux cents hommes sur des barques, descendit à une demi-lieue de Salmieh, et trouva les insurgés à cheval en bataille ; ils attaquèrent les premiers, furent reçus à coups de fusils et de canons, et bientôt mis en déroute. Le village fut livré au pillage et incendié. En revenant de cette expédition, Menou et sa troupe furent reçus en triomphe dans les villages et les villes de la province, notamment à Fouèh, où ils furent traités par les principaux du pays.

Bonaparte ordonna à Menou de lever sur les habitans de Rosette une contribution de 100,000 f. dont le tiers était destiné à l'ordonnateur en chef, pour les dépenses de l'administration, et les deux autres tiers à la solde des troupes [*].

Tous les généraux auraient voulu être constamment auprès de Bonaparte. Kléber espérait bientôt rejoindre sa division ; Menou demandait à reprendre le commandement de la sienne. Le général en chef lui répondit que sa présence était encore, pendant quelques jours, nécessaire à Rosette pour l'organisation de cette province.

Desaix, chargé de poursuivre Mourad et de le tenir en échec, était dans son camp retranché, en avant de Gizeh, sur la rive gauche du Nil. Ses avant-postes et ceux de Mourad étaient en présence.

Ibrahim-Bey attendait à Belbeïs le retour de la caravane de la Mekke pour se renforcer des Mamlouks qui l'escortaient, et exécuter une attaque combinée avec Mourad. Pendant ce temps-là, il soufflait la révolte parmi les fellâh du Delta et les habitans du Kaire.

La situation des Français était précaire, tant que les Mamlouks ne seraient pas chassés de l'Égypte ou au moins éloignés de la capitale ; mais avant de les poursuivre, il fallait laisser l'armée se reposer

[*] Lettre du 12 thermidor.

de ses fatigues, établir une administration provisoire du pays, organiser les divers services, et se mettre, par une position retranchée à l'abri de toute surprise.

Le 15 thermidor, le général Leclerc fut envoyé à El-Kanqah pour y prendre position et observer Ibrahim-Bey, avec un corps de cavalerie et d'infanterie et deux pièces d'artillerie légère, tirés de la division Reynier qui était à la Koubeh. Leclerc arriva le 16 à El-Kangah, situé à moitié chemin du Kaire à Belbeïs, sans rencontrer l'ennemi, et y fit bâtir des fours. L'intention du général en chef était de faire constamment occuper ce village. Il ordonna qu'on y établît une boulangerie et qu'on y réunît le plus de légumes, blé et riz que possible, qu'on s'y retranchât en crénelant quelques maisons et en creusant des fossés. L'exécution de ces mesures fut confiée à Reynier. Il reçut donc l'ordre de se porter sur ce point avec le reste de sa division. Un autre motif décidait Bonaparte à le faire occuper en force. Plusieurs cheicks étaient réunis à Belbeïs avec Ibrahim-Bey et la caravane y était à chaque instant attendue.

« A El-Kanqah, écrivit le général en chef à Reynier, vous vous trouverez au milieu de plusieurs tribus d'Arabes. Faites ce qu'il vous sera possible pour leur faire entendre qu'ils n'ont rien à gagner à nous faire la guerre ; pour qu'ils nous envoient des députations, et pour qu'ils vivent tranquilles sans nous attaquer, vous leur enverrez de mes proclamations.

Vous vous tiendrez en garde contre les attaques

que pourrait vous faire Ibrahim-Bey. Vous vous retrancherez dans le village de manière à être à l'abri de toute insulte, et, une heure avant le jour, vous ferez faire des reconnaissances, afin d'être prévenu, et de pouvoir me prévenir aussi, avant que la cavalerie ne soit sur vous. Vous interrogerez en détail tous les hommes qui viendraient de Belbeïs ou de Syrie, et vous m'enverrez leurs rapports. Si la caravane se présentait pour venir, vous l'accueillerez de votre mieux; mais vous ne dissimulerez pas au bey qui l'escorte, s'il y était encore, que mon intention est, comme je lui ai fait écrire, qu'arrivés à la Koubeh, les Mamlouks livrent leurs armes et leurs chevaux, excepté lui et les siens.

Je n'attends pour me mettre en marche et me porter à Belbeïs que la construction des fours et l'établissement de la boulangerie [1]. »

Tandis que le général en chef faisait ces dispositions, Leclerc était attaqué, le 18 au point du jour, par un corps de 4,000 hommes Mamlouks, Arabes et fellâh; il les contint par son artillerie et les força enfin, à quatre heures du soir, à se retirer. Mais ayant consommé toutes ses munitions, sa position n'était plus tenable, lui-même fit donc aussi sa retraite.

Murat, qui était à Qelioub, entendant la canonnade, marcha avec un bataillon qu'il commandait et en prévint le général en chef, qui donna l'ordre à Dugua de se rendre avec un bataillon de la 75ᵉ.

[1] Lettre du 18 thermidor.

à Qelioub, pour être à la disposition de Murat[1]; mais, dès que Reynier parut avec sa division, il repoussa cette nuée d'Arabes et de fellâh avec lesquels Leclerc était toujours aux prises, leur tua quelques hommes et reprit position à El-Kanqah.

Alors Bonaparte se disposa à quitter le Kaire pour marcher lui-même contre Ibrahim-Bey, l'éloigner du théâtre des principales opérations, et délivrer l'Égypte de l'influence des Mamlouks. Il fit partir la division commandée par le général Lannes et celle de Dugua.

En prescrivant à l'ordonnateur en chef d'envoyer chaque jour à l'armée la quantité de vivres qui lui était nécessaire, il lui donnait des instructions sur les subsistances du Kaire. La police de cette ville lui semblait exiger que le blé y fût maintenu à un bon prix, et pour cela qu'on en fit vendre tous les jours une certaine quantité au tarif, ce qui procurerait en outre de l'argent. Il recommandait d'avoir en magasin le plus de farine qu'on pourrait, et de fabriquer dans 10 jours 300,000 rations de biscuit pour assurer les subsistances de l'armée dans ses routes, et qu'elle ne mourût pas de faim dans ses opérations.

Le général délégua pendant son absence des pouvoirs extraordinaires au général Desaix dont la division, dans la position où elle se trouvait, avait le double but de garantir la province de Gizeh, et de former une réserve pour le Kaire. Il avait donc la liberté de faire faire à sa division et

[1] Lettre du 18 thermidor.

à la garnison de cette ville tous les mouvemens qu'exigeraient les circonstances. Le commandant de la place était tenu de l'instruire de tous les événemens qui pourraient exiger des mesures extraordinaires, et le chef de bataillon Beauvoisin, commissaire près le divan du Kaire, de lui rendre compte tous les jours des séances. 50 ou 60 hommes avec un officier devaient chaque jour être expédiés au général en chef pour lui porter les dépêches, et s'il arrivait un courrier de France, il recommandait de ne l'envoyer que fortement escorté[1].

Bonaparte partit pour l'armée. Ibrahim-Bey ne l'attendit point et se retira vers Salhieh, emmenant avec lui une grande partie de la caravane de la Mekke qu'il avait rencontrée ou qui l'avait rejoint. Un parti d'Arabes traînait le reste dans le désert. Sous prétexte de la préserver du pillage des Français, ces escortes, arabes et mamlouks, l'avaient pillée. Avant d'arriver à Belbeïs, l'armée aperçut les Arabes, les mit en déroute, délivra environ 600 chameaux chargés d'hommes, de femmes et d'enfans. A Koraïm, où l'armée coucha le 23, elle trouva une autre partie de la caravane toute composée de marchands qui avaient été d'abord arrêtés par Ibrahim-Bey, ensuite relâchés et pillés par les Arabes. Le pillage devait avoir été considérable. Un seul négociant assura qu'il perdait 200,000 écus en schals et autres marchandises des Indes. Il avait avec lui ses femmes. Bo-

[1] Lettre du 20 thermidor.

naparte leur donna à souper. « Plusieurs d'entre elles paraissaient avoir une assez bonne tournure, mais leur visage était couvert selon l'usage du pays, usage auquel l'armée s'accoutumait le plus difficilement [1]. » Bonaparte fit conduire au Kaire tous ces débris de la caravane.

Le 24, à 4 heures après midi, l'avant-garde, composée d'environ 300 hommes de cavalerie, arriva en vue de Salhieh, le dernier lieu habité d'Égypte. Au moment où elle y entrait, Ibrahim-Bey venait d'en sortir; on le voyait défiler avec ses trésors, ses femmes et une grande quantité de bagages. Environ 1,000 Mamlouks formaient son arrière-garde. Un parti de 150 Arabes, qui avait été avec eux, proposa aux Français de charger ensemble pour partager le butin. La nuit approchait, les chevaux étaient exténués de fatigue; l'infanterie était encore éloignée d'une lieue et demie. Bonaparte lui envoya l'ordre d'accélérer sa marche. En attendant, il poursuivait Ibrahim. Des détachemens de cavalerie, emportés par leur fougue, et sans doute aussi par l'espoir de s'emparer des trésors du bey, chargèrent avec impétuosité les Mamlouks, et s'ouvrirent un passage à travers leurs rangs. Ils y furent enveloppés; la charge devint générale, les guides suivirent les hussards; les aides-de-camp, les généraux, se jetèrent dans la mêlée. Bonaparte resta presque seul. Des deux côtés, on se battit en désespérés. Chaque officier, chaque soldat soutenait un combat

[1] Lettre de Bonaparte au Directoire, du 2 fructidor (19 août).

particulier. Enfin le 3e. de dragons s'avança, et, par une fusillade bien dirigée, força les Mamlouks à la retraite, laissant les deux seules pièces de canon qu'ils avaient, une cinquantaine de chameaux chargés de tentes et d'autres effets, mais sauvant le gros de leurs bagages. Le combat fut de courte durée, l'infanterie n'arriva pas à temps pour y prendre part. Les Mamlouks se battirent avec le plus grand courage. Destrée, chef d'escadron du 7e. de hussards, reçut 14 coups de sabre, et y survécut malgré l'arrêt des chirurgiens qui l'avaient condamné. L'aide-de-camp Sulkowski fut blessé de sept à huit coups de sabre et de plusieurs coups de feu. Lasalle, chef de brigade du 22e. de chasseurs, ayant, dans la charge, laissé tomber son sabre, mit pied à terre, le ramassa, remonta à cheval, et attaqua un des Mamlouks les plus intrépides. Le général Murat, l'aide-de-camp Duroc, l'adjudant Arrighi, l'adjudant-général Leturcq, engagés trop avant par leur ardeur, coururent les plus grands dangers. Les Français durent perdre plus de monde que les Mamlouks.

Le général en chef décerna des éloges aux divers corps qui avaient pris part à cette affaire, et fit diverses promotions, entre autres celle du chef d'escadron Destrée au grade de chef de brigade. Il écrivit à l'adjudant-général Leturcq pour lui annoncer un très-prochain avancement.

On a reproché à Bonaparte d'avoir compromis sa cavalerie, en ordonnant la charge contre un ennemi supérieur et qui se retirait, et d'avoir commis cette imprudence pour s'emparer des bagages d'Ibrahim-Bey et de la caravane de la Mekke dont le pillage avait été le véritable but de cette expédition. « Là, dit-on, comme à la bataille de Chebreïs et des Pyramides, on voyait les soldats français tellement embarrassés de schals de cachemire, qui se paient 2,000 francs à Constantinople et 3,000 à Paris, qu'ils s'en servaient comme de toile d'emballage pour envelopper beaucoup d'autres objets infiniment moins précieux[1]. »

Que Bonaparte ait donné à sa cavalerie l'ordre de charger une arrière-garde ennemie qui se retirait, ce n'était pas une faute. Il pouvait compter sur l'avantage que donnaient à sa troupe la tactique et la discipline. Mais il paraît que les soldats et les officiers se laissèrent emporter imprudemment par leur fougue et par l'appât du riche butin que leur offrait la victoire. Le général en chef lui-même pouvait aspirer à cette proie et à dépouiller son ennemi; il n'y avait rien là que de légitime d'après les lois et les usages de la guerre. Mais que les richesses d'Ibrahim et le pillage de la caravane fussent le véritable but de l'expédition, c'est une assertion démentie par des faits, et à laquelle on ne peut ajouter la moindre foi, pour peu qu'on réfléchisse sur la situation où se trouvait l'armée. Elle ne pouvait pas rester au Kaire, assiégée pour ainsi dire par les Mamlouks. Il fallait les en éloigner, les battre, les détruire ou les chasser de l'Égypte, pour en soumettre les

---

[1] Martin. *Histoire sur l'Expédition d'Égypte*, tome 1, p. 212.

habitans et être maître du pays. Qu'était le pillage de la caravane auprès d'un si grand intérêt? L'événement répondit à l'attente du général en chef; Ibrahim-Bey fut rejeté dans la Syrie et ne parut plus en Égypte.

« Si la caravane se présentait pour venir, écrivait Bonaparte au général Reynier, deux jours avant de se mettre en marche contre les Mamlouks, vous l'accueillerez de votre mieux. »

« Non loin de Belbeïs, dit Miot, témoin oculaire, nous rencontrâmes la caravane de la Mekke qui s'avançait lentement dans le désert : elle avait été pillée par les Mamlouks et les Arabes; Bonaparte en fit escorter les débris jusqu'au Kaire [1]. »

« Les Arabes qui escortaient la caravane, dit Martin lui-même, comme s'il avait été dans leur confidence, présumant que la malheureuse caravane allait devenir la proie, ou des Français ou d'Ibrahim, crurent devoir les prévenir, et se mirent à piller les bagages [2]. » Mais loin d'ajouter que Bonaparte en fit accompagner les débris au Kaire, il suppose que les Français se les approprièrent, et fait cette peinture romanesque des soldats qui se servaient de schals précieux comme de toile d'emballage. Quelques individus de l'armée purent abuser de la désorganisation de la caravane pour faire payer leur protection aux marchands qui vinrent la réclamer; mais il y avait loin de ces abus particuliers à un système de pil-

---

[1] Miot. *Mémoires sur l'Expédition d'Égypte*, page 58.
[2] Martin, tome I, page 223.

lage médité par le général en chef. Son intérêt et sa politique lui prescrivaient de favoriser le commerce, de protéger la religion, et de rassurer les Musulmans que ces deux motifs attiraient de toutes parts en Égypte. Tel était le système de Bonaparte, et il y fut constamment fidèle depuis son entrée dans ce pays jusqu'au moment où il en sortit.

Cependant Ibrahim-Bey battait en retraite, et Bonaparte, jugeant que le moment pouvait être favorable pour entamer une négociation, lui écrivit aussitôt après le combat :

« La supériorité des forces que je commande ne peut plus être contestée : vous voilà hors de l'Égypte et obligé de passer le désert. Vous pouvez trouver dans ma générosité la fortune et le bonheur que le sort vient de vous ôter. Faites-moi de suite connaître votre intention. Le pacha du grand-seigneur est avec vous, envoyez-le-moi porteur de votre réponse, je l'accepte volontiers comme médiateur [1]. »

Cette lettre resta sans réponse :

Il ne suffisait pas à Bonaprrte d'avoir rejeté Ibrahim et ses Mamlouks hors de l'Égypte; il fallait les empêcher d'y rentrer et se préparer les moyens de faire marcher l'armée vers la Syrie, si jamais un ennemi menaçait cette frontière. Bonaparte résolut de réunir à Salhieh des magasins de vivres et de munitions pour une armée de 30,000 hommes pendant un mois. Il était indis-

---

[1] Lettre du 24 thermidor.

pensable que ces magasins fussent contenus dans une forteresse qui les mit à l'abri d'être enlevés par une attaque de vive force, et dans laquelle une garnison de 7 à 800 hommes obligeât l'ennemi à un siége d'autant plus pénible qu'il ne pouvait voiturer son artillerie qu'après une traversée de neuf jours dans le désert. Une fois cette forteresse construite, on pourrait, si on le jugeait convenable, y appuyer un camp retranché, soit pour tenir pendant longtemps les corps de l'ennemi éloignés, soit pour protéger un corps d'armée inférieur en forces, mais trop considérable pour y tenir garnison. Le général en chef chargea le général du génie de travailler d'après ces données, et de diriger les travaux de manière que dans 40 ou 50 jours cette forteresse eût déjà l'avantage d'un fort poste de campagne, et qu'avec une garnison plus nombreuse que celle qu'on y tiendrait lorsqu'elle serait achevée, les magasins pussent être déjà à l'abri d'une attaque de vive force.

Il donna l'ordre au général Dommartin de se concerter avec celui du génie pour tous les établissemens de l'artillerie, indépendamment des magasins nécessaires à l'approvisionnement pour 3 ou 4 pièces de campagne, et 5 ou 600,000 cartouches.

Jusqu'à ce que la forteresse fût construite, il était indispensable que Salhieh fût occupé en force. Bonaparte y laissa donc Reynier avec sa division, comme gouverneur de la province de Charqyeh ; lui recommanda d'envoyer des espions en Syrie, pour se tenir instruit de tous les mouvemens qu'on pourrait faire de ce côté-là; de se mettre en correspondance suivie avec le général Vial, à Damiette, cette ville étant plus en état de recevoir par mer des nouvelles de Syrie; de bien reconnaître Salhieh, par rapport aux différens canaux du Nil et à la mer. Quand on aurait reconnu la route qui, de la mer, conduit à Salhieh, l'intention du général en chef était d'avoir une frégate et un ou plusieurs avisos à portée de ce point, pour apporter du vin, du canon, des outils que l'on avait à Alexandrie et les bagages de la division. Il prescrivit à Reynier de répandre, soit dans sa province, soit en Syrie, le plus de proclamations qu'il pourrait; et de prendre des mesures pour que tous les voyageurs qui arriveraient de ce côté-là lui fussent amenés pour être interrogés. Indépendamment de ces fonctions militaires, Reynier en avait encore d'administratives à remplir. Il était chargé d'organiser la province Charqych, dont le chef-lieu était à Belbeïs. Il devait commencer par se mettre en correspondance avec toutes les tribus arabes, afin de connaître les camps qu'ils occupaient, les champs qu'ils cultivaient, et dès-lors le mal qu'il pourrait leur faire lorsqu'ils désobéiraient à ses ordres. Cela fait, il avait deux buts à remplir: le premier, de leur ôter le plus de chevaux possible; le second, de les désarmer. Il fallait ne leur laisser entrevoir que peu à peu cette intention, et ne leur demander d'abord qu'une certaine quantité de chevaux pour remonter la cavalerie. Après les avoir obtenus, on verrait à prendre d'autres mesures; mais auparavant, il fallait s'occuper de connaître les intérêts qui liaient les Arabes aux Français; ce qui seul pourrait diriger dans les menaces et le mal que l'on serait dans le cas de leur faire [1].

Comme dans toutes les provinces, Reynier installa, avec solennité, son divan à Belbeïs.

Les généraux commandans saisirent cette circonstance pour se rendre auprès des magistrats du pays, les interprètes des principes et des sentimens du général en chef. Pour donner une idée du langage que tenait le vainqueur au peuple conquis, nous citerons le discours que le général Reynier prononça dans cette circonstance :

« L'intention des Français, dit-il, en chassant les esclaves mamlouks de l'Égypte, n'a pas été d'imposer un nouveau joug à ses habitans, mais de leur rendre l'exercice des droits que la nature leur a donnés. Le peuple d'Égypte sera gouverné par ses magistrats, sous la protection des Français. Justice lui sera rendue, car l'arbitraire a dû disparaître avec les Mamlouks. Habitans du Charqyeh, vous devez respecter vos magistrats, parce qu'ils sont les organes de la justice; et vous, membres du divan, gouvernez toujours dans les intérêts du peuple et à l'avantage de la République française, car les Français sont les amis des Musulmans. Cette amitié doit vous être précieuse, parce que les Français protègent leurs amis et terrassent leurs ennemis. Vous allez jurer obéis-

[1] Lettres du 26 thermidor (13 août).

sance et fidélité à la République Française, activité et vigilance pour l'exécution des lois. »

Ce discours, traduit en arabe, fut rapporté aux membres du divan et aux assistans; les membres du divan se levèrent, prêtèrent le serment dans la formule prescrite, et le consacrèrent par une prière qu'ils adressèrent à la Divinité.

Établi au grand Kaire, et se regardant comme maître de toute l'Égypte, Bonaparte promenait ses regards en Orient, pour y étendre ses relations. Les Iles-Ioniennes lui offraient des ressources pour ravitailler son escadre, et lui fournir, ainsi qu'à son armée, une foule d'objets essentiels qu'il ne trouvait pas en Égypte. Il entretenait une correspondance suivie avec le général Chabot qui commandait dans ces îles; il écrivit au commissaire du Directoire, Rulhières, et même aux administrations départementales. Il leur demandait de lui envoyer la plus grande quantité possible de vins, d'eau-de-vie, de raisins secs et de bois; d'engager les négocians à faire ces expéditions; de former une compagnie de douze des plus riches. Il offrait de leur remettre en échange du café, du sucre, de l'indigo, du riz et toute espèce de marchandises des Indes. Il donnait l'ordre à Chabot de faire confectionner pour l'escadre, beaucoup de biscuit, que le défaut de bois ne permettait pas de fabriquer en Égypte, et de tirer, pour cette dépense, 50,000 fr. sur le payeur du Kaire, qui les acquitterait en argent ou en marchandises, au choix du porteur des lettres de change. Il annonçait que, dès que le pays serait organisé, et que les impositions seraient assises, il enverrait 300,000 fr. pour la solde, et par la première occasion, du blé et du riz pour son approvisionnement. Il l'invitait à le tenir instruit de toutes les nouvelles, des affaires des Turcs et surtout de Passwan-Oglou. « Continuez, écrivait-il à Rulhières, à bien mériter des peuples par votre conduite sage et philantropique, et croyez au désir vrai que j'ai de vous donner des preuves de l'estime et de l'amitié que vous savez que je vous porte. Soit en Égypte, soit en France, soit ailleurs, vous pouvez compter sur moi[1]. »

[1] Lettres du 16 thermidor.

CHAPITRE V.

Mesures pour la sûreté de la flotte.—Bataille navale d'Aboukyr.
Villeneuve se retire à Malte.—Situation de la marine française
en Orient.—Situation de Malte.

Jusqu'ici les armes françaises en Égypte avaient été favorisées par la fortune. Mais tandis qu'elle faisait triompher l'armée de terre et Bonaparte, elle préparait le plus funeste revers à l'amiral Brueys et à la flotte. Avant de le décrire, il faut retourner en arrière et voir ce qui se passait dans la rade d'Abouqyr pendant que l'armée entrait au Kaire et chassait Ibrahim-Bey en Syrie.

D'après l'arrêté de Bonaparte, du 15 messidor, pour la sûreté de la flotte, on a vu qu'il y avait à choisir entre trois partis : 1°. la faire entrer dans le Port-Vieux d'Alexandrie ; 2°. si d'après les sondes cela ne se pouvait pas, examiner si elle pourrait se défendre embossée dans la rade d'Abouqyr, contre une escadre ennemie supérieure ; 3°. dans le cas où aucun de ces deux partis ne serait praticable, emmener la flotte à Corfou.

La première opinion des marins fut que les vaisseaux de haut bord ne pouvaient sans danger entrer dans le Port-Vieux. Cependant l'amiral ordonna de sonder la passe, et jugea en attendant que le mouillage d'Abouqyr lui permettait de prendre une position militaire qui le mit en état de résister à l'attaque de l'ennemi.

Tel était l'état des choses, le 19 messidor, lorsque Bonaparte partit d'Alexandrie avec l'armée.

Le même jour, après midi, Brueys arriva dans la rade d'Abouqyr, forma une ligne de bataille à deux tiers d'encablure de distance ; le vaisseau de tête le plus près possible de l'écueil qui lui restait dans le nord-ouest, et le reste de la ligne formant une ligne courbe le long des hauts-fonds, de manière à ne pas être doublé dans le sud-ouest. Cette position lui parut la plus forte que l'on pût prendre dans une rade ouverte, où il n'était pas possible de s'approcher assez de terre pour y établir des batteries, et où deux escadres ennemies pouvaient rester à la distance qui leur convenait. Il écrivait au ministre de la marine en l'instruisant de cette manœuvre qu'il espérait cependant qu'on parviendrait à trouver un passage par lequel les vaisseaux de 74 pourraient entrer dans le Port-Vieux, mais que la sortie serait toujours très-difficile et très-longue, et que dès lors une escadre y serait mal placée [1].

Brueys eut connaissance par un bâtiment maltais qu'une escadre anglaise de 14 vaisseaux et un cutter avaient été vus dans les parages de la Sicile. Il ne douta pas que ce ne fût la même qui avait paru le 11 devant Alexandrie ; « il était, écrivait-il à Bonaparte, en état de la recevoir. Il s'occupait

---

[1] Lettre du 20 messidor (8 juillet).

à faire prendre à l'escadre une position formidable, dans le cas où il serait forcé de combattre à l'ancre; ce travail se faisait lentement, à cause des vents du nord qui soufflaient avec force. Il avait demandé deux mortiers à Alexandrie pour les placer sur l'écueil ou ilot sur lequel il avait appuyé la tête de la ligne; mais il craignait bien moins pour cette partie que pour la queue, sur laquelle les ennemis porteraient vraisemblablement tous leurs efforts. Cette rade était trop ouverte pour qu'une escadre pût y prendre une position militaire contre l'attaque d'un ennemi supérieur [1].

Quant aux sondes, Kléber écrivit au général en chef : D'après le résultat de celles faites par le capitaine Barré, il paraît que l'escadre pourra entrer dans le port. C'est une des meilleures nouvelles, je pense, que je puisse vous annoncer. On va s'occuper du balisage et de l'établissement des signaux [2] ».

Moins affirmatif, l'amiral mandait de son côté : « Nos sondeurs espèrent avoir trouvé une passe dans laquelle il n'y aura pas moins de cinq brasses et demie, ce qui fait 27 pieds 6 pouces. Si cela est, nos vaisseaux pourraient entrer avec un vent favorable et une belle mer; mais il y aura toujours la sortie qui sera pénible et dangereuse [3] ».

Du reste, il se plaignait de ce que les garnisons

---

[1] Lettre du 25 messidor (13 juillet).
[2] Lettre du 21 (9).
[3] Lettre du 25 (13).

de ses vaisseaux étaient très-faibles et composées de soldats valétudinaires, jeunes et insubordonnés; il lui semblait qu'on n'avait fait un choix dans l'armée que pour donner ce qu'il y avait de plus mauvais; il attendait des vivres de Rosette, sans quoi il se verrait bientôt forcé de réduire la ration; il avait de la peine à se procurer de l'eau, et il manquait de bois.

Il annonçait l'arrivée à Alexandrie d'un convoi escorté par 3 avisos et une demi-galère, en tout 17 bâtimens restés en arrière. Il terminait ainsi sa dépêche : « J'attends de vos nouvelles avec bien de l'impatience, mes vœux vous accompagnent partout, et, s'ils sont exaucés, tous vos pas seront marqués par des succès [1] ».

Par cette lettre, on voit déjà que, dans l'opinion de l'amiral, sa position au mouillage d'Aboukyr ne répondait pas aux espérances qu'il avait d'abord manifestées dans ses lettres à Bonaparte, des 14 et 19 messidor; et qu'en tout il montrait moins de confiance et plus d'incertitude.

Dans ce moment même, le capitaine Barré fit à l'amiral le rapport de ses sondes; il se terminait ainsi : « Je désire, général, avoir rempli vos intentions, ainsi que celles du général en chef, et mon avis, en dernière analyse, est que les vaisseaux peuvent passer avec les précautions d'usage que vous connaissez mieux que moi [2] ».

Barré remit copie de ce rapport au chef de di-

---

[1] Lettre du 26 messidor (13 juillet).
[2] Rapport du 25 messidor. Voyez Pièces justificatives, n° VII.

vision Dumanoir, qui en approuva les conclusions et transmit son avis à l'amiral.

Brueys ne trouva point le rapport assez satisfaisant; il en résultait qu'on était obligé de passer sur un fond de 25 pieds; et les vaisseaux de 74 en tiraient au moins 22; il fallait par conséquent un vent fait exprès et une mer calme pour hasarder d'y passer sans courir le plus grand risque d'y perdre un vaisseau, d'autant que le passage était étroit et que l'effet du gouvernail était moins prompt, lorsqu'il y avait peu d'eau sous la quille. Il chargea donc le capitaine Barré de continuer ses recherches pour savoir s'il ne trouverait pas mieux dans l'espace compris entre le tour du Marabou et la côte de l'est, et d'envoyer son travail quand il serait fini au général en chef, ainsi que sa façon de penser sur la qualité des vaisseaux qu'on pouvait se permettre de faire entrer dans le Port-Vieux, avec certitude de ne pas les risquer [1]. Cette dernière phrase est remarquable de la part de l'amiral qui était sur les lieux et dont c'était le métier.

Barré envoya au général en chef son rapport et copie de la lettre de l'amiral sans aucune réflexion. La sécheresse de sa dépêche semblerait annoncer que l'extrême circonspection de Brueys lui donnait de l'humeur, et qu'il répugnait à faire le nouveau travail qui lui était prescrit.

La frégate *l'Arthémise*, qui avait porté Lavalette de Malte à Corfou pour remplir une mission

---

[1] Lettre du 2 thermidor (20 juillet.)

de Bonaparte auprès d'Ali-Pacha, et escorté le grand-maître Hompesch jusque sur l'île Melada, rejoignit la flotte à Abouqyr le 1er. thermidor. Elle confirma, d'après la déposition d'un bâtiment impérial, que l'escadre anglaise avait été vue à l'est du phare de Messine. Le lendemain un bâtiment turc déclara l'avoir rencontrée le 28 messidor à 30 lieues dans l'ouest de l'île de Candie. L'amiral ne pouvait s'expliquer la manœuvre des Anglais, et l'attribuait au défaut de vivres qui les avait forcés de retourner, sans combattre une escadre que sans doute ils avaient ordre de chercher.

La frégate *la Junon* s'échoua en entrant dans la baie d'Abouqyr, et faillit périr. Il fallut la mettre en état d'être envoyée à Alexandrie pour être virée en quille.

L'amiral ne reçut que le 2 thermidor deux mortiers qu'il avait demandés pour placer sur l'écueil où la tête de sa ligne était appuyée; et comptait les faire placer le lendemain [1].

Le même jour, 3, on eut une alerte sur la flotte. A l'entrée de la nuit, on découvrit deux voiles anglaises, un vaisseau et une frégate; ils se tinrent à trois lieues au vent. L'amiral les prit pour l'avant-garde de l'escadre ennemie; il fit signal de se préparer à mettre sous voile; mais ils virèrent de bord.

Brueys avait envoyé l'aviso *le Chien-de-Chasse* sur la côte de la Caramanie, auprès des îles de Chypre et de Rhodes pour s'informer près des

---

[1] Lettre de Brueys à Bonaparte, du 2 thermidor (20 juillet).

agens français s'ils n'avaient pas connaissance de l'escadre anglaise, quelles étaient les forces navales des Turcs et si elles faisaient des mouvemens, et pour inviter ces agens à lui dépêcher des bateaux dès qu'ils auraient quelques nouvelles importantes à lui apprendre. L'aviso cassa son mât à moitié chemin, et il rentra le 8 thermidor sans avoir touché aucune terre. S'il avait eu des vivres, disait l'amiral, il aurait détaché deux bonnes frégates qui auraient parfaitement rempli cette mission. Il aurait eu en outre une division de ses bons marcheurs toujours à la voile, pour empêcher les curieux de venir sur les côtes, à moins qu'ils ne fussent en bon nombre; mais sans subsistances, ni moyens de remplacement en gréement, on restait paralysé; et cette inaction le rendait malade.

Telle était la position de la flotte. L'amiral n'avait encore obtenu aucun objet de remplacement, et il se trouvait hors d'état de rien entreprendre sans avoir reçu quelques approvisionnemens. Il avait des transports à l'entrée de Bogaz, et espérait sous peu de jours recevoir du général Menou des subsistances. L'eau se faisait avec la plus grande difficulté. Il n'y avait qu'un seul puits au bord de la mer qui ne fournissait pas à la moitié de la consommation. Les Arabes attaquaient les hommes qui allaient à l'aiguade, ils en avaient massacré 11 et blessé 4. Les avisos ne pouvaient pas entrer dans le Nil à cause de leur tirant; les chaloupes portaient peu d'eau et étaient quelquefois plusieurs jours sans pouvoir franchir le Bogaz. Si on ne lui procurait pas quelques djermes, l'amiral craignait de se trouver à la fin de son eau.

Le fort d'Abouqyr était presque sans défense. Une seule pièce de 36 était en état, mais, comme toutes les autres, sans affût. Brueys y envoya un affût de vaisseau et deux canons de 8 avec leur attirail, vingt coups à tirer à boulet rond et autant à mitraille. Les deux pièces furent placées pour battre la campagne et défendre l'entrée du fort.

Les deux mortiers étaient placés sur l'écueil, et quatre pièces de canons de 6 en défendaient l'approche. « Du reste, écrivait l'amiral à Bonaparte, cette rade est entièrement ouverte, et n'est pas susceptible de protéger les vaisseaux contre un ennemi supérieur. On doit y être fort mal l'hiver. »

Le nouveau travail de sondes qu'avait ordonné l'amiral, était fini; il en attendait le plan, et, dès qu'il l'aurait reçu, il se proposait de l'envoyer au général en chef, afin qu'il se décidât sur les vaisseaux qu'il voudrait faire entrer dans le port. Du reste, il était toujours sans nouvelles de Bonaparte, et flottant entre la crainte et l'espérance [1].

La communication entre Alexandrie et l'armée, interrompue par les Arabes depuis son départ de cette ville, ne fut rétablie qu'après la bataille des Pyramides et la prise du Kaire. Alors les Arabes

---

[1] Lettre de Brueys à Bonaparte, du 8 thermidor (26 juillet).

se soumirent, craignant le ressentiment des Français.

L'amiral Brueys reçut, le 10 thermidor, la nouvelle des victoires de Bonaparte, et fit célébrer des jeux nautiques en réjouissance. Le même jour, il reçut de Rosette, dix djermes chargées de vivres. Elles ne pouvaient arriver plus à propos, car il touchait à la fin de ses provisions [1].

Le surlendemain de son entrée au Kaire, le 9 thermidor, Bonaparte écrivit à l'amiral : « Je suis instruit d'Alexandrie qu'enfin vous avez trouvé une passe telle qu'on pouvait la désirer, et qu'à l'heure qu'il est, vous êtes dans le port avec votre escadre. Vous ne devez avoir aucune inquiétude sur les vivres nécessaires à votre armée. J'imagine que demain, ou après, je recevrai de vos nouvelles et de celles de France; je n'en ai point depuis mon départ. Dès que j'aurai une lettre de vous qui me fasse connaître ce que vous aurez fait et la position où vous êtes, je vous ferai passer des ordres sur ce que nous aurons encore à faire [2]. »

Ainsi qu'il l'avait prévu, Bonaparte reçut tout à la fois, le 12, les lettres de Brueys, depuis le 25 messidor jusqu'au 8 thermidor. Les nouvelles qu'il recevait d'Alexandrie, sur le succès des sondes, lui faisaient espérer que l'escadre serait entrée dans le port. Il pensait aussi que *le Causse* et

---

[1] Lettre de Brueys à Bonaparte, du 11 thermidor (29 juillet).
[2] Lettre du 9 thermidor (27).

le *Dubois* étaient armés en guerre, de manière à pouvoir se trouver en ligne si Brueys était attaqué, et que deux vaisseaux de plus n'étaient point à négliger. Il ne doutait pas que cinquante bateaux chargés de vivres, qu'il avait ordonné d'envoyer à Alexandrie, n'y fussent arrivés. « Nous avons ici, écrivait-il en outre à l'amiral, une besogne immense. C'est un chaos à débrouiller et à organiser qui n'eut jamais d'égal. Nous avons du blé, du riz, des légumes en abondance. Nous cherchons et nous commençons à trouver de l'argent; mais tout cela est environné de travail, de peines et de difficultés. Vous trouverez ci-joint un ordre pour Damiette, envoyez-le par un aviso, qui, avant d'entrer, s'informera si nos troupes y sont; envoyez-y un des sous-commissaires de l'escadre pour surveiller l'exécution de l'ordre. Je vais encore faire partir une trentaine de bâtimens chargés de blé pour votre escadre.

Toute la conduite des Anglais porte à croire qu'ils sont inférieurs en nombre, et qu'ils se contentent de bloquer Malte et d'empêcher les subsistances d'y arriver. Quoi qu'il en soit, il faut bien vite entrer dans le port d'Alexandrie, ou vous approvisionner promptement de riz, de blé, que je vous envoie, et vous transporter dans le port de Corfou; car il est indispensable que jusqu'à ce que tout ceci se décide, vous vous trouviez dans une position à portée d'imposer à la Porte. Dans le second cas, vous aurez soin que tous les vaisseaux, frégates vénitiens et français qui peuvent nous servir, restent à Alexandrie¹. »

Bonaparte expédia, du Kaire, son aide-de-camp Julien, pour porter cette lettre. Un parti d'Arabes arrêta sa barque sur le Nil, à Algam, et l'égorgea avec quinze hommes d'escorte.

Du reste, il faut répéter ici la remarque importante que la communication entre Alexandrie et l'armée ayant été interrompue depuis son départ de cette ville jusqu'à son entrée au Kaire, Brueys et Bonaparte ne purent recevoir, en temps utile, les lettres qu'ils s'écrivirent et que nous venons de rapporter; elles n'eurent par conséquent aucune influence sur les déterminations de l'amiral, ni sur le sort de la flotte.

Le 14 thermidor (1ᵉʳ. août), vers trois heures après midi, le vaisseau *l'Heureux* signala 12 voiles; les vigies les aperçurent en même temps, et en comptèrent successivement jusqu'à seize. On ne tarda pas à les reconnaître pour une escadre ennemie, composée de quatorze vaisseaux de ligne et deux bricks. Elle s'avança sous toutes voiles vers le mouillage des Français; et après avoir donné un grand tour aux brisans qui bordent l'îlot, elle tint le vent, diminua de voiles et annonça le dessein d'attaquer.

Brueys avait fait les signaux préparatoires du combat, et donné l'ordre aux frégates, corvettes et avisos de verser leurs équipages à bord des vaisseaux.

---

¹ Lettre du 12 thermidor (30 juillet).

A cinq heures trois quarts, la galiote *l'Hercule* et la batterie de l'îlot commencèrent à jeter des bombes sur les vaisseaux avancés de l'escadre ennemie; à six heures, les deux avant-gardes se canonnaient.

Une partie des vaisseaux anglais, sous petite voilure, doubla la tête de la ligne française, et vint prendre une position de mouillage et d'embossage de terre à ses vaisseaux, tandis que l'autre partie mouillait à une portée de pistolet de l'autre bord. Par cette manœuvre, l'avant-garde et le centre français, jusqu'au *Tonnant*, se trouvèrent enveloppés. En exécutant ce mouvement, deux vaisseaux ennemis échouèrent. On se battait des deux bords avec la plus grande opiniâtreté.

Depuis le commencement de l'action, Brueys était sur la dunette avec tout son état-major, l'ordonnateur de l'escadre et une vingtaine de personnes faisant la fusillade; c'était tout ce qu'on avait pu rassembler pour la mousqueterie. Les personnes destinées à être sur le gaillard, avaient été envoyées, par l'amiral, dans la batterie de douze, où il manquait plus de la moitié de son armement.

Le combat durait depuis une heure. Brueys fut blessé par deux fois à la figure et à la main; et peu après huit heures, il fut renversé par un boulet. Ayant entendu le contre-amiral Gantheaume donner l'ordre de le porter au poste des blessés, il eut encore le temps de lui dire d'une voix ferme et en lui serrant la main : « *Non, un amiral français doit mourir sur son banc de quart.* » Il mourut au bout d'un quart d'heure. Le capitaine de pavillon, Casabianca, peu de temps après grièvement blessé, ainsi que son capitaine de frégate, furent transportés au poste. Le feu des batteries de vingt-quatre et de trente-six continuait cependant avec la plus grande ardeur; mais obligé à se battre des deux bords, on avait abandonné celle de douze. Les deux matelots d'avant et d'arrière, le *Franklin* et le *Tonnant*, étaient, comme l'*Orient*, pris des deux bords par la tranche et le bossoir. Sur *le Franklin*, le contre-amiral Blanquet Duchayla fut aussi, vers huit heures, dangereusement blessé.

Déjà le vaisseau anglais qui était par le travers de *l'Orient*, à stribord, avait ralenti son feu, et ne tirait plus qu'à de longs intervalles. Mais obligé à se défendre contre deux vaisseaux qui le combattaient par la tranche de bas bord et le bossoir de stribord, le contre-amiral Gantheaume venait de faire prendre à *l'Orient* une meilleure position en filant du cable, afin de diriger sa canonnade sur ceux qui l'inquiétaient le plus, lorsqu'il apperçut tout à coup une explosion et le feu sur la dunette. Il était neuf heures un quart.

Alors Gantheaume ordonna de cesser le feu des batteries, de faire monter tout le monde sur le pont pour éteindre le feu de la dunette; mais les pompes étaient brisées par les balles, les seaux renversés et couverts de débris; dans le tumulte, cet ordre ne fut qu'en partie exécuté. Peu de monde monta sur le pont; on n'avait que de faibles moyens à opposer à l'incendie; il fit, en peu de temps, des progrès désespérans. Les mâts venaient de tomber; le feu gagna tout le gaillard et la batterie de douze; celle de trente-six, malgré les ordres de Gantheaume, continuait à tirer avec beaucoup de vivacité. Dans cette cruelle position, il renouvela l'ordre de cesser entièrement le feu, et donna au maître calfat celui d'ouvrir les robinets pour noyer les poudres. Alors tout l'équipage se jeta à la mer par les sabords sur les débris dont elle était couverte. Ayant voulu encore une fois remonter sur le pont, Gantheaume trouva le feu dans la batterie de vingt-quatre et tout le haut embrasé; la batterie de trente-six était déserte et tout le monde à l'eau. Étant venu au sabord de retraite, il trouva le moyen de se jeter sur un grand débris de la galerie, au-dessous des flammes, et parvint à saisir un canot où étaient environ trente hommes qui ne pouvaient se dégager du vaisseau; après quelques efforts, ils parvinrent enfin à isoler ce canot, et ils s'en allèrent au gré de la lame.

Une demi-heure après, à dix heures et demie, *l'Orient*, embrasé dans tous ses quartiers, sauta en l'air.

Le fils de Casabianca, âgé de neuf à dix ans, donna, pendant tout le combat, des preuves de sang froid qui furent remarquées de tout l'équipage. Quand le feu eût gagné la deuxième batterie, il alla trouver son père au poste des blessés. Lorsque le vaisseau fut entièrement évacué, et que les flammes gagnaient la troisième batterie, un matelot, resté auprès du capitaine Casabianca, offrit en vain à cet enfant de le sauver; il ne voulut pas abandonner son père. Ils périrent ensemble dans l'explosion [1].

Elle suspendit pendant un quart d'heure le combat. Sans se laisser abattre par ce cruel événement, les Français recommencèrent le feu. *Le Franklin, le Tonnant, le Peuple Souverain, le Spartiate, l'Aquilon* le soutinrent jusqu'à trois heures du matin. De trois à cinq heures il se ralentit de part et d'autre. Entre cinq et six il redoubla et devint terrible Le 15 thermidor (2 août), à midi, le combat durait encore; il ne se termina qu'à deux heures, lorsque tous les vaisseaux français furent pris ou détruits.

Thévenard, commandant de *l'Aquilon*, était mort sur son banc de quart; Du Petit-Thouart, capitaine du *Tonnant*, eut les deux cuisses emportées par un boulet. Il voulut rester sur son banc de quart, un autre boulet lui emporta un bras; il demanda une pipe, fuma pendant quelques minutes, s'écria : « *Équipage du* Tonnant, *ne vous rendez jamais!* » ordonna de jeter son corps à la mer plutôt que de le laisser tomber au pouvoir des Anglais, et expira.

Tout avait été décidé par l'explosion de *l'Orient;* dès ce moment la bataille fut perdue, car la division du contre-amiral Villeneuve ne prit qu'une faible part au combat. A une heure après midi il coupa les cables du *Guillaume-Tell* qu'il montait, et prit le large emmenant *le Généreux*

---

[1] *Courrier d'Égypte*, du 16 fructidor.

et les frégates *la Diane* et *la Justice*. Les trois autres vaisseaux se jetèrent à la côte sans se battre. Les Anglais n'ayant pas deux vaisseaux en état de manœuvrer, ne purent poursuivre Villeneuve; il gagna bientôt le large. Leur perte fut considérable, mais ils la cachèrent. L'amiral Nelson fut blessé. Leurs vaisseaux éprouvèrent de grands dommages. La perte des Français fut immense, et leur escadre anéantie.

D'après un calcul assez vraisemblable, la totalité des hommes à bord des treize vaisseaux composant l'escadre française, était de. . . . 8,930

A déduire :

Sur les deux vaisseaux emmenés par Villeneuve. 1,300

Échappés du vaisseau *le Timoléon*. 400

Renvoyés à terre par Nelson, en vertu d'un cartel, comme prisonniers de guerre, y compris 1,500 blessés. 3,105

Officiers, charpentiers, calfats, par lui retenus 200

} 5,005

Il en avait donc péri dans le combat. . . 3,925

Le tableau suivant fait connaître le sort de tous les vaisseaux qui composaient l'escadre au mouillage d'Abouqyr.

VAISSEAUX.

L'Orient,	amiral Brueys, chef de division Casabianca,	tués,	Sauté.
Le Mercure,	capitaine Cambon,	blessé,	
L'Heureux,	Étienne,		Incendiés par
Le Guerrier,	Trullet aîné,		les Français
Le Timoléon,	Trullet cadet,		ou par l'en-
L'Aquilon,	Thévenard,	tué,	nemi.
Le Franklin,	cont.-amir. Blanquet-Duch. capitaine Gillet,	blessés,	
Le Spartiate,	Émériau,		
Le Tonnant,	Du Petit-Thouars,	tué,	Emmenés
Le Peuple-Souverain,	Thévenard Ricord,	blessé,	par l'ennemi.
Le Conquérant,	Dalbarade,		
Le Guillaume-Tell,	contre-amiral Villeneuve, capitaine Saulnier,		
Le généreux,	Lejoille,		

FRÉGATES.

			Emmenées par Villeneuve.
La Diane,	contre-amiral Decrès, commandant l'escadre légère, capitaine Soleil,		
La Justice,	Villeneuve,		
L'Arthémise,	Stanglet,		Incendiée.
La Sérieuse,	Martin,		Coulée.

Gantheaume, échappé à l'incendie de *l'Orient*, après avoir vu successivement les derniers vaisseaux rendus ou détruits et Villeneuve gagner la haute mer, jugeant sa présence inutile sur la plage d'Abouqyr, se rendit à Alexandrie et rédigea son rapport. Kléber, qui du haut du phare, avait été témoin du combat, expédia, le jour même, son aide-de-camp Loyer pour porter ce rapport à Bonaparte, et lui manda : « Votre présence ici me semble nécessaire ; dans une telle circonstance vous ne sauriez être remplacé. » L'aide-de-camp se rendit par mer à Rosette, d'où le général Menou l'expédia, le 18, par un aviso sur le Nil.

Les communications étaient encore si difficiles,

que Loyer fut onze jours en route, et n'arriva auprès de Bonaparte que le 26. Il revenait alors de son expédition contre Ibrahim-Bey; il partait de Salhieh et n'en était pas éloigné de deux lieues. Il supporta ce malheur avec courage, et dut même affecter de la sécurité pour ne pas affaiblir, dans l'armée, la confiance qui lui devenait plus que jamais nécessaire. Il prit à part l'aide-de-camp de Kléber et s'entretint avec lui. Après avoir entendu son récit avec l'apparence de la plus grande impassibilité, il dit avec le même sang-froid : « Nous n'avons plus de flotte : eh bien ! il faut rester dans ces contrées, ou en sortir grands comme les anciens [1]. »

Nouveau Cortez, ses vaisseaux étaient brûlés; mais il n'en avait pas ordonné l'incendie, et tout autre que lui en eût été accablé. Comme on le verra bientôt, ce revers répandit un grand découragement dans l'armée. Avec tout autre général, dès ce moment, elle eût été perdue.

« Tu dois bien croire, écrivait le commissaire des guerres Miot à son frère, 28 thermidor [2], combien cet événement rend notre situation embarrassante dans ce pays; et elle enlèverait l'espérance à toute l'armée, *si l'on ne connaissait pas le génie du général en chef qui la dirige.* » En effet, Bonaparte mesurant hardiment sa situation, et persuadé qu'il pouvait sans vaisseaux con-

---

[1] D'après Miot, *Expédition en Égypte*, page 79, ce serait à l'ordonnateur en chef que Bonaparte, de retour au Kaire, aurait adressé ces mots.

[2] Correspondance interceptée, tome II, page 115.

quérir encore l'Égypte et conserver sa conquête, écrivait au général Kléber, alarmé de la prépondérance maritime des Anglais : « *Ils nous obligeront peut-être à faire de plus grandes choses que nous n'en voulions faire* [1] *!* » A quoi ce général répondit : « *Oui, nous l'entreprendrons cette grande chose, et je prépare déjà toutes mes facultés* [2]. »

Il restait dans le port d'Alexandrie :

VAISSEAUX.

Le Causse,	Le Dubois.

FRÉGATES.

La Courageuse,	L'Alceste,
La Junon,	Le Montenotte,
Le Muiron,	Le Léoben,
Le Carrère,	La Mantoue.

BATIMENS LÉGERS.

CORVETTES OU BRICKS.	Le Rivoli, La Salamine, L'Alceste, Le Chasseur.	AVISOS.	L'Indépendant, L'Égalité, La Victoire, La Torride, stationnée près le lac Madieh.
AVISOS.	Le Chien-de-Chasse, La Foudre, La Négresse, Le Vif,	GALIOTES A BOMBES.	La Portugaise, L'Aglaé, L'Oranger.

Les équipages de tous ces bâtimens étaient de 4,948 hommes.

De retour au Kaire, Bonaparte écrivit à Gantheaume : « Le tableau de la situation dans laquelle vous vous êtes trouvé est horrible. Quand vous n'avez point péri dans cette circonstance, c'est que le sort vous destine à venger un jour notre

---

[1] Lettre du 4 fructidor (21 août).
[2] Lettre du 9 (26).

TOME I. — GUERRE D'ÉGYPTE.

marine et nos amis; recevez-en mes félicitations; c'est le seul sentiment agréable que j'aie éprouvé depuis avant hier J'ai reçu, à mon avant-garde, à trente lieues du Kaire, votre rapport qui m'a été apporté par l'aide-de-camp du général Kléber. Je brûle du désir de conférer avec vous; mais avant de vous donner l'ordre de venir au Kaire, j'attendrai quelques jours, mon intention étant, s'il est possible, de me porter moi-même à Alexandrie [1]. »

Le général en chef nomma Gantheaume commandant des débris de la marine; et le chargea de se concerter avec l'ordonnateur Leroy, pour l'armement et l'approvisionnement des frégates *l'Alceste*, *la Junon*, *le Carrère*, *le Muiron*, des vaisseaux *le Dubois* et *le Causse*, des bricks et avisos, en un mot, de tout ce qui restait; de nommer tous les commandans, de faire tout ce qui serait possible pour retirer de la rade d'Abouqyr tout ce qui y était resté; de lui envoyer l'état des officiers, des matelots et des bâtimens existans; d'adresser au ministre de la marine une relation de l'affaire, telle qu'elle avait eu lieu; de faire prévenir de suite Malte et Corfou de ce qu'aurait fait Villeneuve, afin qu'on s'y tînt en surveillance et à l'abri d'une surprise. Bonaparte lui envoya 15,000 fr. pour distribuer aux officiers de l'armée qui auraient le plus de besoins, après en avoir prélevé 3,000 pour ses besoins particuliers [2].

[1] Lettre du 28 thermidor (15 août).
[2] *Idem.*

Dans ce moment même, Gantheaume envoyait à Bonaparte un second rapport, et lui disait : « Après avoir été acteur dans un aussi cruel événement, hors d'état de continuer mes services, dénué de tout, il est absolument urgent que je me présente en France, et j'attends vos ordres à cet égard [1]. »

Bonaparte envoya, à l'ordonnateur Leroy, 100,000 fr. pour les travaux les plus pressans ; lui annonça une pareille somme par décade, outre les fonds qui lui seraient remis des contributions frappées à Alexandrie et à Damiette.

Pour nourrir la grande quantité d'hommes qui se trouvaient réunis à Alexandrie, il donna l'ordre au général Menou d'y expédier, de Rosette, tous les blés et autres approvisionnemens destinés pour l'escadre, et qui lui avaient été envoyés du Kaire.

Dans la lettre que Bonaparte écrivit au Directoire sur la perte de la flotte, on voit par le soin avec lequel il rapportait les ordres qu'il avait donnés à Brueys, le 15 messidor et postérieurement, combien il mettait d'importance à se laver de la moindre participation au parti qu'avait pris l'amiral de rester un mois au mouillage d'Abouqyr. Préoccupé de cette pensée, il s'exprime par fois dans des termes qui ne sont pas tout à fait conformes à ceux de ses ordres. Comme il desirait garder la flotte, il est permis de croire qu'il ne trouva pas mauvais que l'amiral restât dans la rade

[1] Lettre du 29 thermidor (16 août).

d'Abouqyr où il assurait pouvoir se défendre jusqu'à ce que le travail des sondes de la passe eût fait définitivement connaître si les vaisseaux pouvaient entrer dans le port. Mais ce devait être l'affaire de quelques jours.

Quoiqu'il en soit, il est certain que le 14 thermidor, jour de la bataille navale, Brueys se trouvait toujours dans les termes de l'ordre du général en chef, du 15 messidor, auquel il n'avait rien changé; qu'après le rapport du capitaine Barré constatant la possibilité de faire entrer les vaisseaux dans le port, l'amiral préféra et prit sur lui de rester au mouillage d'Abouqyr, disant tantôt qu'il pouvait s'y défendre, tantôt que sa position y était mauvaise; qu'il répugnait à l'idée de se séparer de Bonaparte et d'abandonner l'Égypte avant d'avoir des nouvelles de l'armée. Dans cette incertitude et cette attente, il consomma ses vivres et ne se trouva plus, même quand il l'aurait voulu, en état de partir pour Corfou, puisqu'il ne commença à recevoir des provisions par Rosette, qu'après la prise du Kaire, et le 11 thermidor, trois jours avant la bataille navale.

Dans le recueil des lettres interceptées par les Anglais, on en trouve dont la publication a eu pour but de reprocher à Bonaparte de s'être opposé au départ de la flotte pour Corfou, d'avoir voulu la garder malgré l'opinion des marins et de l'amiral, et d'avoir été par conséquent la cause de sa destruction. Que ces lettres aient été écrites ou supposées, la conséquence qu'on en tire s'anéantit devant l'arrêté du général en chef, du

15 messidor, qui, parmi les trois partis à prendre pour la sûreté de la flotte, indiquait son départ pour Corfou, et la correspondance de Brueys dans laquelle le mot de Corfou n'est pas même prononcé.

On lui a reproché d'avoir, dans la mauvaise position où il s'était placé, commis encore des fautes; par exemple, de n'avoir pas eu un bâtiment à la voile pour empêcher l'ennemi de venir l'observer, et pour être instruit d'avance de son arrivée. Il est difficile de croire, comme il l'écrivait dans sa lettre du 8 thermidor à Bonaparte, qu'il fût dans une telle pénurie de subsistances et de remplacement en gréement, qu'il ne pût pas prendre cette précaution. Puisqu'il avait eu connaissance de la présence des Anglais par deux de leurs bâtimens qui étaient venus l'observer le 3, du moins aurait-il dû se tenir en état, à chaque instant, de combattre. Or il n'est que trop vrai que, lorsque, le 14, la flotte fut surprise, rien n'était prêt, qu'une partie des équipages était à terre, et que l'amiral envoya demander à Alexandrie les matelots du convoi. Mais disons avec Bonaparte dans sa lettre au Directoire : « Si dans ce funeste événement Brueys fit des fautes, il les expia par une mort glorieuse[1]. »

On a vu avec quelle fermeté d'âme le général en chef en reçut la nouvelle; on le voit dans la même lettre constamment supérieur aux coups de la fortune. « Les destins, y disait-il, ont voulu,

---

[1] Lettre du 2 fructidor (19 août).

dans cette circonstance comme dans tant d'autres, prouver que s'ils nous accordent une grande prépondérance sur le continent, ils ont donné l'empire des mers à nos rivaux. Mais ce revers ne peut être attribué à l'inconstance de notre fortune; elle ne nous abandonne pas encore : loin de là, elle nous a servis dans toute cette opération au-delà de tout ce qu'elle a jamais fait. Quand j'arrivai devant Alexandrie avec l'escadre, et que j'appris que les Anglais y étaient passés en forces supérieures quelques jours auparavant, malgré la tempête affreuse qui régnait, au risque de naufrager, je me jetai à terre. Je me souviens qu'à l'instant où les préparatifs du débarquement se faisaient, on signala dans l'éloignement, au vent, une voile de guerre : c'était *la Justice*. Je m'écriai : « Fortune! m'abandonneras-tu? Quoi! seulement cinq jours! » Je débarquai dans la journée; je marchai toute la nuit; j'attaquai Alexandrie à la pointe du jour, avec 3,000 hommes harassés, sans canons et presque pas de cartouches; et dans les cinq jours j'étais maître de Rosette, de Damanhour, c'est-à-dire déjà établi en Égypte. Dans ces cinq jours l'escadre devait être à l'abri des forces des Anglais, quel que fût leur nombre. Bien loin de là, elle reste exposée pendant tout le reste de messidor. Les Anglais se laissent voir en nombre supérieur pendant dix jours dans ces parages. Le 11 thermidor, elle apprend la nouvelle de l'entière possession de l'Égypte et de notre entrée au Kaire; et ce n'est que lorsque la fortune voit que toutes ses faveurs sont inutiles, qu'elle abandonne notre flotte à son destin[1] ».

Bonaparte adressa des consolations au vice-amiral Thévenard, père du capitaine de *l'Aquilon*, tué à la bataille d'Abouqyr.

« Votre fils, lui écrivait-il, est mort d'un coup de canon sur son banc de quart : je remplis, citoyen général, un triste devoir en vous l'annonçant ; mais il est mort sans souffrir et avec honneur. C'est la seule consolation qui puisse adoucir la douleur d'un père. Nous sommes tous dévoués à la mort : quelques jours de vie valent-ils le bonheur de mourir pour son pays? Compensent-ils la douleur de se voir sur un lit environné de l'égoïsme d'une nouvelle génération? Valent-ils les dégoûts, les souffrances d'une longue maladie? Heureux ceux qui meurent sur le champ de bataille! Ils vivent éternellement dans le souvenir de la postérité. Ils n'ont jamais inspiré la compassion, ni la pitié que nous inspire la vieillesse caduque, ou l'homme tourmenté par les maladies aiguës. Vous avez blanchi, citoyen général, dans la carrière des armes ; vous regretterez un fils digne de vous et de la patrie : en accordant avec nous quelques larmes à sa mémoire, vous direz que sa mort est glorieuse et digne d'envie.

» Croyez à la part que je prends à votre dou-

---

[1] Lettre du 2 fructidor (19 août).

leur, et ne doutez pas de l'estime que j'ai pour vous[1]. »

Ainsi parlait un guerrier à un père, à un homme, à un militaire. Pour être entendu d'une femme, d'une épouse, c'est un autre langage que tient Bonaparte à la veuve de l'amiral Brueys. « Votre mari, lui écrivit-il, a été tué d'un coup de canon en combattant à son bord. Il est mort sans souffrir et de la mort la plus douce, la plus enviée par les militaires.

» Je sens vivement votre douleur. Le moment qui nous sépare de l'objet que nous aimons est terrible; il nous isole de la terre; il fait éprouver au corps les convulsions de l'agonie. Les facultés de l'âme sont anéanties, elle ne conserve de relations avec l'univers qu'au travers d'un cauchemar qui altère tout. Les hommes paraissent plus froids, plus égoïstes qu'ils ne le sont réellement. L'on sent dans cette situation que si rien ne nous obligeait à la vie, il vaudrait beaucoup mieux mourir. Mais, lorsqu'après cette première pensée, l'on presse ses enfans sur son cœur, des larmes, des sentimens tendres raniment la nature, et l'on vit pour ses enfans. Oui, madame, voyez dès ce premier moment qu'ils ouvrent votre cœur à la mélancolie. Vous pleurerez avec eux, vous éleverez leur enfance, vous cultiverez leur jeunesse. Vous leur parlerez de leur père, de votre douleur, de la perte qu'eux et la République ont faite.

---

[1] Lettre du 18 fructidor (4 septembre).

Après avoir rattaché votre âme au monde par l'amour filial et l'amour maternel, appréciez pour quelque chose l'amitié et le vif intérêt que je prendrai toujours à la femme de mon ami : persuadez-vous qu'il est des hommes, en petit nombre, qui méritent d'être l'espoir de la douleur, parce qu'ils sentent avec chaleur les peines de l'âme [1] ».

En envoyant cette lettre à l'ordonnateur de la marine à Toulon, pour la remettre à la veuve Brueys avec tous les ménagemens possibles, il lui écrivait : « Soyez assez aimable, je vous prie, pour faire connaître à ma femme, dans quelque lieu qu'elle se trouve, et à ma mère, en Corse, que je me porte bien. J'imagine que l'on m'aura dit, en Europe, tué une douzaine de fois [2] ».

Le brick *la Salamine*, qui avait appareillé de dessous le fort d'Abouqyr, le 15 thermidor, rallia, à dix lieues S. du cap Célidonia, le contre-amiral Villeneuve, qui l'expédia, le 20, à Alexandrie, pour informer de sa situation le général en chef et lui faire le rapport de sa conduite. Le 15 messidor, à deux heures du matin, se voyant seul avec *le Généreux*, les frégates *la Diane* et *la Justice*, en état de combattre et de faire voile, étant canonné par les vaisseaux auxquels il ne pouvait riposter et qui auraient fini par le réduire à la nécessité de faire côte, il avait préféré appareiller et essayer de sauver les débris de l'escadre en combattant sous voiles. Les ennemis avaient dé-

---

[1] Lettre du 2 fructidor (19 août).
[2] Idem.

taché trois vaisseaux pour le poursuivre; mais ils avaient bientôt reviré dans leur escadre; un seul avait donné et reçu une bordée, et il était sorti de la baie avec *le Guillaume-Tell*, suivi *du Généreux*, de *la Diane* et de *la Justice*. Il allait tâcher de gagner le port de Malte où il désirait recevoir des ordres. Il se proposait d'envoyer de cette ile un extrait de son journal pour faire apprécier la nécessité absolue du parti qu'il avait pris. Néanmoins son cœur était navré de chagrin et de tristesse.

Cependant, tandis que l'amiral Brueys était aux prises avec les vaisseaux anglais, Villeneuve qui commandait l'aile droite, pouvait couper ses câbles et tomber sur la ligne anglaise avec les cinq vaisseaux qui étaient sous ses ordres. Au dire de Nelson et des Anglais, même après l'explosion de *l'Orient*, Villeneuve aurait pu décider la victoire. Il le pouvait encore à minuit, s'il eut appareillé et pris part au combat. Ce contre-amiral étant brave et bon marin, on se demande la raison de cette singulière inaction. Il attendait, dit-on, des ordres. On assure que l'amiral lui avait fait signal d'appareiller, mais que la fumée l'empêcha de l'appercevoir. Fallait-il un ordre pour prendre part au combat? *L'Orient* sauta vers onze heures. On se battit ensuite pendant treize heures. Le commandement appartenait à Villeneuve. Pourquoi donc ne fit-il rien? Il était d'un caractère irrésolu et sans vigueur [1].

[1] Gourgaud, tome II, page 185.

Il paraît que Bonaparte jugea inutile de blâmer sa conduite; il répondit au contraire à son rapport: « Si l'on pouvait vous faire un reproche, ce serait de n'avoir pas mis à la voile immédiatement après que *l'Orient* a sauté, puisque depuis trois heures, la position que l'amiral avait prise, avait été forcée et entourée de tous côtés par l'ennemi. Vous avez rendu dans cette circonstance, comme dans tant d'autres, un service essentiel à la République en sauvant une partie de l'escadre [1] ».

Le général en chef s'occupait sérieusement d'en réorganiser une autre. En réunissant pendant tout l'hiver ce qu'il y avait dans les différens ports de la Méditerranée à Corfou, Malte, Ancône et Alexandrie, elle se serait composée de dix vaisseaux, y compris deux vénitiens attendus de Toulon, avec un convoi, et de huit ou dix frégates. Son but était, avec cette escadre, de contenir les forces maritimes de la Porte, de favoriser le passage des convois qu'il espérait recevoir de la France et de seconder les opérations ultérieures de l'armée. Il écrivit donc à Villeneuve de travailler à cette réunion, et aux généraux Vaubois et Chabot, suivant que ce contre-amiral irait à Malte ou à Corfou, de le seconder et de lui fournir tout ce qui lui serait nécessaire, en matelots, en garnisons et en approvisionnemens [2]. Il se proposait, lorsque les Anglais auraient quitté les parages de l'Égypte, d'envoyer des matelots à Ancône et à

---

[1] Lettre du 4 fructidor (21 août).
[2] Lettres du 30 thermidor et 4 fructidor (17 et 21 août)

Corfou, pour renforcer les équipages. Et revenant sur la question dont l'indécision avait causé la perte de la flotte, il fit au capitaine Barré cette demande laconique : « Si un bâtiment de 74 se présente devant le port d'Alexandrie, vous chargerez-vous de le faire entrer [1] ? » La réponse de Barré ne pouvait pas être douteuse ; mais l'occasion ne se présenta plus pour la marine française d'en faire l'expérience. Ce fût Sidney Smith qui résolut la question en faisant entrer plus tard, dans le port d'Alexandrie, deux vaisseaux anglais de 80, *le Tigre* et le *Canopus*.

Le contre-amiral Blanquet Duchayla avait aussi fait, à Bonaparte, un rapport sur la bataille navale jusqu'au moment où *le Franklin*, qu'il montait, s'était rendu, de dix à onze heures du soir ; mais principalement jusqu'à la blessure qui lui avait fait laisser le commandement à huit heures. Suivant lui, ce vaisseau était démâté de son grand mât et du mât d'artimon, l'équipage était anéanti, et il était entouré de six vaisseaux ennemis. Il prévenait le général en chef qu'il avait obtenu, de l'amiral anglais, d'être transporté sur les côtes de l'Italie, à bord de *l'Alexander*, avec son capitaine de pavillon, son chirurgien-major et son secrétaire [2].

Kléber mandait de son côté au général en chef : « Le contre-amiral Blanquet, qui a le nez totalement emporté, est parti hier matin pour atteindre

---

[1] Lettre du 26 vendémiaire an VII (17 octobre).
[2] Lettre du 25 thermidor (12 août).

au large le bâtiment anglais qui doit le prendre à son bord et le conduire en Italie[1].

Cependant Bonaparte demandait à Gautheaume : « Pourquoi *le Franklin* s'est-il rendu presque sans se battre ? » Et à Kléber : « Faites-moi connaître ce que l'opinion dit sur la conduite *du Franklin*; il paraît qu'il ne s'est pas battu[2] ».

Par un ordre du jour du 7, il décerna de justes éloges aux marins qui, dans la fatale journée du 14 thermidor, avaient glorieusement soutenu l'honneur du pavillon français, et notamment à la mémoire du capitaine Du Petit-Thouars. *Le Franklin* y était maltraité. Kléber lui écrivit qu'il l'avait vu avec peine, ajoutant : « Les justes éloges que vous donnez à la conduite du capitaine Du Petit-Thouars *du Tonnant*, devaient être partagés avec le capitaine Thévenard de *l'Aquilon*, qui a combattu avec le même dévouement et le même héroïsme. Ces deux hommes méritent un monument; il me serait doux de l'ériger[3] ».

Tandis que Kléber formait ce vœu, Bonaparte le prévenait en partie; il arrêtait que le nom de Du Petit-Thouars serait donné à une des principales rues du Kaire, et que le brick, appartenant aux Mamlouks, qu'on y avait trouvé, s'appellerait *le Tonnant*.

Gautheaume répondit que le lendemain du combat, il avait envoyé son aide-de-camp Daurac,

---

[1] Lettre du 29 thermidor (16 août).
[2] Lettres du 4 fructidor (21 août).
[3] Lettre du 13 (30).

avec le capitaine de la marine, chargé de la négociation relative aux prisonniers, sous prétexte d'offrir des secours aux officiers de terre; mais dans le fait pour examiner un peu l'état des choses; que son aide-de-camp lui avait rapporté que les batteries *du Franklin* étaient absolument hors de service, et le vaisseau en général dans un état pitoyable, n'ayant plus que son mât de misaine; qu'il était d'ailleurs certain que la blessure qu'avait reçue, à 8 heures du soir, le contre-amiral Blanquet, avait dû le mettre hors de connaissance [1] ».

Bonaparte n'en conserva pas moins une opinion défavorable à cet officier, et ne lui pardonna pas surtout d'avoir demandé aux Anglais de le ramener en Italie. Ceux même qui pourraient trouver trop sévère la lettre suivante que le général en chef écrivit, à cet égard, à Kléber, ne pourront refuser à son auteur un sentiment délicat et profond de l'honneur militaire et de la dignité nationale.

« Un vaisseau comme *le Franklin*, qui portait l'amiral, puisque *l'Orient* avait sauté, ne devait pas se rendre à 11 heures du soir. Je pense d'ailleurs que celui qui a rendu ce vaisseau est extrêmement coupable, puisqu'il est constaté par son procès-verbal qu'il n'a rien fait pour l'échouer et pour le mettre hors d'état d'être emmené : voilà ce qui sera à jamais la honte de la marine française ! Il ne fallait pas être grand manœuvrier, ni un homme d'une grande tête pour couper un câble et échouer un bâtiment. Cette conduite est d'ailleurs

---

[1] Lettre à Bonaparte, du 9 fructidor (26 août).

spécialement ordonnée dans les ordonnances et instructions que l'on donne aux capitaines de vaisseau. Quant à la conduite du contre-amiral Duchayla, il eût été beau pour lui de mourir sur son banc de quart, comme Du Petit-Thouars.

» Mais ce qui lui ôte toute espèce de retour à mon estime, c'est sa lâche conduite avec les Anglais depuis qu'il a été prisonnier. Il y a des hommes qui n'ont pas de sang dans les veines. Il entendra donc tous les soirs les Anglais, en se soûlant de punch, boire à la honte de la marine française! Il sera débarqué à Naples pour être un trophée pour les lazzaronis : il valait beaucoup mieux, pour lui, rester à Alexandrie ou à bord des vaisseaux comme prisonnier, sans jamais souhaiter ni demander rien. O'Hara, qui d'ailleurs était un homme très-commun, lorsqu'il fut fait prisonnier à Toulon, sur ce que je lui demandais, de la part du général Dugommier, ce qu'il désirait, répondit : *Être seul, et ne rien devoir à la pitié.* La gentillesse et les traitemens honnêtes n'honorent que le vainqueur; ils déshonorent le vaincu, qui doit avoir de la réserve et de la fierté [1] ».

Après la bataille d'Abouqyr, la confusion et la stupeur avaient été telles à Alexandrie, que les

---

[1] Lettre du 24 fructidor (10 septembre).

Le contre-amiral Perrée annonça, le 18 ventôse an 7, au ministre de la marine, qu'un rapport infidèle avait provoqué l'ordre du jour du général en chef, dans lequel le contre-amiral Blanquet-Duchayla était inculpé, et que la marine avait appris avec satisfaction que le Directoire avait rendu justice à cet officier. (*Moniteur*, 26 germinal an VII.)

chefs de la marine n'avaient fait au général en chef que des rapports très-incomplets. Il se plaignit vivement de ce qu'on lui avait laissé ignorer le nombre des morts, des blessés, des prisonniers et des matelots renvoyés par les Anglais; celui des vaisseaux qu'ils avaient emmenés ou brûlés; celui des principaux officiers sauvés, tués ou prisonniers; quelle était la force de l'ennemi, s'il avait des vaisseaux à trois ponts, combien de quatre-vingt. Il demandait au contre-amiral Gantheaume et à l'ordonnateur Leroy de vouloir bien enfin lui transmettre un compte très-détaillé de tout ce qui s'était passé et de l'état des choses, afin qu'il pût en instruire le gouvernement [1].

Le général Kléber avait assisté au désastre de l'armée navale, et reçu, dans cette circonstance, des impressions peu favorables à la marine. Il écrivait à Bonaparte : « J'ai pris beaucoup d'humeur contre elle. Je l'ai vue sous les rapports les plus dégoûtans. L'énormité des bagages qu'on a déchargés à Alexandrie, la sorte d'élégance que les officiers de mer étalent encore dans les rues, font bien voir que peu d'entre eux ont essuyé des pertes particulières. D'ailleurs les Anglais ont eu le désintéressement de tout rendre aux prisonniers, et de ne point souffrir qu'il leur soit soustrait un iota. Il n'en a pas été de même à l'égard de nos officiers de terre; personne n'a plaidé leur cause; et trop fiers sans doute pour la plaider eux-mêmes, dans cette circonstance, ils arrivent

[1] Lettres du 4 fructidor (21 août).

ici nus; et la plupart d'entre eux, plutôt que de se rendre, ont préféré de se jeter à la mer. J'ai signé leurs états de pertes, et je leur ai fait distribuer, en attendant, quelques effets du magasin. Je pense donc que ce ne serait pas sans provoquer des murmures, que l'on accorderait des dédommagemens aux officiers de la marine, si l'on n'en donnait en même temps aux officiers de terre; et je prends la liberté de retenir les 15,000 francs que vous aviez affectés au général Ganteaume, jusqu'à ce que vous ayez pris un arrêté général pour les souffrances des deux armes[1]. »

« Parmi tous les motifs d'espérance que vous me donnez, il n'en est qu'un que mon cœur refuse d'admettre, c'est celui que vous fondez sur la marine. Je regrette le clou, la planche qu'on y emploie. Le pauvre Casabianca m'a dit une fois, en gémissant, et comme s'il avait pressenti ce qui devait lui arriver : « Notre marine est un cadavre infect. » C'est pis encore.

Le frère du général Reynier, qui était passager sur l'aviso *le Léger*, pourra vous rendre compte de l'insigne lâcheté de cet équipage; le capitaine a été le premier à se coucher sur le ventre. Hier matin, deux heures avant le jour, les Anglais surprirent l'aviso *la Torride*, armé de trois pièces de dix-huit, sous le fort d'Aboukyr; ils vinrent l'attaquer avec de simples canots, montèrent à l'abordage, et firent prisonnier tout l'équipage

[1] Lettre du 5 fructidor (22 août).

endormi; le fort ne fut prévenu que par les coups de fusil que l'on tira dans le temps que les Anglais étaient déjà à bord; le capitaine a été puni en recevant neuf blessures; il a été rendu. Vous ne sauriez croire, citoyen général, combien ces récits pénètrent nos soldats d'indignation.

L'infanterie, qui se trouvait à bord de quelques bâtimens, m'a demandé, de la manière la plus pressante, à en être retirée pour rejoindre ses corps respectifs; j'y ai d'autant plus facilement accédé, qu'il était aisé à la marine de remplacer ses garnisons par des marins même, et que je pouvais par là renforcer celle de Rosette, que le général Menou trouvait beaucoup trop faible.

Ne vous en prenez pas à l'ordonnateur seul de la marine, si vous n'avez pas encore reçu un état approximatif du personnel et du matériel qui se trouvent dans le port; il aurait fallu qu'il eût été secondé par des hommes nerveux, et en quelque sorte identifiés avec la chose, et, j'ai beau observer, je n'en aperçois guère. Gantheaume qui, d'abord fort abattu, a repris son équilibre, est le seul qui paraisse se sentir, et dont vous puissiez tirer parti.

J'ignore la nature des blessures du capitaine de pavillon Gilet; il est parti d'ici assez bien portant. Quant au capitaine de frégate Martinet, il est le seul qui m'ait offert ses services à son retour; je lui ai donné le commandement de la légion nautique, dont deux compagnies se trouvent déjà à Abouqyr; les quatre autres les suivront sous deux ou trois jours, c'est-à-dire lorsqu'on leur aura distribué leurs armes. Je suis sûr qu'il maintiendra la discipline dans ce corps ; il est de tournure et de volonté à cela. Sa légion sera composée de 606 hommes, y compris l'état-major et tous les officiers [1]. »

Bonaparte répondit à Kléber qu'il n'approuvait pas la mesure qu'il avait prise, de retenir les 15,000 fr. destinés au contre-amiral Gantheaume; qu'il eût à les lui remettre; que, du reste, les officiers de terre, en garnison sur les vaisseaux, qui devaient être peu nombreux, se trouvaient naturellement compris dans la répartition [2]. Kléber et Gantheaume s'entendirent pour faire participer à ce secours les officiers des deux armées qui avaient le plus souffert.

Le général en chef écrivit à l'ordonnateur Leroy :

« Il est extrêmement ridicule, citoyen ordonnateur, que vous vous amusiez à payer le traitement de table, quand la solde des matelots et le matériel sont dans une si grande souffrance. Je vous prie de vous conformer strictement à mon ordre, d'employer au matériel les trois quarts de l'argent que je vous ai envoyé, et le quart seulement au personnel de la marine. En faisant de si grands sacrifices pour elle, mon intention a été de mettre les trois frégates et les deux vaisseaux en état de sortir le plutôt possible [3]. »

[1] Lettre du 9 fructidor (26 août).
[2] Lettre du 13 (30).
[3] Lettre du 29 (15 septembre)

18.

On lisait dans le *Courrier d'Égypte*, du 20 fructidor, cet article remarquable : « Trois vaisseaux de guerre portugais et deux frégates croisent dans ce moment-ci devant Alexandrie. C'est le coup de pied de l'âne. Mais le lion n'est pas mort, et une année ne se passera pas sans que cette ridicule croisière ne coûte des larmes de sang à la reine et aux grands du Portugal. Pour aller de Paris à Lisbonne, il n'y a point d'Océan à traverser [1] ».

Il se passa plus d'un an. Mais cette prédiction, où l'on reconnaît les paroles de Bonaparte, s'accomplit.

Pendant que l'armée de terre triomphait en Égypte et que l'armée navale succombait à Abouqyr, les communications avec la France étaient interrompues, et l'importante conquête de Malte s'affermissait lentement dans les mains des vainqueurs.

Les approvisionnemens de cette île éprouvaient des difficultés à cause des croisières anglaises et des mauvaises dispositions de la cour de Naples, qui entravait le commerce avec la Sicile. On avait ouvert des communications avec les puissances barbaresques; mais elles n'avaient encore rien produit qu'une lettre amicale du pacha de Tripoli.

Le peuple maltais, recommandable par sa douceur et sa bonté, semblait se rapprocher des Français, et avait même fait éclater son attache-

[1] N°. 3.

ment, à la fête du 14 juillet; mais il ne se pressait pas d'acheter des biens nationaux. Cette ressource, qu'avait indiquée le général en chef, paraissait donc devoir être encore nulle pour longtemps.

Vaubois, qui se flattait d'être généralement aimé dans l'île, voyait avec douleur que les militaires, pour lesquels il faisait tout ce qui était en son pouvoir, en usaient mal avec lui. Il assurait que, si la solde manquait pendant une seule décade, le soldat se porterait à des excès.

« Tout va assez d'accord ici, écrivait ce général à Bonaparte. Nous sommes cependant un peu en contradiction avec Regnault sur un seul point. Je crois qu'il a tort, car il est seul de son avis; et s'il persiste, c'est affaire d'amour-propre. L'objet est de grande conséquence, car il est question de l'administration de l'université. Il voudrait mettre à la tête, un homme contre lequel il y a beaucoup à dire. Tous les capitalistes en meurent de peur. Une administration qui assure la subsistance de l'île et des troupes, qui tient dans ses mains la fortune de tant de particuliers, qui est en déficit, mais dont il est facile de remonter le crédit, et qui éprouvera des secousses extrêmement dangereuses, si la confiance est alarmée, tout cela est du plus grand intérêt. Mais nous ne nous brouillerons pas, j'espère, et tout ira bien¹. »

La commission, chargée d'organiser le gouvernement, poursuivait ses travaux. Le peuple mal-

---

¹ Lettre du 27 messidor.

tais, quoique plongé dans la superstition et l'ignorance, montrait les plus heureuses dispositions pour se plier aux institutions nouvelles. Les habitans de la ville les goûtaient d'autant plus, qu'ayant plus de lumières, ils étaient plus exposés aux vexations des ci-devant chevaliers qu'ils avaient vu partir, en général, avec une extrême joie. Bosredon Ransijat remerciait le général en chef d'avoir laissé à Malte, un homme conciliant, brave et loyal, tel que le général Vaubois [1].

Il ne venait rien de Sicile. Naples était ouvertement déclaré pour les Anglais, et, de concert avec eux, voulait affamer Malte. On y manquait de charbon et de bois, le vin devenait rare; on avait besoin de chemises et d'argent, la solde était arriérée. On répandait des écrits pour soulever la garnison contre le général; cependant elle restait tranquille. Vaubois craignait que les réformes trop brusques, produites dans l'île, par le changement de gouvernement, ne causassent des mouvemens. « J'avoue, écrivait-il à Bonaparte, que la chaleur de Regnault m'ôte le temps de réfléchir [2]. »

Les douze municipalités étaient en pleine activité, les juges de paix en exercice, et leur ministère rendait plus de services que celui des prêtres; les tribunaux civils et criminels installés. La garde civique faisait son service. Les couvens

---

[1] Lettre de Bosredon-Ransijat à Bonaparte, du 29 messidor.
[2] Lettre du 11 messidor.

étaient réduits à un de chaque ordre ; les juridictions abusives de l'évêque et de l'inquisiteur abolies. « Un journal allait paraître, ajoutait à tous ces détails, Bosredon Ransijat, pour remplir le double but de célébrer dignement vos ultérieures et glorieuses entreprises, et d'éclairer le peuple maltais sur les avantages de sa réunion à la France [1]. »

Mais ces lettres étaient sans doute interceptées par les croisières anglaises, car Bonaparte, en écrivant, le 4 fructidor (21 août), au général Vaubois de fournir au contre-amiral Villeneuve les moyens de se ravitailler, lui mandait n'avoir pas reçu de lettres de lui.

A Malte, on était aussi sans nouvelles directes de l'Égypte. On y avait du pain et des armes ; tout le reste allait bientôt manquer. Tous les bâtimens expédiés pour la côte de la République romaine, avaient été pris ou forcés de relâcher. Personne ne voulait plus partir. On ne trouvait pas à assurer même à vingt pour cent. On ne pouvait rien obtenir de la Sicile ; une rupture avec Naples était imminente. On avait reçu quelques provisions de la Barbarie ; malgré cela on était gêné pour le présent, et inquiet sur l'avenir.

« Si vous étiez en Italie, écrivait Regnault à Bonaparte, votre pensée aurait rapidement jeté un pont sur le détroit de Messine, et sur le canal qui nous sépare de la Sicile ; mais vous n'êtes pas

---

[1] Lettre à Bonaparte, du 15 thermidor.

là pour pacifier ou vaincre, pour donner des ressources ou apprendre à s'en passer. Du moins, général, écrivez-nous ; mes lettres de Paris annoncent le maintien du système établi à notre départ, et, au premier *Moniteur* que vous avez lu, vous avez dû voir qu'il n'est pas changé, malgré la querelle sur le toast, au 22 floréal [1]. On publie hautement la paix de Rastadt ; moi, je n'y crois pas encore, et mes dernières lettres de Paris la présagent sans la garantir. On a publié, en dernier lieu, la mort de Pitt. Si cela est vrai, il aura fait comme Mirabeau, qui s'en est allé au bon moment [2]. »

Bonaparte répondit à Regnault :

« C'est avec un véritable plaisir que j'apprends la bonne conduite que vous tenez à Malte, et les services que vous rendez à la République, en lui organisant ce poste important.

Les affaires, ici, vont parfaitement bien ; tous les jours notre établissement se consolide ; la richesse de ce pays en blé, riz, légumes, coton, sucre, indigo, est égale à la barbarie du peuple qui l'habite. Mais il s'opère déjà un changement dans ses mœurs, et deux ou trois ans ne seront pas passés, que tout aura pris une face bien différente.

Vous avez sans doute reçu les différentes lettres

---

[1] Au banquet que se donnèrent, au jardin de Biron, 600 représentans, et où la loi du 22 floréal sur les élections était devenue une occasion de discorde et de scandale.

[2] Lettre du 8 fructidor.

que je vous ai écrites, et les relations des différens événemens militaires qui se sont passés. Ne négligez rien pour faire passer en France, par des spronades, toutes les nouvelles que vous avez de nous, ne fut-ce même que les rapports des neutres, pour détruire les mille et un faux bruits que les curieux d'une grande ville accueillent avec tant d'imbécillité [1]. »

[1] Lettre du 24 fructidor.

CHAPITRE VI.

Nomination de l'émir-haggi.—Fête du Nil.—Fête du prophète.
—Protestations pacifiques de Bonaparte envers la Porte et les
puissances de l'Orient.—Mesures pour la santé et la salubrité
publiques.—Institut d'Égypte.—Mesures relatives à divers services de l'armée et à la police du Kaire.—Koraïm décapité.—
Fête du 1er. vendémiaire an VII.—Assemblée du divan général.—Finances de l'Égypte.

La caravane de la Mekke avait à la fois un objet religieux et commercial. Elle partait des extrémités de l'empire de Maroc, recueillait dans sa route les pélerins d'Alger, de Tunis et de Tripoli, et venait au Kaire pour achever son voyage avec la caravane d'Égypte, dont elle précédait ou suivait la marche, à une journée de distance. Il s'y joignait des négocians qui portaient en Arabie des marchandises fines, telles que des draps, de la cochenille, du girofle, etc., et en rapportaient du café, réputé le meilleur, parce qu'il ne passait pas la mer, des schals, des essences et généralement tout ce qui a une grande valeur et peu de poids.

Dans le principe, et sans doute lorsqu'elle n'était que religieuse, la caravane était respectée par les Arabes; mais lorsqu'elle fut devenue commerciale, elle excita leur cupidité. Solyman la prit sous sa protection, chargea un fonctionnaire, l'*émir-haggi* (prince des pélerins), de l'escorter, et lui alloua sur son trésor un fond pour cette dépense. Cette protection ne fut pas toujours efficace. On n'en fut pas moins obligé de payer des subsides aux Arabes, pour que la caravane ne fût point inquiétée. Souvent ils se jouèrent de leurs promesses, et il fallut, quoiqu'on pactisât avec eux, maintenir et même successivement augmenter l'escorte.

C'était par cette caravane que l'on envoyait à la Mekke les fondations faites par les souverains de l'Égypte. 1°. le *kesouèn*. On appelait ainsi les tentures destinées à revêtir le temple de la Mekke et à décorer le tombeau de Fatmeh à Médine. On les fabriquait dans la citadelle du Kaire. 2°. le *sorreh* ; c'était un fond affecté au paiement des rentes et pensions, et dont le schérif de la Mekke faisait l'emploi.

Le général en chef nomma Mustapha-Bey, kiaya du pacha, émir-haggi, le revêtit d'une superbe pelisse verte, en présence du divan et des schérifs, et lui fit présent de diamans et d'un cheval harnaché. Il sortit de chez Bonaparte accompagné de plusieurs aides-de-camp, et fut salué de six coups de canon que répétèrent les batteries de la citadelle.

Pour plaire aux Égyptiens, les éblouir, entretenir l'enthousiasme de l'armée et lui procurer quelque distraction, le général en chef fit célébrer des fêtes et leur donna un grand éclat. Le débordement périodique du Nil, et l'ouverture des eaux lui en fournirent la première occasion. C'est la fête la plus populaire, car l'Égypte n'existe que par ce fleuve, il en est le père nourricier, la providence. Il commence à s'élever vers le solstice d'été; l'inondation croît jusqu'à l'équinoxe et diminue ensuite progressivement. C'est entre septembre et mars que se font les travaux de la campagne, les semences et les récoltes. Dès le commencement de la crue des eaux, le cheik, chargé du soin et de la garde du *meqyas* ou nilomètre, fait annoncer journellement ses progrès par des crieurs dans toutes les rues et aux portes des maisons : les habitans se font un plaisir de leur donner du pain et de l'argent. Le khalyg ou canal s'ouvre au-dessous du Vieux-Kaire sur la petite branche du Nil, formée par l'île de Roudah, et traverse le Kaire. L'oualy est chargé de former une digue à 50 pas en dedans du khalyg pour empêcher le fleuve d'y pénétrer, jusqu'à ce que ses eaux soient suffisamment élevées. La rupture de la digue a lieu du 15 au 20 août. Le 30 thermidor, une barque peinte, décorée de pavillons et de banderolles, armée de quatre canons qui faisaient un feu continuel, partit de Boulaq et vint se placer à l'ouverture du canal. On tira un feu d'artifice sur ses bords dès que la nuit fut venue. Le peuple afflua dans les quartiers voisins se livrant à la gaîté; les eaux se couvrirent de barques nombreuses. Les femmes elles-mêmes, cachées dans leur harem pendant le reste de l'année, participaient à l'allégresse commune en voguant, séparées des hommes, dans des nacelles où se faisaient entendre des chants et de la musique.

Le 1er. fructidor (18 août), à 6 heures du matin, accompagné des généraux, de l'état-major, du kiaya, du divan, du mollah, de l'aga, du qady et de plusieurs autres fonctionnaires ou personnages distingués, Bonaparte se rendit à l'entrée du khalig. Un peuple immense couronnait tous les monticules qui bordent le Nil et le canal. La flottille était pavoisée; une partie de la garnison sous les armes; le coup-d'œil imposant. L'arrivée du cortége fut annoncée par des salves d'artillerie. Les musiques française et arabe exécutaient différens airs. Le cheyk du meqyas annonça que le Nil s'était élevé à la 15e. coudée (25 pieds). Le procès-verbal en fut dressé et signé. On travailla à couper la digue; l'effort du fleuve seconda les ouvriers, elle disparut, et la barque de l'oualy du Vieux-Kaire vogua la première sur les eaux qui roulèrent en torrent dans le canal. Hommes, femmes et enfans tous s'y précipitèrent, attribuant des vertus à ce bain tumultueux. Les femmes y jetaient des mèches de cheveux, des morceaux d'étoffe, attendant de ces offrandes la fécondité ou d'autres biens. Bonaparte jeta au peuple plusieurs milliers de médins et des pièces d'or au bateau qui le premier entra dans le canal. Il revêtit de la pelisse noire le mollah, de la pelisse blanche le nakib-redjah, et fit distribuer 38 caftans aux principaux officiers civils et militaires du pays. Le cortége retourna sur la place d'Esbekych, suivi par le peuple qui chantait les louanges du prophète et de l'armée française, et maudissait les beys et leur tyrannie « Oui, disait-il, vous êtes venus nous délivrer par l'ordre de Dieu miséricordieux ; car vous avez pour vous la victoire et le plus beau Nil qu'il y ait eu depuis un siècle [1]. Ce sont deux bienfaits que Dieu seul peut accorder. »

« La fête qu'on a célébrée ici pour l'ouverture du canal du Nil, écrivit Bonaparte aux généraux Vial et Menou, a été très-belle, et a paru faire plaisir aux habitans. Celle du prophète le sera encore davantage [2]. »

Elle fut en effet célébrée au Kaire avec une grande pompe et par les commandans dans plusieurs provinces. Elle commença le 2 fructidor et dura quatre jours. Il y eut grande parade des troupes de la garnison. Tous les officiers généraux et supérieurs allèrent faire visite et présenter leurs félicitations au cheik El-Bekry, reconnu pour le premier descendant de Mahomet, nommé le matin le Nakik-el-Ascheraf ou chef des cheyks, en remplacement d'Osman-Effendi qui avait pris

---

[1] C'était une flatterie de la part du vaincu envers le vainqueur; car telles furent, pendant le séjour des Français, les crues du Nil à partir des plus basses eaux qui ne sont presque jamais au dessous de 5 pieds :

An 6, 22 pieds 6 pouces. Bonne.
7, 21   2   Médiocre.
8, 24   8   Très-bonne.

A 20 pieds, la crue ne suffirait pas pour arroser la très-grande majorité des terres.

[2] Lettres des 1er. et 3 fructidor.

la suite. Bonaparte s'y rendit aussi. On commença par réciter une espèce de litanie comprenant la vie de Mahomet depuis sa naissance jusqu'à sa mort. Une centaine de cheyks, assis en cercle sur des tapis et les jambes croisées, récitaient les versets en balançant fortement le corps en avant et en arrière et tous ensemble. Ensuite on servit un grand dîné où l'on fut assis sur des coussins. Il y avait de 100 à 120 convives répartis en 20 tables. Celle du général en chef et du cheyk El-Bekry était au milieu ; c'était un petit plateau de bois précieux et de marqueterie élevé à 18 pouces de terre. On servit successivement un grand nombre de plats ; c'étaient des pilaux de riz, des rôtis, des entrées, des pâtisseries, le tout fort épicé. Les cheyks dépeçaient tout avec leurs doigts ; aussi pendant le repas offrit-on trois fois à laver. On eut pour boisson de l'eau de groseille, de la limonade, plusieurs espèces de sorbets, et pour dessert beaucoup de compotes et de confitures. Le soir, toute la ville fut illuminée. On alla sur la place d'Esbekyeh, dont l'illumination en verres de couleur était fort belle. Il s'y trouva un peuple immense. On était placé en ordre par rangs de 20 à 100 personnes, qui récitaient debout des prières et des litanies avec des mouvemens qui finissaient par devenir convulsifs.

« Nous avons, écrivit Bonaparte à Menou, célébré ici la fête du prophète avec une pompe et une ferveur qui m'ont presque mérité le titre de saint[1]. »

---

[1] Lettre du 11 fructidor.

Quoique les agens de la Porte en Égypte n'eussent pas répondu aux démarches pacifiques que Bonaparte n'avait cessé de faire auprès d'eux, depuis son arrivée devant Alexandrie, il n'en continua pas moins de manifester dans tout le Levant des sentimens de paix envers le grand-seigneur. Il fit tous ses efforts pour ouvrir des communications directes avec le cabinet ottoman, afin de prévenir une rupture. Il chargea le consul français à Tripoli de Barbarie de faire connaître au bey de cette régence que la République Française continuerait à vivre en bonne intelligence avec lui comme par le passé ; que tous les sujets du bey seraient également protégés en Égypte, espérant de son côté qu'il se comporterait envers la République avec tous les égards qui lui étaient dus ; qu'il célébrait la fête du prophète avec la plus grande pompe ; que la caravane de Tripoli allait partir ; qu'il l'avait protégée, et qu'elle n'avait eu qu'à se louer des Français ; d'engager le bey à envoyer beaucoup de vivres à Malte, des moutons à Alexandrie, et à faire savoir aux fidèles que les caravanes seraient protégées et que l'émir-haggi était nommé [1].

L'émir-haggi expédia un exprès à Constantinople. Bonaparte chargea Kléber de lui donner toutes les facilités nécessaires pour son passage.

Le général en chef s'adressa au grand-visir par la lettre suivante :

« L'armée française que j'ai l'honneur de commander est entrée en Égypte, pour punir les

[1] Lettres des 17 thermidor et 1er. fructidor.

beys mamlouks des insultes qu'ils n'ont cessé de faire au commerce français. Le citoyen Talleyrand-Périgord, ministre des relations extérieures à Paris, a été nommé, de la part de la France, ambassadeur à Constantinople, pour remplacer le citoyen Aubert Dubayet, et il est muni des pouvoirs et instructions nécessaires de la part du Directoire exécutif, pour négocier, conclure et signer tout ce qui est nécessaire, afin de lever les difficultés provenant de l'occupation de l'Égypte par l'armée française, et de consolider l'ancienne et nécessaire amitié, qui doit exister entre les deux puissances. Cependant, comme il pourrait se faire qu'il ne fût pas encore arrivé à Constantinople, je m'empresse de faire connaître à votre excellence l'intention où est la République Française, non-seulement de continuer l'ancienne bonne intelligence, mais encore de procurer à la Porte l'appui dont elle pourrait avoir besoin contre ses ennemis naturels, qui, dans ce moment, viennent de se liguer contre elle.

L'ambassadeur Talleyrand-Périgord doit être arrivé. Si, par quelque accident, il ne l'était pas, je prie votre excellence d'envoyer ici, au Kaire, quelqu'un qui ait votre confiance, et qui soit muni de vos instructions et pleins pouvoirs, ou de m'envoyer un firman, afin que je puisse envoyer moi-même un agent, pour fixer invariablement le sort de ce pays, et arranger le tout à la plus grande gloire du sultan, et de la République Française, son alliée la plus fidèle, et à l'éternelle confusion des beys et Mamlouks, nos ennemis communs.

Je prie votre excellence de croire aux sentimens d'amitié et de haute considération, etc. [1] »

Lorsque les troupes françaises obligèrent Ibrahim-Bey d'évacuer la province de Charqyeh, Bonaparte lui avait écrit qu'il acceptait pour médiateur le pacha d'Égypte, et qu'il vînt le trouver. Il écrivit directement au pacha pour lui renouveler son désir de le voir revenir au Kaire pour y reprendre ses fonctions, et le prier de ne pas douter de la considération que l'on aurait pour lui, et du plaisir qu'il aurait à faire sa connaissance [2].

Il écrivit au pacha de Damas plusieurs lettres pour l'assurer que les Français n'étaient pas ennemis des Musulmans, et le prier d'être persuadé du désir où ils étaient de vivre en bonne intelligence avec lui, et de lui donner tous les signes de la plus parfaite amitié [3].

Bonaparte confia au jeune Mailly de Château-Renaud, officier de l'état-major, la mission de porter à Lataquie un paquet pour Constantinople; d'après ses instructions, rédigées avec le plus grand soin, il devait partir directement pour Lataquie sur une djerme qui lui serait fournie à Damiette; avoir pour première attention d'éviter

[1] Lettre du 5 fructidor.
[2] Lettre du 14.
[3] Idem.

les croisières anglaises ; engager le patron à changer de route lorsqu'il s'en verrait menacé ; ne s'approcher même qu'avec précaution des petits bâtimens venant de la côte, et ne les hêler que lorsqu'il serait sûr que ce n'étaient pas des corsaires ; les patrons de barque, reconnaissant facilement au large les djermes de leur pays. Il lui était recommandé, en cas de visite, de cacher soigneusement ses paquets, et de faire ce que la prudence lui dicterait ; et comme il portait l'habit oriental de ne parler qu'en langue turque avec son interprète arabe.

Parvenu à la marine de Lataquie, Mailly devait demander à parler à Codja-Hanna-Coubbé, intendant du gouverneur, et noliseur du brigantin français *la Marie*, arrivé à bon port à la rade de Damiette, le 11 fructidor, lui faire valoir la permission qu'avait donnée le général en chef à ce bâtiment, de faire son retour en riz, pour alimenter son échelle et la ville d'Alep ; demander de suite la permission de communiquer avec Geoffroy, proconsul de la République Française à Lataquie, résidant à un demi-quart de lieue de la marine, et, assisté de cet agent, se rendre chez le gouverneur, auquel il remettrait une lettre du général en chef.

Il fallait que Mailly prévît qu'il y avait des espions anglais à Lataquie, et que, pour mieux masquer l'expédition de son paquet pour Constantinople, il eût soin de dire au gouverneur, et de répandre dans le public que le général en chef avait envoyé sur toute la côte divers officiers pour engager les pachas à laisser toute liberté de commerce avec l'Égypte, et que sa mission particulière se bornait à Lataquie et à Alep. Pendant cette ouverture, le proconsul aurait la facilité d'envoyer sur-le-champ un messager qui se rendrait en deux jours à Alep. Choderlos, consul français, le garderait un jour ou deux tout au plus, pendant lesquels il donnerait au général en chef les nouvelles les plus authentiques qu'il aurait pu recueillir de la légation de Constantinople, ou par des correspondances particulières, sur la situation de cette capitale, les mouvemens en Romélie, en Syrie, etc., et en général sur tout ce qui pourrait intéresser le général en chef.

Mailly attendrait chez le proconsul le retour du message; se tiendrait très-réservé, sur les nouvelles d'Égypte, en tant qu'elles pourraient entraver sa mission; et, dans le cas où il trouverait le peuple de Lataquie en fermentation, il pourrait dire comme de lui-même : « Le bruit constant au Kaire est que l'expédition des Français est terminée, et, sans l'échec arrivé à notre escadre, notre armée se serait déjà retirée; mais en attendant de nouvelles forces maritimes, les ports de l'Égypte sont ouverts aux négocians musulmans, et ceux de Lataquie peuvent en toute sûreté y envoyer leur tabac qui fait toute leur richesse ».

Le messager étant de retour d'Alep, Mailly devait mettre sur-le-champ à la voile, tâcher de n'aborder aucune terre et de s'en retourner en droiture à Damiette, d'où il se rendrait sur-le-champ près du général en chef. Il mettrait la même prudence à cacher ses dépêches, et dans le cas où il se verrait forcé de les jeter à la mer, ou qu'elles fussent interceptées par les Anglais, son voyage ne serait pas inutile sous le rapport des nouvelles, en prenant à Lataquie la précaution de faire écrire en arabe les plus saillantes, et de les confier à son interprète, ou de les cacher dans un ballot de tabac [1].

Bonaparte expédiait beaucoup de bâtimens pour donner de ses nouvelles en France; mais il n'en avait pas reçu depuis le 18 messidor.

Il écrivit au consul français à Tripoli, le 1er. fructidor, pour l'instruire des progrès de l'armée, et, comme les Anglais étaient maîtres de la mer, il le priait d'expédier un courrier à Malte, ou à Civita-Vecchia, ou à Cagliari, d'où il gagnerait facilement Toulon; de lui remettre une lettre dont il lui envoyait copie; de dire que l'armée de terre était victorieuse et bien établie sans maladies et sans pertes de monde; que le général en chef se portait bien et qu'on n'ajoutât pas foi en France aux bruits que l'on faisait courir; de lui envoyer de Tripoli un courrier pour lui faire parvenir les nouvelles qu'il aurait reçues de France, et d'écrire à Malte pour qu'on lui envoyât toutes les gazettes qu'on y recevait; de lui expédier indispensablement, au moins une fois par décade, un courrier qui irait par mer jusqu'à Derne et de là traverserait le désert; qu'il rem-

---

[1] Instruction de Bonaparte, du 26 fructidor.

bourserait tous les frais; qu'il n'osait aventurer de l'argent au travers du désert; mais que s'il se trouvait à Tripoli un négociant qui eût besoin d'avoir 6,000 francs au Kaire, le consul pouvait les prendre et tirer une lettre de change sur le général en chef; d'ailleurs il paierait bien tous les courriers qui lui apporteraient des nouvelles intéressantes [1].

Le brick *le Lodi* arriva à Alexandrie le 5 fructidor, mais il était parti de Toulon le 2 messidor. Il avait soutenu un combat glorieux contre le brick anglais *l'Aigle*, qui était allé couler bas à Porto-Longo. Il avait traversé la croisière anglaise, et, pour éviter d'être pris, s'était échoué sur la côte entre Abouqyr et Alexandrie, où l'adjudant-général Camin fut tué par les Arabes. Bonaparte écrivit à Sennequier, commandant de ce brick, pour louer sa conduite, et l'assurer qu'il récompenserait sa bravoure [2].

En faisant connaître au schérif de la Mekke l'entrée de l'armée française en Égypte, Bonaparte l'assura de la ferme intention où il était de protéger de tous ses moyens le voyage des pélerins dans la ville sainte; que les mosquées et toutes les fondations que Médine et la Mekke possédaient en Égypte continueraient à leur appartenir comme par le passé. « Par les lettres que vous écriront le divan et les différens négocians de ce pays, lui mandait Bonaparte, vous

---

[1] Lettre du 1er. fructidor.
[2] Lettre du 13.

verrez avec quel soin je protége les imans, les schérifs et tous les hommes de loi; vous y verrez également que j'ai nommé pour émir-haggi Mustapha-Bey, kiaya de Seïd-Aboubeker, pacha-gouverneur du Kaire, et qu'il escortera la caravane avec des forces qui la mettront à l'abri des incursions des Arabes.

Je désire beaucoup que, par votre réponse, vous me fassiez connaître si vous souhaitez que je fasse escorter la caravane par mes troupes, ou seulement par un corps de cavalerie de gens du pays; mais, dans tous les cas, annoncez à tous les négocians et fidèles que les Musulmans n'ont pas de meilleurs amis que nous, de même que les schérifs et tous les hommes qui emploient leur temps et leurs moyens à instruire les peuples, n'ont pas de plus zélés protecteurs, et que le commerce, non-seulement n'a rien à craindre, mais sera spécialement protégé.

J'attends votre réponse par le retour de ce courrier.

Vous me ferez connaître également les besoins que vous pourriez avoir, soit en blé, soit en riz, et je veillerai à ce que tout vous soit envoyé[1]. »

Les cheyks et notables du Kaire écrivirent au schérif de la Mekke, ainsi que Bonaparte le lui avait annoncé, une longue lettre à la rédaction de laquelle il paraît qu'il ne fût pas étranger.

Ils y rappelaient la bataille des Pyramides où les Mamlouks avaient été défaits, la députation

---

[1] Lettres des 8 et 10 fructidor.

envoyée du Kaire au général en chef, l'empressement avec lequel il avait souscrit aux demandes qui lui avaient été faites pour que le culte mahométan continuât à être librement professé, et que la prière pour l'empereur des Ottomans fût faite comme à l'ordinaire.

« Il se plut encore, disaient-ils, à informer la députation qu'il était pénétré de la vérité incontestable qu'il n'y a d'autre dieu que Dieu ; que les Français, en général, étaient remplis de vénération pour notre prophète et le livre de notre sainte loi, et que beaucoup d'entre eux étaient convaincus de la supériorité de l'islamisme sur toutes les autres religions; et, en preuve, il cita la délivrance de tous les Musulmans qu'il trouva esclaves à Malte, quand il eut le bonheur de s'en emparer ; la destruction des églises chrétiennes et des croix, dans les états qu'il a conquis, et particulièrement dans la ville de Venise, où il a fait cesser les vexations qu'on faisait aux Musulmans ; le renversement du trône du pape qui légitimait le massacre des fidèles, et dont le siège était à Rome. Cet ennemi éternel de l'islamisme qui faisait croire aux chrétiens que c'était une œuvre méritoire, aux yeux de Dieu, de verser le sang des vrais croyans, n'existe plus, pour le repos des fidèles, sur lesquels le Tout-Puissant veille avec bonté. »

Dans cette lettre, on retraçait encore tout ce que le général en chef avait fait pour prévenir le pillage de la caravane de la Mekke par les Arabes, et les secours qu'il avait accordés aux pélerins échappés à la déprédation et à la mort; la solennité qu'il avait donnée à l'ouverture des eaux du Nil, à la fête du prophète, la nomination de l'émir-haggi, et les précautions qu'il prenait pour la sûreté future de la caravane.

Le schérif Galib, fils de Mussayd, sultan de la Mekke, répondit à l'émir Bonaparte, le protecteur des ulémas et l'ami de la sacrée Caâba; l'assura que les pèlerins qui viendraient la visiter n'avaient rien à craindre, l'invita à prendre quelque mesure pour encourager le commerce du café, les négocians de l'Hedjas n'étant point encore rassurés contre les vexations qu'ils éprouvaient de la part des Mamlouks; à leur faire connaître les droits qu'ils auraient à payer, lui promettant qu'alors ils accourraient en foule.

Parmi les pachas de la Porte, celui avec lequel il importait le plus à Bonaparte de maintenir la paix, était le fameux Achmet, pacha de Saïde (Sidon) et de Saint-Jean-d'Acre, surnommé *Djezzar*, ou *le boucher*. Cet homme féroce et entreprenant, commandait avec le titre de visir tout le pays situé entre le Nahr-el-Keb et Césarée, et avait une grande puissance. Il était à la fois son ministre, son chancelier, son trésorier et son secrétaire, souvent même son jardinier, son cuisinier, et quelquefois juge et bourreau. Il avait le vêtement d'un simple Arabe, et sa barbe blanche descendait sur sa poitrine. Il portait dans sa ceinture un poignard garni de diamans, comme marque d'honneur de son gouvernement. Il donnait ses audiences, assis sur une natte, dans une chambre sans meubles, ayant près de lui un pistolet à quatre coups, une carabine à vent, une hache et un long sabre. Pendant la conversation, il découpait avec des ciseaux toutes sortes de figures en papier. Dans ses antichambres, on voyait des domestiques mutilés de toutes les manières; l'un avait perdu une oreille, l'autre un œil, l'autre un bras. L'intérieur de son harem était inaccessible; on ne connaissait point le nombre de ses femmes; celles qui entraient une fois dans cette prison mystérieuse étaient perdues pour le monde. On leur donnait à manger par un tour, et c'était par là aussi que le médecin tâtait le pouls de celles qui étaient malades. Il tuait de sa propre main celles dont la fidélité lui était suspecte. Il avait alors près de soixante ans; mais sa vigueur était encore celle d'un homme dans la force de l'âge.

« Tel était l'homme, dit un Anglais [1], auquel l'Angleterre associa un de ses braves officiers, Sydney-Smith; ce fut aux drapeaux ensanglantés de ce monstre que la Grande-Bretagne réunit son étendard. »

Bonaparte envoya à Achmet-Pacha le chef de bataillon Beauvoisin pour lui remettre en main propre une lettre et lui en développer de vive voix le contenu.

Cette lettre était ainsi conçue :

« En venant en Égypte faire la guerre aux beys, j'ai fait une chose juste et conforme à tes intérêts,

---

[1] Mém. Polit., etc., de T. E. Ritchie. Paris, 1804; t. I, p. 224.

puisqu'ils étaient tes ennemis. Je ne suis point venu faire la guerre aux Musulmans. Tu dois savoir que mon premier soin en entrant à Malte, a été de faire mettre en liberté 2,000 Turcs qui, depuis plusieurs années, gémissaient dans l'esclavage. En arrivant en Égypte, j'ai rassuré le peuple, protégé les muphtis, les imans et les mosquées. Les pélerins de la Mekke n'ont jamais été accueillis avec plus de soin et d'amitié que je ne l'ai fait, et la fête du prophète vient d'être célébrée avec plus de splendeur que jamais.

Je t'envoie cette lettre par un officier qui te fera connaître de vive voix mon intention de vivre en bonne intelligence avec toi, en nous rendant réciproquement tous les services que peuvent exiger le commerce et le bien des États ; car les Musulmans n'ont pas de plus grands amis que les Français [1]. »

Djezzar-Pacha ne voulut ni recevoir Beauvoisin, ni répondre à Bonaparte, ainsi qu'on le voit par les deux lettres suivantes :

« Beauvoisin, envoyé du général en chef Bonaparte, à El-Hadji-Achmet-Pacha, Djezzar.

J'ai l'honneur de vous informer que, dans ce moment, j'arrive dans le port de votre capitale, venant de la part du général en chef Bonaparte, votre intime ami. Je suis porteur d'une lettre pour vous, qui vous fera connaître les sentimens d'estime et d'attachement qu'il vous porte. Je me flatte que, conformément aux ordres qu'il m'a

---

[1] Lettre du 5 fructidor.

donnés, vous m'admettrez à votre audience, pour que je puisse dissiper tous les doutes et soupçons qu'on a cherché à répandre sur ses vues ultérieures, et raffermir entre vous la bonne harmonie et la bonne intelligence; et, si vous jugez à propos de m'accorder cet honneur, mes vœux seront remplis, et je ne cesserai de prier Dieu pour la conservation de vos jours.

Au même.

« Après vous avoir prié d'agréer les vœux que je fais pour votre prospérité, j'ai l'honneur de vous informer qu'en conséquence de la réponse que vous m'avez faite par l'entremise de votre serviteur le Reis-Mustapha, il ne me reste plus qu'à retourner vers le général en chef Bonaparte, votre ami particulier; et en effet il ne m'appartient pas de vous demander les raisons pour lesquelles vous n'avez pas trouvé à propos de me recevoir et de me donner un moment d'audience. Je partirai avec un grand regret, celui de n'avoir pu moi-même vous témoigner les sentimens d'estime et d'amitié que le général en chef Bonaparte a et aura toujours pour vous. Je prendrai cependant la liberté de vous assurer que la République Française est disposée à resserrer les liens de bonne harmonie qui l'attachent à vous, et à vous en donner des preuves convaincantes toutes les fois qu'elle trouvera quelque chose à faire pour vous. Mais pour vous mettre plus à même de juger des sentimens distingués du général en chef envers vous, je dois vous envoyer la lettre qu'il vous a écrite, et, si vous le jugez à propos, vous me chargerez de lui en porter la réponse Agréez les adieux que je vous fais d'ici, et les vœux que je ne cesserai de faire pour votre prospérité. »

Djezzar, comme tous les Orientaux, se servait souvent d'allégories et de paraboles. Voici l'apologue par lequel il expliquait les raisons qui le rendaient ennemi des Français :

« Un esclave noir, disait-il, après un long voyage où il avait souffert tous les genres de privations, arriva dans un petit champ de cannes à sucre. Il s'y arrêta, s'abreuva de cette liqueur délicieuse, et se détermina à s'établir dans ce champ. Un moment après passèrent deux voyageurs qui se suivaient. Le premier lui dit : *salamaleck* (le salut soit avec toi). « Le diable t'emporte », lui répondit l'esclave. Le second voyageur s'approcha de lui et lui demanda pourquoi il avait si mal accueilli un propos plein de bienveillance. — J'avais de bonnes raisons pour cela, répliqua-t-il ; si ma réponse eût été amicale, cet homme m'aurait accosté, se serait assis auprès de moi, il aurait partagé ma nourriture, l'aurait trouvée bonne, et aurait cherché à en avoir la propriété exclusive. »

Les négocians français, établis à Jaffa, ayant fait part de leurs sollicitudes au général en chef, il leur répondit :

« Je n'ai reçu qu'aujourd'hui, citoyens, votre lettre du 9 thermidor. Je vois avec peine la position dans laquelle vous vous trouvez : mais les nouvelles ultérieures que l'on aura eues de nos principes, auront, j'en suis persuadé, dissipé toutes les alarmes qui vous entouraient.

Je suis fort aise de la conduite de l'aga gouverneur de la ville : les bonnes actions trouvent leur récompense, et celle-là aura la sienne.

Malheur, au reste, à celui qui se conduira mal envers vous ! Conformément à vos désirs, le divan, composé des principaux cheyks du Kaire, le kiaya du pacha, et le mollah d'Égypte, et celui de Damas, qui se trouvent ici, écrivent en Syrie, pour dissiper toutes les alarmes. Les vrais Musulmans n'ont pas de meilleurs amis que nous [1]. »

Les notables musulmans du Kaire écrivirent en effet en Syrie dans les mêmes termes qu'au schérif de la Mekke, et rappelèrent tous les titres que le général en chef s'était acquis à la confiance des vrais croyans.

Le climat de l'Égypte est sain ; mais la peste règne souvent sur ses côtes.

Le général en chef établit une administration destinée à faire exécuter, autant que les circonstances et les localités le permettraient, les réglemens sanitaires du lazaret de Marseille, le plus vaste, le plus commode et le mieux administré de toute l'Europe. Il plaça à la tête de cette administration, sous le titre d'ordonnateur des lazareths, le citoyen Blanc, un des anciens conservateurs de celui de Marseille. Les autres employés furent choisis parmi les anciens capitaines du commerce, et les gardiens de santé parmi les

---

[1] Lettre du 10 fructidor.

marins de tout grade, habitués à la navigation du Levant. Déjà des mesures avaient été prises pour l'établissement de lazarets à Alexandrie, Rosette et Damiette. Le général en chef créa au Kaire un bureau de santé et de salubrité pour cette ville.

L'ophtalmie est une maladie du pays. Saint Louis ramena de son expédition une foule d'aveugles; c'est pour eux que fut établi, à Paris, l'hospice des Quinze-Vingts.

Cette maladie fut la première qui se déclara dans l'armée. Les gens de l'art n'étaient pas plus d'accord sur les moyens de la traiter que sur les causes qui la produisaient. Des empyriques du pays surprenaient la crédulité des militaires qui en étaient atteints. La chaleur brûlante du jour, la réfraction des rayons du soleil par la blancheur des corps répandus sur le sol; l'usage immodéré des liqueurs spiritueuses et des femmes; la poussière entraînée par l'air; surtout la suppression de la transpiration cutanée par le passage subit du chaud au froid; l'humidité et la fraîcheur des nuits pour les militaires qui bivouaquaient, furent regardés par les chirurgien et médecin en chef comme les causes de l'ophtalmie. Ils publièrent des avis pour engager les militaires à prendre tous les moyens de se garantir de la fraîcheur des nuits. Traitée selon les préceptes de l'art, l'ophtalmie n'avait point de suites fâcheuses, et, quand elle était suivie de cécité, ce n'était que par la confiance du soldat dans les remèdes des empyriques, par sa négligence à se rendre à l'hôpital, et à observer le régime qui lui était prescrit.

Une des premières sollicitudes du général en chef fut d'établir des hôpitaux. Le Kaire offrait des ressources, mais tout était à créer. La maison d'Ibrahim-Bey fut érigée en hôpital pour 500 malades. Il y en eut aussi dans les principales villes, sans compter les hôpitaux régimentaires. Bonaparte rechercha et régla avec un grand soin tout ce qui pouvait prévenir les maladies ou en abréger la durée et les guérir. Les bains, la propreté, les mesures hygiéniques devinrent le texte habituel de ses ordres du jour; on le verra se charger lui-même d'exécuter ses ordonnances, et affronter la contagion. Il visita le grand hôpital du Kaire, quelques jours après son établissement, et témoigna son mécontentement de la pénurie d'eau, d'eau-de-vie, de médicamens dans laquelle il l'avait trouvé. Il ordonna que les officiers fussent mis dans des chambres séparées, ce qui lui paraissait essentiel dans un pays où tout homme malade était obligé d'aller à l'hôpital; et il requit deux moines de Terre-Sainte pour y être toujours de planton, afin de servir d'interprètes et de soigner les malades [1].

Depuis le 15 messidor jusqu'au 30 fructidor, il entra dans les hôpitaux 1,500 malades, et il n'en mourut qu'environ 60 [2].

Vaincre, chasser les beys et les Mamlouks,

---

[1] Lettre à l'ordonnateur en chef, du 16 thermidor.
[2] Desgenettes, *Histoire Médicale*, etc., p. 17.

soumettre les populations diverses, conquérir, ce n'était pas assez pour Bonaparte. Procurer aux Égyptiens quelques-uns des avantages de la civilisation, adoucir leur condition, en faire les alliés de ses armes, ramener sur les rivages du Nil les sciences et les arts qui en étaient depuis si longtemps exilés, telle était sa noble ambition. Il va donc ouvrir la carrière aux savans, aux artistes que la République Française a attachés à l'expédition.

Il chargea Monge, Berthollet et Caffarelli-Dufalga de se concerter pour choisir au Kaire une maison dans laquelle on pût établir l'imprimerie française et arabe, un laboratoire de chimie, un cabinet de physique et un observatoire, où il y eût une salle pour l'institut, et de lui présenter une organisation avec l'état de la dépense [1].

Il arrêta qu'il serait établi au Kaire un institut pour les sciences et les arts, qui s'occuperait principalement, 1°. du progrès et de la propagation des lumières en Égypte; 2°. de la recherche, de l'étude, et de la publication des faits naturels et historiques.

Il en nomma d'abord membres Monge, Berthollet, Caffarelli, Geoffroy, Desgenettes et Andréossy, et les invita à se réunir pour désigner les personnes qui devaient compléter l'institut, et pour faire un réglement d'organisation [2].

Il fut divisé en quatre sections, de mathémati-

---

[1] Ordre du 16 thermidor (3 août).
[2] Arrêté du 3 fructidor.

ques, de physique, d'économie politique, de littérature et beaux-arts, et composé de 36 membres [1].

Un des palais des beys fut consacré aux séances, à des collections de machines, d'instrumens apportés de France, aux curiosités du pays, des trois règnes de la nature, et au logement des savans. Le jardin devint un jardin de botanique; il était très-vaste, on y éleva un fort dit de l'*Institut*. Un laboratoire de chimie fut placé au quartier-général. Les mœurs simples des savans, leurs travaux, l'utilité dont ils étaient, leur acquirent de la considération dans l'armée et parmi les habitans. Les travaux sont connus; nous nous bornerons donc à en rappeler quelques-uns lorsqu'il y aura lieu, et ici à rapporter quelques vues soumises à l'institut par le général en chef. Ce corps savant ouvrit sa première séance le 6 fructidor.

Monge fut d'abord nommé président, Bonaparte vice-président et Fourier secrétaire perpétuel. Le général en chef proposa ces questions :

1°. Les fours employés pour la cuisson du pain de l'armée sont-ils susceptibles de quelques améliorations, sous le rapport de la dépense du combustible, et quelles sont ces améliorations ?

---

[1] *Mathématiques* : Andréossy, Bonaparte, Costaz, Fourier, Girard, Le Père, Leroy, Malus, Monge, Nouet, Quésnot, Say. — *Physique* : Berthollet, Champy, Conté, Delille, Descotils, Desgenettes, Dolomieu, Dubois (remplacé par Larrey), Geoffroy, Savigny. — *Économie politique* : Caffarelli, Gloutiers, Poussielgue, Sulkowski, Sucy, Tallien. — *Littérature et arts* : Denon, Dutertre-Norry, Parseval, D. Raphaël, Redouté, Rigel, Venture.

2°. Existe-t-il en Égypte des moyens de remplacer le houblon dans la fabrication de la bière?

3°. Quels sont les moyens usités de clarifier et de rafraîchir l'eau du Nil?

4°. Dans l'état actuel des choses au Kaire, lequel est le plus convenable à construire, du moulin à eau ou du moulin à vent?

5°. L'Égypte présente-t-elle des ressources pour la fabrication de la poudre, et quelles sont ces ressources?

6°. Quelle est en Égypte la situation de la jurisprudence, de l'ordre judiciaire civil et criminel, et de l'enseignement? Quelles sont les améliorations possibles dans ces parties, et désirées par les gens du pays?

A la séance du 26 fructidor, Bonaparte remit sur le bureau un exemplaire de la Connaissance des temps pour l'an VII, et invita l'institut à s'occuper de la rédaction d'un almanach comprenant la division du temps selon l'usage des Français, celui des Cophtes et celui des Musulmans. Une commission fut nommée pour faire ce travail.

A la séance du 21 vendémiaire an VII, sur la proposition de Bonaparte, on discuta les questions suivantes, et on chargea des commissions de les examiner.

1°. Recueillir les renseignemens les plus exacts sur les moyens de cultiver la vigne, et désigner les parties du territoire les plus convenables à cette culture;

2°. Accorder un prix au projet le meilleur et

le plus économique de fournir de l'eau à la citadelle du Kaire;

3°. Comment on pourrait utiliser l'immense amas de décombres qui formait en quelque sorte l'enceinte de cette ville.

4°. Établir un observatoire, chercher les moyens d'en accélérer l'établissement, et choisir un emplacement convenable.

5°. Le *Meqyas* ou Nilomètre du Kaire, pouvant donner lieu à des recherches intéressantes, sous le double rapport de la géographie ancienne et de son usage, décrire exactement ce monument; rappeler les faits historiques dont il était l'objet, indiquer les changemens qu'il avait éprouvés, ou ceux qui seraient dus à l'élévation du fond même du fleuve; en même temps examiner si on pourrait placer avec avantage, dans cet endroit des machines mues par les courants d'eau.

6°. Commencer le plus promptement possible une suite non interrompue d'observations thermométriques et hygrométriques, et des expériences sur les mouvemens lents et les oscillations de l'aiguille aimantée.

7°. Faire creuser des puits dans divers endroits du désert voisin, afin d'examiner avec soin la nature des eaux et toutes les circonstances accessoires.

8°. Examiner dans le voisinage de l'aqueduc portant l'eau à la citadelle une quantité assez considérable de colonnes qui semblaient avoir été destinées autrefois à décorer un édifice public:

A la séance du 21 brumaire, sur la proposition

de Bonaparte, l'Institut créa une commission pour examiner les procédés que suivaient les habitans du pays dans la culture du blé, et les comparer avec ceux qui étaient en usage en Europe.

L'Institut d'Égypte correspondait avec l'Institut national de France. A la séance du 16 frimaire, Bonaparte communiqua le résultat des différentes recherches faites sur l'état-civil, l'ordre judiciaire et le système religieux et politique de l'Égypte.

Le 26, il fut nommé président.

A compter de cette époque, on ne voit plus dans les procès-verbaux de l'Institut que Bonaparte ait même assisté à ses séances. Il en fut empêché, sans doute, par les opérations militaires qui interrompirent aussi à plusieurs reprises les travaux de ce corps savant.

On publia deux journaux au Kaire, l'un sous le nom de *Décade Égyptienne* contenant les travaux de l'Institut et de la commission des sciences et arts, l'autre intitulé *Courrier de l'Égypte*, faisait connaître la situation politique intérieure et extérieure du pays; c'était le journal officiel.

Tandis que les pouvoirs civils et militaires s'établissaient, Bonaparte, du Kaire, dirigeait leurs opérations et s'occupait de compléter l'organisation de l'armée, d'améliorer les divers services, distribuait le blâme et les récompenses, et assurait par des moyens de police la tranquillité de la capitale de l'Égypte. Tel fut le but d'une foule de dispositions isolées prises par le général en chef, et dont nous rapportons ici un choix, pour donner une idée de l'esprit dans lequel elles étaient conçues.

Pour monter la cavalerie et organiser les transports, le général en chef ordonna une réquisition de chevaux et de chameaux, et affecta à ces services ceux qui appartenaient aux Mamlouks, ou qui avaient été pris à l'ennemi. Les chameaux furent spécialement destinés à porter les pièces de canon de trois, leurs munitions, les cartouches de l'infanterie, pour diminuer le plus possible les caissons. Un chameau fut mis, par division, à la disposition du commandant du génie, pour porter les outils des pionniers. Après avoir pourvu aux besoins de l'artillerie, qui avaient la préférence, il fut accordé à chaque bataillon pour porter ses bagages deux chameaux, un au chef de brigade et au quartier maître pour porter les registres et la caisse. Il était alloué au capteur des animaux pris à l'ennemi quatre louis pour un cheval, et six pour un chameau. Il y avait peine de mort contre tout soldat qui entrerait dans les maisons des habitans pour voler des chevaux et chameaux [1].

Les provinces furent divisées en arrondissemens pour subvenir aux approvisionnemens des villes, places et corps de troupes. Les intendans des provinces furent chargés, sous la surveillance des généraux commandans, d'envoyer sur les points qui leur étaient désignés et aux époques fixées les quantités d'approvisionnemens qui leur étaient demandées.

[1] Ordre du jour de Bonaparte.

D'après un ordre du général en chef, il ne fut fabriqué qu'une seule qualité de pain pour toute l'armée ; l'état-major et les administrations reçurent leurs rations en pain de munition. Un pain plus soigné fut fait seulement pour les hôpitaux, et il fut défendu, sous quelque prétexte que ce fût, aux administrateurs et aux gardes-magasins, de donner de ce pain au *général en chef*, à aucun général, ni au munitionnaire général [1].

L'adjudant général Beauvais ayant donné sa démission, Bonaparte l'accepta en ces termes : « Un officier qui, se portant bien, offre sa démission au milieu d'une campagne, ne peut pas être venu dans l'intention d'acquérir de la gloire, et de concourir au grand but de la paix générale ; il a été conduit ici par tout autre motif, et dès-lors n'est point digne des soldats que je commande [2] ».

L'adjoint aux adjudans-généraux, Beauvoisin (Calmet), fut destitué et renvoyé en France pour avoir quitté son poste et tenu des propos propres à décourager le soldat [3].

---

[1] Ordre du jour de Bonaparte, du 11 fructidor (28 août).
[2] *Idem* du 23 vendémiaire an VII (14 octobre).
[3] *Idem* du 22 fructidor (8 septembre).

Des écrivains ont accusé Bonaparte d'avoir renvoyé Beauvoisin pour n'avoir pas réussi dans sa mission auprès de Djezzar-Pacha. C'est une supposition gratuite et tout à fait improbable qui ne peut prévaloir contre les motifs énoncés dans l'ordre du jour de l'armée. Les mêmes écrivains disent que Beauvoisin fut pris par les Turcs et renfermé au château des Sept-Tours jusqu'en 1801. On croit qu'il y a ici confusion ; ce fut l'adjudant-général Beauvoisin qui fut en effet pris et détenu jusqu'à cette époque. L'ordre du jour qui le concerne était rigoureux ; mais la situation de Bonaparte lui faisait un devoir de prévenir des offres de démis-

Il fut ordonné aux particuliers chez qui se trouveraient de jeunes Mamlouks ayant plus de 8 ans et moins de 16, des esclaves noirs ou blancs du même âge, ayant appartenu à des Mamlouks et par eux délaissés, de les restituer et de les déposer chez le commandant du Kaire, pour être mis en subsistance dans les corps de la garnison et être incorporés dans l'armée à raison de neuf par bataillon et 4 par escadron. Ceux au-dessous de 14 ans furent employés comme tambours [1].

Chaque soldat, canonnier ou charretier fut astreint à se procurer un bidon en ferblanc, capable de contenir l'eau nécessaire à un homme pour un jour.

La ration du café fut fixée à une demi-once; il ne pouvait en être distribué à la troupe que par ordre du général en chef [2].

L'obéissance des soldats et leur dévouement au général en chef n'en faisaient point de vils automates. Ils conservaient toujours le sentiment de leurs droits, et les réclamaient par fois avec énergie. Le conseil d'administration de la 69e demi-brigade lui écrivit : « Si en venant vous dire : *on nous doit, sans cesse on nous fait espérer de de nous mettre au niveau de toute l'armée, et cette promesse n'est jamais qu'un vain espoir*, c'était nous nuire dans votre estime, seul bien

---

sion qui auraient pu altérer le moral de l'armée et contribuer à sa désorganisation.

[1] Ordre du jour de Bonaparte, du 22 fructidor.
[2] *Idem* du 26 (12 septembre).

dont nous soyons jaloux, nous ferions, n'en doutez pas, le sacrifice de nos créances comme tant de fois nous l'avons fait de notre sang, satisfaits d'obtenir un regard de vous. Mais vos ordres ne sont point exécutés, vos volontés ne sont point remplies. Il nous est dû, arriéré de solde, gratifications, etc., en tout 144,011 fr. 19 s. 6 d. Nous ne demandons que ce que votre intention est de nous donner. Nous ne courons point après les richesses ; nous ne sommes point des Espagnols traversant les mers pour elles. Il nous suffit de votre estime et de la gloire de vous suivre [1] ».

Depuis son entrée en Égypte, l'armée avait reçu sa solde des mois de floréal, prairial et messidor ; mais elle avait un arriéré antérieur à ce trimestre. L'ordonnateur en chef était chargé d'un travail à cet égard ; elle en avait été prévenue. En transmettant ces renseignemens au conseil d'administration de la 69e., Bonaparte lui répondit qu'il allait demander un rapport sur sa réclamation, et ajouta : « S'il est constaté que vous ayez touché moins de paye que le reste de l'armée, je donnerai sur-le-champ les ordres, et je prendrai les mesures pour que vous soyez mis au courant [2].

Il y avait, à toutes les rues du Kaire, des portes qui étaient fermées la nuit pour empêcher les incursions des Arabes qui venaient piller. Elles pouvaient être dangereuses à la garnison française, et favoriser les habitans en cas de révolte. Le général

---

[1] Lettre du 21 fructidor.
[2] Idem du 30.

en chef les fit détruire. A la révolte du 1er. brumaire on se trouva bien de cette précaution.

Il entrait dans tous les détails journaliers du service de la place. D'après ses instructions au général Dupuis, qui la commandait, la vigilance était plus nécessaire pour sa tranquillité, qu'une grande dissémination des troupes. Quelques officiers de service parcourant la ville, quelques sergens de planton, sur des ânes, et se croisant, des adjudans majors visitant les endroits les plus importans, quelques Francs se faufilant dans les marchés, dans les différens quartiers, quelques compagnies de réserve pour envoyer dans les lieux où il y aurait du trouble, étaient plus utiles et fatigaient moins que des gardes fixées sur des places et dans des carrefours. Sans la surveillance à exercer sur les maisons des Mamlouks, 400 hommes d'infanterie et 50 de cavalerie auraient suffi pour le service de la place; il pensait donc que 200 hommes étaient plus que suffisans [1].

Il y avait, en Égypte, une immense quantité d'ânes d'une grande et belle race. Au Kaire, ils servaient de monture aux habitans et surtout aux femmes. Moyennant une petite quantité de parahs, les soldats en avaient un à leur disposition pendant une journée. La vitesse avec laquelle ils les faisaient courir causaient des accidens dans les rues. Un ordre du jour leur recommanda de mener les ânes moins vite et les rendit responsables des dommages qu'ils occasioneraient [2].

[1] Lettre du 17 thermidor.
[2] Ordre du jour du 16 fructidor.

Des soldats s'étant permis d'insulter publiquement des femmes égyptiennes au Kaire, avec une violence qui répandit de l'effroi, en attendant qu'on pût les reconnaître et les punir, et pour éviter un pareil abus, le général en chef ordonna que les chefs de corps de la garnison désigneraient, chaque jour, deux sous-officiers pour parcourir la ville, veiller au bon ordre et faire arrêter les soldats qui le troubleraient [1].

Étant à Alexandrie, Bonaparte avait ordonné aux habitans de cette ville de porter la cocarde tricolore; il étendit cette mesure aux habitans de toute l'Égypte. Les bâtimens naviguant sur le Nil furent tenus de porter aussi le pavillon aux trois couleurs. Il défendit aux généraux commandant dans les provinces et aux officiers français d'admettre aucun individu du pays à leur parler s'il n'avait la cocarde, et aux commandans de la marine de laisser naviguer les bâtimens qui n'auraient pas le nouveau pavillon. Les membres du divan seuls purent porter, comme distinction, un shal tricolore sur l'épaule. Au 1er. vendémiaire de l'an 7, le pavillon tricolore fut arboré sur le plus haut minaret du château du Kaire et sur les plus hauts minarets du chef-lieu des provinces [2].

Des habitans du Kaire se firent un scrupule de se conformer à cette mesure. Bonaparte voulut se charger lui-même de le dissiper. Il réunit chez lui les membres du divan et quelques personnages in-

---

[1] Ordre du jour du 7 vendémiaire an VII.
[2] Arrêté du général en chef, du 2e. complémentaire (18 sept.).

fluens sur l'esprit du peuple. Il entendit leurs objections, les discuta et se livra, pendant deux longues conférences, à une discussion théologique qui étonna les docteurs et parut les convaincre. Les membres du divan prirent, en sa présence, la cocarde tricolore, et promirent que bientôt tous les Égyptiens la porteraient.

Il fut créé, au Kaire, dix compagnies de garde nationale, composées de tous les employés, individus quelconques, à la suite de l'armée et de tous les Européens résidant dans la ville; il leur fut distribué des fusils provenant du désarmement des habitans ; chaque garde national était tenu d'avoir 50 cartouches du calibre de son arme. Ces compagnies ne faisaient pas de service ; en cas de générale, elles devaient se rendre aux postes qui leur étaient désignés d'avance [1].

Le général en chef faisait par fois la police à la manière des Turcs. « Faites couper, écrivit-il au général Dupuis, la tête aux deux espions, et faites les promener, dans la ville, avec un écriteau qui apprenne que ce sont des espions du pays. Faites savoir à l'aga, que je suis très-mécontent des propos que l'on tient dans la ville contre les chrétiens [2].

Un exemple de sévérité fut donné sur la personne du schérif Koraïm d'Alexandrie. Lorsque envoyé de Rosette par Menou, il fut arrivé au Kaire, Bonaparte le fit renfermer dans la citadelle, re-

---

[1] Ordre du jour de Bonaparte, du 13 vendémiaire (4 octobre).
[2] Lettre du 6 vendémiaire.

commanda, au général Dupuis, de prendre des précautions pour qu'il ne s'échappât pas et de l'interroger pour savoir si, depuis qu'il avait juré fidélité, il avait écrit à Mourad-Bey et aux Mamlouks, et quelle espèce de correspondance il avait eue avec les Arabes du Bahyreh [1]. Il fut condamné à mort et décapité, le 20 fructidor, sur la place de la citadelle. Sa tête fut promenée dans les rues du Kaire avec un écriteau portant : « *Koraïm schérif d'Alexandrie, condamné à mort pour avoir trahi le serment de fidélité qu'il avait fait à la République Française et avoir continué ses relations avec les Mamlouks auxquels il servait d'espion. Ainsi seront punis les parjures et les traîtres.* »

La mort de ce schérif est le premier des nombreux chefs d'accusation portés contre Bonaparte pendant la guerre d'Égypte. Des ames sensibles se sont apitoyées sur le triste sort de cet honnête Musulman, immolé par le général en chef. On a vu que c'était Kléber qui, convaincu de sa trahison, l'avait fait arrêter et dénoncé à Bonaparte.

Du reste, toutes les mesures prises pour s'emparer de ses biens qui furent confisqués, restèrent sans effet; prévoyant son sort, il avait fait disparaître tout ce qu'il possédait.

Le drapeau tricolore, planté sur la plus haute des pyramides, annonça aux habitans de l'Égypte la commémoration de la fondation de la République.

---

[1] Lettre du 28 thermidor.

Le général en chef ordonna qu'elle serait célébrée par une fête civique sur tous les points où se trouvait l'armée, et en traça lui-même le programme.

A Alexandrie on devait, en exécution de son ordre du jour du 17 messidor, graver sur la colonne de Pompée, en présence de la garnison, les noms des Français tués à la prise de cette ville, arborer le pavillon tricolore au haut de la colonne, et illuminer l'aiguille de Cléopâtre.

Au Kaire, au milieu de la place d'Esbeckieh, devait s'élever une pyramide à sept faces destinées à recevoir chacune les noms des Français morts à la conquête de l'Égypte dans les cinq divisions de l'armée ; la marine, l'état major, la cavalerie, le génie et l'artillerie. Une députation de chaque bataillon était envoyée aux pyramides pour y planter le drapeau national. Des manœuvres, des courses, des illuminations, concouraient à la solennité de cette journée.

Dans la Haute-Égypte, c'était sur les ruines de Thèbes que les troupes célébraient la fête [1].

Bonaparte adressa, le jour de la fête, la proclamation suivante à l'armée :

« Soldats !

Nous célébrons le premier jour de l'an VII de la République.

Il y a cinq ans, l'indépendance du peuple fran-

---

[1] Ordre du jour de Bonaparte, du 11 fructidor.

çais était menacée ; mais vous prîtes Toulon, ce fut le présage de la ruine de nos ennemis.

Un an après vous battiez les Autrichiens à Dégo.

L'année suivante, vous étiez sur le sommet des Alpes. Vous luttiez contre Mantoue, il y a deux ans, et vous remportiez la célèbre victoire de Saint-George.

L'an passé vous étiez aux sources de la Drave, et de l'Isonzo, de retour de l'Allemagne.

Qui eût dit, alors, que vous seriez aujourd'hui sur les bords du Nil, au centre de l'ancien continent.

Depuis l'Anglais, célèbre dans les arts et le commerce, jusqu'au hideux Bédouin, vous fixez les regards du monde.

Soldats, votre destinée est belle parce que vous êtes dignes de ce que vous avez fait, et de l'opinion que l'on a de vous. Vous mourrez avec honneur comme les braves dont les noms sont inscrits sur cette pyramide, ou vous retournerez dans votre patrie couverts de lauriers, et de l'admiration de tous les peuples.

Depuis cinq mois que nous sommes éloignés de l'Europe, nous avons été l'objet des sollicitudes de nos compatriotes. Dans ce jour, quarante millions de citoyens célèbrent l'ère des gouvernemens représentatifs. Quarante millions de citoyens pensent à vous. Tous disent : C'est à leurs travaux, à leur sang, que nous devrons la paix générale, le repos, la prospérité du commerce et les bienfaits de la liberté civile. »

Le cinquième jour complémentaire, au soleil couchant, la fête fut annoncée au Kaire par trois salves d'artillerie.

Le lendemain, au lever du soleil, trois autres salves répétées par toute l'artillerie des divisions, par celle du parc et de la marine, furent le signal du commencement de la fête.

Aussitôt, la générale battit dans la ville, toutes les troupes, dans la plus grande tenue, prirent les armes et se rendirent sur la place d'Esbeckieh.

Là, avait été tracé un cirque de 200 toises de diamètre, dont le pourtour était formé de 105 colonnes, décorées d'un drapeau tricolore, portant le nom de chacun des départemens de la République. Ces colonnes étaient réunies par une double guirlande, emblème de l'unité et de l'indivisibilité de toutes les parties de la France républicaine.

L'une des entrées du cirque était décorée par un arc de triomphe, sur lequel était représentée la bataille des Pyramides; l'autre l'était par un portique au-dessus duquel on avait placé des inscriptions arabes. L'une d'elles était ainsi conçue : *Il n'y a de dieu que Dieu, et Mahomet est son prophète.* Au milieu de ce cirque s'élevait un obélisque de granit de 70 pieds de hauteur. Sur l'une de ses faces était gravé en lettres d'or : *A la République française, l'an* VII, sur celle opposée : *A l'expulsion des Mamlouks, l'an* VI. Sur les côtés latéraux, ces deux inscriptions étaient traduites en arabe.

Des bas-reliefs ornaient le piédestal de cet obélisque. Sur le tertre environnant, sept autels de forme antique, entremêlés de candélabres, supportaient des trophées d'armes surmontés de drapeaux tricolores et de couronnes civiques. Au milieu de chacun de ces trophées était placée la liste des braves de chaque division, morts en délivrant l'Égypte du despotisme des Mamlouks.

Lorsque toutes les troupes furent réunies sur la place d'Esbeckieh, le général en chef s'y rendit, accompagné de l'état-major général, des généraux de division, de leur état-major, du commissaire-ordonnateur en chef, des commissaires des guerres, des administrations et des savans, ainsi que du kiaya du pacha, de l'émir-hadji, et des membres du divan, tant du Caire que des provinces.

Le général en chef et son cortége vinrent se placer sur la plate-forme environnant l'obélisque. De superbes tapis couvraient le tertre. Toutes les musiques de demi-brigades réunies exécutaient des marches guerrières, et firent entendre des airs patriotiques et des chants de victoire.

Les troupes, après avoir exécuté, avec la plus étonnante précision, les manœuvres et exercices à feu ordonnés par le général en chef, vinrent se ranger autour de l'obélisque. Un adjudant-général donna lecture de la proclamation du général en chef ; elle fut écoutée dans le plus grand silence, et accueillie par les cris mille fois répétés de *vive la République!* L'orchestre exécuta ensuite un hymne de la composition de Parceval, musique de Riguel, ainsi que la *Marche des Mar-*

seillais, le *Chant du départ*, et d'autres airs patriotiques. Toutes les troupes défilèrent ensuite dans le plus grand ordre, devant le général en chef, qui se retira au quartier-général, accompagné comme il l'avait été en se rendant sur la place.

Tout l'état-major, tous les généraux, tous les chefs de corps, les employés des administrations, les Arabes, les savans, le kiaya du pacha, l'émir, les membres du divan, les agas et commandans turcs, avaient été invités à dîner par le général en chef.

Une table, de cent-cinquante couverts, somptueusement servie, était dressée dans la salle basse de la maison qu'il occupait. Les couleurs françaises étaient unies aux couleurs turques; le bonnet de la liberté et le croissant, la table des Droits de l'homme et le Koran se trouvaient sur la même ligne. La gaîté française était modérée par la gravité turque. On laissa aux Musulmans la liberté des mets, des boissons, et ils parurent très-satisfaits des égards que l'on eut pour eux.

Au dessert plusieurs toasts furent portés; voici les principaux:

Le général en chef: A l'an 300 de la République Française!

Un de ses aides-de-camp: Au Corps-Législatif et au Directoire-Exécutif!

Le citoyen Monge, président de l'Institut d'Égypte: Au perfectionnement de l'esprit humain; aux progrès des lumières!

Le général Berthier: A l'expulsion des Mamlouks; au bonheur du peuple d'Egypte!

Chacun de ces toasts fut accueilli par les applaudissemens de tous les convives, et chaque fois la musique exécutait des airs analogues. Des couplets patriotiques, chantés par des militaires, terminèrent gaîment ce banquet civique.

A quatre heures, les courses commencèrent. Le premier prix de celle à pied fut gagné par le caporal Pathon, du 1er. bataillon de la 75e. demi-brigade : le second, par Mariton, aussi caporal dans le 3e. bataillon de la même demi-brigade.

Les courses de chevaux étaient attendues avec une grande impatience par tous les spectateurs. Chacun désirait voir les chevaux français disputer le prix avec les chevaux arabes. La réputation de ces derniers était grande, mais ce jour devait la voir détruire. L'espace à parcourir était de 1,350 toises. Au signal donné, six chevaux, dont cinq arabes, s'élancèrent dans la carrière ; le cheval français eut constamment l'avantage sur les autres. Il arriva le premier au but sans être fatigué, tandis que les autres étaient hors d'haleine. En conséquence le premier prix fut donné au citoyen Sucy, commissaire-ordonnateur en chef, propriétaire du cheval, qui avait parcouru en quatre minutes l'espace déterminé ; le second prix au général Berthier, propriétaire d'un cheval arabe, arrivé le second au but, ayant mis pour parcourir l'espace quatre minutes dix secondes ; le troisième, au citoyen Junot, aide-de-camp du général en chef, propriétaire d'un cheval arabe arrivé le troisième au but, ayant employé pour parcourir l'espace, quatre minutes quinze secondes.

Les vainqueurs des courses furent promenés en triomphe autour du cirque[1].

La fête fut célébrée de la même manière dans les provinces et avec toute la solennité que comportaient les localités.

Quelques jours après, il y eut au Kaire plusieurs réunions de Français pour fêter l'anniversaire du 13 vendémiaire an 4, de cette journée qui mit Bonaparte en évidence. On y porta ce toast en son honneur : « *dans l'espace de trois ans il a laissé bien loin, derrière lui, les hommes de tous les pays et de tous les siècles. Puisse-t-il vivre assez pour être témoin de l'admiration de l'Europe libre et de l'Afrique civilisée!* » Bénaben lut une ode de sa composition où l'on remarquait cette strophe :

> Héros, enfant de la Victoire,
> Dont le bras sauva mon pays,
> Ta vie appartient à l'histoire;
> Elle en est le juge et le prix.
> Du temps ne crains point le ravage :
> Le temps efface-t-il l'image
> Des Camille et des Scipion ?
> Digne héritier de leur vaillance,
> Tu sus, en illustrant la France,
> Réunir en toi ces deux noms.

Revenons à l'administration intérieure de l'Égypte.

Le traitement des membres des divans et des agas fut fixé par le général en chef à 1,200 fr. par an pour chacun ; la solde des janissaires à huit médin par jour, et une ration de pain. Cette de-

---

[1] Voyez le *Courrier d'Égypte*, du 6 vendémiaire an VII.

pense était imputée sur la portion des impositions territoriales qui était affectée aux kachefs [1].

Ce n'était pas assez d'avoir donné aux provinces une administration particulière, il fallait encore connaître exactement les besoins et les ressources de l'Égypte, et pour cela y introduire une sorte de représentation nationale; tel fut l'objet d'un arrêté du 20 fructidor (6 septembre), par lequel le général en chef convoquait au Kaire, pour le 20 vendémiaire suivant, une assemblée générale des notables. Chaque province devait envoyer une députation composée de trois hommes de loi, trois négocians, trois fellâhs, cheyks-el-beled, et chefs d'Arabes. La députation des provinces de Charqyeh et de Menoufiyeh était double, et celle du Kaire triple. Il était recommandé aux généraux commandant dans les provinces, de choisir les députés parmi les gens qui avaient le plus d'influence sur le peuple et les plus distingués du pays par leurs lumières, leurs talens, et la manière dont ils avaient accueilli les Français, et de ne nommer aucun de ceux qui se seraient ouvertement prononcés contre eux.

D'après l'ordre du général, les députés de toutes les provinces se réunirent au Kaire, sous le titre de *divan général*, et tinrent leur première séance le 16 vendémiaire (7 octobre). La beauté du costume musulman, la gravité des personnages, leur nombreuse suite, contribuèrent à donner une grande majesté à cette réunion.

---

[1] Ordre du jour du 29 fructidor.

Le cheyk Abdallah-El-Charkaoui, en fut nommé président. Monge et Berthollet remplirent auprès de cette assemblée les fonctions de commissaires. On y délibéra avec calme, d'après leur initiative, sur l'établissement et la répartition des impôts, sur l'organisation définitive des divans, sur les lois pénales, celles relatives aux successions, et sur divers objets de police générale et d'administration.

FINANCES DE L'ÉGYPTE.

La guerre devait s'alimenter elle-même et pourvoir, autant que possible, à ses dépenses. De tout temps le vainqueur fit payer par les peuples les querelles des gouvernemens. C'était le système que Bonaparte avait suivi en Italie, trop prévoyant pour faire dépendre le succès de ses opérations de l'exactitude et de la bonne volonté d'un gouvernement qui n'avait point encore de fixité dans ses finances.

En Égypte, la nécessité commandait impérieusement au général en chef de suivre le même système. Il y était arrivé sans trésor; l'éloignement de la France et l'instabilité des communications ne permettaient pas d'en espérer des fonds. L'expédition avait été faite aux risques et périls de l'armée, le Directoire et le général en chef ne doutant pas, d'après la renommée, que la richesse de l'Égypte ne fût en état de pourvoir largement aux frais de la conquête. Du moins il était notoire que ce pays entretenait par des impôts l'état dispendieux des beys qui l'opprimaient. En renversant leur gouvernement, et en se mettant à leur place, on devait trouver dans les contributions établies une ressource assurée. Bonaparte sut l'utiliser. C'est ce que prouvera le tableau des finances. Afin qu'on puisse le bien comprendre, il faut en présenter l'ensemble. Nous sommes donc obligés, pour cette branche d'administration, d'anticiper sur l'ordre des temps.

On n'avait, en arrivant en Égypte, que des notions vagues et imparfaites sur son régime intérieur; le général en chef maintint donc la perception de tous les impôts existans, nomma Poussielgue administrateur-général des finances, et prit un arrêté portant que l'ordonnateur en chef établirait une commission dans chaque chef-lieu de province, pour mettre les scellés sur les biens et effets des Mamlouks et autres personnes appartenant à des puissances en guerre avec la France; que l'administrateur des finances nommerait un agent remplissant, auprès de ces commissions, les fonctions de contrôleur; et en même temps chargé de surveiller la perception des contributions directes et indirectes, perçues par les différentes autorités du pays, et de correspondre directement avec l'administrateur des finances; que les fonds provenant de quelque objet que ce fût, devraient, douze heures après qu'ils auraient été reçus, être versés dans les mains du préposé du payeur, et préférablement entre les mains du payeur même[1].

[1] Arrêté du 19 messidor.

On a vu (chap. III) que ces impôts étaient établis sur les *terres*, les *charges*, les *consommations*, l'*industrie* et les *personnes*.

L'impôt sur les terres fut perçu comme il l'avait été du temps des Turcs et des Mamlouks. Un effendi, subrogé au rŏuznamgy, qui avait quitté l'Égypte avec le pacha, fut chargé de la perception du miry.

La fuite des beys, des Mamlouks et de la plupart des membres du gouvernement, ayant laissé à l'abandon les terres dont ils étaient moultezim, elles furent séquestrées, et le revenu public se trouva augmenté du fayz et du barrany des villages acquis à l'armée par cette voie.

Les intendans cophtes passèrent au service du vainqueur, et gérèrent pour son compte. Guerguès Geoary, intendant de l'ancien El-Beled, conserva toute l'influence qu'il avait sur eux sous le règne des Mamlouks. L'avantage qu'on trouvait à réunir sous la même direction les produits de la gestion des cophtes, le rendit l'unique intermédiaire entre eux et l'administration française.

Les fonctions des percepteurs cophtes ne se bornèrent pas à la perception du fayz et du barrany; ils furent encore chargés de celle du kouchoufych, créé en faveur des gouverneurs des provinces.

Un agent français fut établi pour résider auprès d'eux, se mettre au courant de leur travail et les contrôler. Le traitement de ces agens fut réglé à 300 fr. par mois; il y avait un interprète auprès de chacun d'eux.

Ainsi le revenu du sultan sur les terres, ou le miry, continua à être perçu par le trésorier du grand-seigneur; le kouchoufyeh des gouverneurs, le fayz et le barrany des terres confisquées furent levés par les cophtes. Les *charges* se trouvant abolies par la dissolution du gouvernement de l'Égypte, on ne leva plus le miry sur ceux qui en avaient été pourvus.

Les attributions de l'intendant général cophte, Guerguès Geoary furent fixées par cette lettre de Bonaparte :

« Vos fonctions doivent se borner à organiser les revenus de l'Égypte, à une correspondance suivie avec les intendans particuliers des provinces, avec l'ordonnateur en chef et le général en chef de l'armée. Vous vous ferez aider dans ces travaux par le moallem Fretaou. Ainsi donc, vous chargerez de ma part les moallem Malati, Anfourni, Hanin et Faudus de la recette de la somme que j'ai demandée à la nation cophte. Je vois avec déplaisir qu'il reste encore en arrière 50,000 talaris; je veux qu'ils soient rentrés, dans cinq jours, dans la caisse du payeur de l'armée. Vous pouvez assurer les Cophtes que je les placerai d'une manière convenable lorsque les circonstances le permettront [1].

L'anecdote suivante caractérise le dévouement de cet intendant-général. Enchanté de ce que le général en chef avait réduit une contribution imposée à Menouf, il dit à Poussielgue : « Je vou-

---

[1] Lettre du 16 thermidor.

drais avoir deux millions de sequins, je dirais à Bonaparte : tiens, les voilà ; paie bien tes soldats, et sois victorieux de tout l'univers ; tu es fait pour commander au cœur comme à l'esprit ».

Avant de songer à recouvrer les contributions territoriales, il fallut commencer par prendre possession des provinces, et par soumettre les populations révoltées ; il fallait même se présenter aux populations tranquilles avec une attitude qui les déterminât à payer ; on fut donc obligé d'abord d'opérer les recouvremens à l'aide d'une force armée. Des détachemens de troupes accompagnèrent, dans toutes les provinces, les agens français et les intendans cophtes. Du reste, les Mamlouks eux-mêmes ne percevaient les impôts qu'avec l'appareil militaire. Ils campaient devant les villes et villages, et se faisaient nourrir jusqu'au paiement. Ce n'était au fond sous des formes un peu plus brutales, que le système de garnisaires employé dans les États civilisés. Diodore de Sicile rapporte que les Égyptiens regardaient comme une duperie de payer ce qu'ils devaient avant d'avoir été battus ; lors de l'arrivée des Français, ils n'étaient pas changés, et se séparaient toujours de leur argent le plus tard qu'ils pouvaient.

Pour régulariser l'assiette et le recouvrement de l'impôt sur les terres, le général en chef arrêta que l'administrateur général des finances et l'intendant général feraient un état par province de ce que chaque village devait payer, tant pour le miry que pour le Feddam, et autres impositions territoriales ; que l'intendant-général enverrait cet état, en arabe, à l'intendant de la province, et l'administrateur des finances à l'agent français, qui en ferait une copie pour lui, et donnerait l'original au général-commandant et au payeur-général, qui en feraient part à leurs préposés, chacun en ce qui les concernait.

Que les sommes seraient versées entre les mains des préposés du payeur-général, par les intendans, dans les vingt-quatre heures du recouvrement. Que l'intendant spécifierait de quel village provenait la contribution.

Que les payeurs particuliers donneraient avis au payeur-général, des sommes qu'ils auraient reçues ; qu'ils ne pourraient disposer d'aucuns fonds sans son autorisation.

Que l'agent français ferait tous les cinq jours un rapport au général commandant la province, des villages qui seraient en retard pour le paiement des contributions. Que ce général prendrait sur-le-champ les mesures nécessaires pour opérer les rentrées. Que toutes les fois qu'il serait obligé de faire marcher de la troupe, il serait accordé aux soldats, en gratification, une double solde extraordinairement perçue sur le village en retard.

Sur la proposition de l'intendant-général, on crut qu'il serait avantageux d'affermer les revenus des villages dont la République était moultezim. Des habitans et surtout des Cophtes se rendirent fermiers ; mais l'événement prouva que cette mesure était à la fois nuisible aux cultivateurs, aux propriétés affermées et préjudiciable aux intérêts du trésor.

En général les perceptions se ressentirent dans les premiers temps, de l'inexpérience de l'administration française; le désordre et la confusion favorisèrent l'avidité des percepteurs cophtes, abusant de l'ignorance des agens français, pour détourner des produits, et de la crainte que l'armée inspirait aux habitans pour en extorquer des sommes qui n'étaient pas dues.

Le produit net des contributions territoriales fut :

L'an 7, 1213 de l'hégire, de. . . 8,084,227 l.
L'an 8, 1214 . . . . . . de. . . 9,357,414
On pouvait l'évaluer, terme moyen,
à 10,000,000

Les contributions en nature ne se percevaient que dans la Haute-Égypte, mais on n'avait aucune notion précise sur leur quotité. Miallem Yacoub, ancien intendant de Solyman-Bey, suivit le général Desaix, et fut chargé, avec les agens français, de diriger la levée des contributions. Elle eut lieu suivant l'ordre établi dans la Basse-Égypte. Des détachemens de troupes escortèrent dans tous les villages les Cophtes qui en furent chargés. Les désignations particulières données à l'impôt du sayd, les variations qu'il éprouvait selon les productions diverses de la terre, la possession précaire d'un pays que Mourad-Bey disputait, favorisèrent singulièrement les Cophtes dans leur disposition à tromper sur les recouvremens. Bonaparte s'en étant aperçu, chargea une commission, à Beny-Soueyf, de toutes les perceptions en grains.

Lorsque Desaix eût porté ses armes jusqu'aux cataractes, et pendant l'expédition de Syrie, Poussielgue, qui était resté au Kaire, confia aux citoyens Hamelin et Livron une mission semblable dans les provinces nouvellement conquises. Ces dispositions ne remplirent pas l'objet qu'on s'était proposé. Après la récolte de 1213 *(an VII), les percepteurs se rendirent successivement dans tous les villages, sans qu'il leur fût possible de fournir aucune lumière sur les grains dont on était redevable. Une partie de ceux dont ils opérèrent le recouvrement fut considérée comme à-comptes sur les quantités dues, et servit à faire subsister l'armée, ou à payer les dépenses auxquelles ils étaient affectés sous l'ancien gouvernement; le surplus fut racheté en argent par divers moultezim, vendu aux habitans, ou mis en magasin.

La perception faite par la commission de Beny-Soueyf, et par Hamelin et Livron, jusqu'à la rupture du traité d'El-Arych (ventôse an 9), ne s'éleva qu'à la somme de 850,972 livres.

On renonça au droit d'helouan, faisant partie des revenus dont jouissait le pacha, et le général en chef établit en remplacement, par un arrêté du 29 fructidor (15 septembre), divers droits analogues à ceux qui étaient perçus en France sous le nom des droits d'enregistrement.

* Les récoltes de grains commencent ordinairement dans les premiers jours de germinal (la fin de mars) et durent jusqu'à la mi-floréal (1er. mai).

On assujétit à un droit de 2 pour 100, 1°. tous les titres de propriétés particulières alors existantes, y compris les biens affectés aux mosquées et aux œuvres pies; 2°. les ventes, cessions, donations, démissions et transmissions de propriétés, de biens immeubles; 3°. les actes, contrats et transmissions entre copropriétaires pour partage, licitation et transport des biens immeubles: le droit devait être perçu seulement sur le prix de la portion qui serait transportée au cessionnaire; 4°. les actes portant constitution de rentes perpétuelles ou viagères, 5°. les actes et procès-verbaux de ventes, cessions et adjudications de biens immeubles et de tous objets mobiliers, soit que les ventes eussent lieu à l'amiable et aux enchères publiques, soit qu'elles eussent lieu par autorité de justice; 6°. les échanges de biens immeubles : le droit ne devait être perçu que pour l'un des objets d'échange, et être supporté par moitié par les parties contractantes; 7°. les ventes d'usufruit et les baux à vie : le capital de ce dernier objet était déterminé par dix fois la valeur de la redevance; 8°. les baux à ferme ou à loyer pour une année et au-dessus, les sous-baux et subrogations, cessions et rétrocessions desdits biens: le droit était perçu sur le capital résultant de l'accumulation des années pour lesquelles les baux étaient passés; 9°. les contrats de mariage et les actes portant donation entre mari et femme : 10°. les billets, promesses, obligations et tout acte portant créance quelconque; 11°. les contrats d'assurance, en raison de la prime.

On soumit à un droit de 5 pour 100, 1°. les donations entre-vifs, les mutations des propriétés de biens meubles et immeubles, opérées par succession, testament et dons mutuels; 2°. les baux de loyers de maison sur le prix du bail, pour le nombre des années qui étaient stipulées.

Un droit fixe de 40 médins portait, 1°. sur les procurations; 2°. sur les passeports; 3°. sur les certificats de vie; 4°. sur les légalisations; 5°. sur les certificats, attestations, oppositions, protestations, désistemens, résiliemens de marchés, toute espèce de convention, et tous les actes de notoriété publique; 6°. sur les expéditions de jugemens et autres actes judiciaires.

Un droit fixe de 90 médins était imposé, 1°. aux actes refaits pour cause de nullité, lorsqu'il n'y aurait pas de changemens faits au fond; 2°. aux actes portant nomination de tuteurs et curateurs de biens, commissaires, directeurs de séquestre, pour liquidation de successions, de partage, et union de créanciers; 3°. aux actes de saisie; 4°. aux transactions en matière criminelle, pour excès, injures et mauvais traitemens, lorsqu'elles ne contenaient aucune stipulation de dommages-intérêts ou dépens liquidés, qui donnaient lieu à des droits proportionnels plus considérables.

Un droit fixe de 150 médins était établi, 1°. sur les procès-verbaux d'adjudications de droits appartenant au fisc; 2°. sur les actes de divorce; 3°. sur tous les actes sous seing-privé auxquels on voulait donner une date authentique. Le droit était de 150 médins pour tous les actes de société de commerce.

Un droit fixe d'enregistrement de 600 médins était imposé aux testamens, sans préjudice des droits proportionnels qui devraient être payés en raison des dispositions mobiliaires et immobiliaires qui y étaient stipulées.

L'administration du droit d'enregistrement et de la régie des domaines fut composée de cinq administrateurs [1], et divisée en cinq bureaux chargés de la correspondance avec les provinces, de l'enregistrement, de la délivrance des patentes et de tout ce qui y avait rapport, de la régie et administration des domaines, de la location des maisons, magasins et autres édifices, des inventaires après décès, des recherches sur le mobilier et les effets des Mamlouks, de recevoir toutes les dénonciations y relatives et d'en faire le recouvrement.

Il y avait en outre cinq directeurs, un caissier-général, un sous-caissier, un teneur de livres de comptabilité; quatre inspecteurs chargés de faire des tournées, de rechercher les abus et de les dénoncer. Les produits étaient versés chez le caissier-général, qui en remettait, chaque décade, le montant au payeur-général de toute l'armée.

Il y avait dans chaque chef-lieu de province une direction chargée de correspondre avec l'administration générale.

---

[1] Tallien, Magallon, Pagliano, français; Mustapha-Effendi, turc; Moallem-Malati, cophte; Regnier, inspecteur-général.

Le traitement, tant des administrateurs que de tous les employés, était divisé en traitement fixe et en remise[1].

Le général en chef soumit à l'enregistrement les actes civils qui seraient passés par les commissaires des guerres, ceux qui seraient passés sous seing privé entre les citoyens, et statua que ceux qui pourraient l'être entre les Français et les nationaux, pardevant les notaires du pays, seraient nuls en France comme en Égypte, s'ils n'étaient enregistrés[2].

Les Égyptiens, accoutumés à ne rien payer à raison de leurs capitaux, de leurs maisons et de leur mobilier, s'obstinèrent à n'acquitter que les droits relatifs aux biens-fonds. Habitués à faire toutes leurs affaires verbalement, ils éludaient les conventions qui pouvaient donner ouverture aux droits. On n'employa pas de mesures de rigueur, dans l'espérance que le temps et l'exemple leur feraient adopter l'usage d'écrire leurs conventions. Les produits de l'enregistrement ne furent donc pas d'une grande importance.

Le général en chef avait, par son arrêté du 13 thermidor, confirmé tous les propriétaires dans leurs propriétés ; mais il les avait assujétis, par son arrêté du 30 fructidor, à payer 2 pour 100. Ensuite il les obligea à représenter leurs titres à l'enregistrement dans un délai, passé lequel ils seraient déchus de leur propriété. Cette mesure

---

[1] Arrêté de Bonaparte, du 30 fructidor (17 septembre).
[2] *Idem* du 21 vendémiaire an VII (12 octobre).

avait à la fois un but fiscal et un but d'ordre public. Pour déterminer le montant du droit, la valeur des terres fut établie contradictoirement avec les propriétaires, d'après le revenu net multiplié par vingt.

Le général en chef régla la quotité du droit sur les bâtimens dans les villes, et les mesures à prendre pour sa perception. Pour les maisons, okels, bains, boutiques, cafés, moulins, au Kaire, à Boulaq, au Vieux-Kaire, il fut fixé ainsi qu'il suit :

OBJETS IMPOSÉS.	CLASSES.			
	1re.	2e.	3e.	4e.
	TALARIS [1].			
1°. Okels............	18	9	4	»
2°. Bains............	15	10	5	»
3°. Moulins à huile.....	8	4	1	»
4°. — de sezane....	3	1	»	»
5°. — à grains....	2	1	»	»
6°. Places et cours......	2	1	»	»
7°. Boutiques.........	2	1	1/2	»
8°. Cafés............	2	1	»	»
9°. Fours à chaux et à plâtre	2	1	»	»
10°. Maisons et appartem.	8	4	2	1/5

Ce droit était exigible en deux termes, le premier, dans le courant de brumaire, et le second, dans le courant de messidor suivant.

L'administrateur des finances nomma six architectes du pays, pour classer les maisons selon leur

[1] Le talaris valait 5 fr. 50 c.

valeur ; ils devaient faire cette opération en parcourant toutes les rues, escortés par deux soldats français et deux soldats turcs ; des écrivains cophtes, escortés de la même manière, étaient chargés de suivre les architectes et de recouvrer le droit, de donner des quittances imprimées qui servaient en même temps de titres de propriété et étaient rapportées par duplicata à l'administration de l'enregistrement pour y être inscrites.

Cette administration recevait les plaintes en surtaxe, les faisait vérifier et y statuait : les maisons et fondations affectées aux mosquées et aux œuvres pies étaient assujéties au droit ; les mosquées seules en étaient exemptes.

Le droit était établi dans les villes d'Alexandrie, Rosette, Foueh et Damiette ; mais réduit à moitié [1].

Les monnaies n'avaient de cours en Égypte que comme objets de commerce ; les seules espèces égyptiennes étaient le *sequin zermahboud* et le *médin* ; elles étaient fabriquées au Kaire.

Immédiatement après le débarquement de l'armée, une commission, nommée par le général en chef, fixa le taux des monnaies ayant cours en Égypte. Elle adopta le médin pour monnaie légale, en déterminant la valeur des autres par le nombre de médins qu'elles représentaient. D'après ce tarif, la livre tournois valait 28 médins. Tous les comptes étaient tenus dans cette dernière monnaie.

---

[1] Arrêté de Bonaparte, du 25 vendémiaire (16 octobre).

Les bénéfices de la fabrication appartenaient au pacha; elle était régie par un effendi. Il fut maintenu en place avec tous ses ouvriers et employés; mais la direction de l'établissement fut confiée à Samuël Bernard, l'un des chimistes de la commission des sciences et arts.

On commença à battre monnaie pour le compte de l'armée, le 8 thermidor (26 juillet); elle fut frappée au coin du grand-seigneur, au titre et au poids qu'elle avait auparavant. Les procédés imparfaits des Turcs furent perfectionnés, notamment les essais. Les matières étaient fournies par les particuliers et surtout par les juifs.

On faisait un bénéfice considérable sur le médin, pièce d'argent fort altérée, très-mince et très-menue. Les altérations qu'elle avait subies dans le cours de trois siècles l'avaient réduite presque au tiers de sa première valeur. Cependant, le cours légal du médin n'avait jamais varié. Les suites de cette infidélité n'avaient pas eu en Égypte les effets désastreux que les opérations de même nature produisent ordinairement en Europe, parce que la fabrication était modérée, et que les quantités que les Égyptiens retiraient de la circulation par les enfouissemens qui leur étaient familiers, compensaient les émissions annuelles.

On fabriqua une grande quantité de parahs, petite monnaie de cuivre. Le trésor y gagnait plus de 60 pour 100. Ils se répandaient, non-seulement en Égypte, mais encore en Afrique et jusque dans les déserts de l'Arabie; au lieu de gêner la circulation et de nuire au change, inconvéniens des monnaies de cuivre, les parahs les favorisaient.

Le général en chef fit battre des pièces de 20 et de 40 médins; on n'en avait frappé au Kaire que sous Aly-Bey. Ce bey avait ajouté les deux lettres initiales de son nom aux chiffres et aux qualifications du sultan dont elles portaient l'empreinte, ce qui fit dire qu'il avait battu monnaie à son coin. L'administration française supprima ces deux lettres. Cette suppression et le millésime indiqueront à la postérité l'époque où les Français commandaient en Égypte. Cette fabrication, commencée en vendémiaire an VII, ne dura que cinq mois, parce que l'émission des médins était plus lucrative.

Avant l'arrivée des Français, toutes les douanes, excepté celles de Suez et de Rosette, étaient affermées. Tous les baux furent supprimés, et l'on fit gérer les douanes d'Alexandrie, de Rosette, de Damiette et de Boulaq, par les écrivains qui servaient d'agens aux anciens douaniers. La douane du Vieux-Kaire resta seule affermée. Parceval eut la direction de celle de Suez. Lorsque Desaix se fut rendu maître du Sayd, il fit régir la douane de Cosséir et de Qené.

Les anciens tarifs furent partout maintenus, excepté à Suez, où le général en chef diminua les droits sur le café pour favoriser le commerce de la Mekke.

Les produits des douanes ne pouvaient être que très-modiques; la guerre avec les Anglais et les Turcs anéantissait le commerce dans la Méditerranée; et jusqu'à ce qu'on fût parvenu à rendre de la confiance aux Arabes et aux peuples de l'Afrique, il y eut peu d'importations par la Mer-Rouge et par les caravanes de Nubie et de Maroc.

Nous avons fait connaître les droits multipliés et compliqués qui étaient établis sur l'industrie et les consommations. On afferma tous ceux que l'on découvrit, sans rien changer au mode de perception. On en abandonna plusieurs qui furent jugés trop vexatoires.

Bonaparte, voulant tirer un revenu des postes, ordonna que les individus de l'armée paieraient leurs ports de lettres, conformément à l'usage établi en France. On organisa d'abord les bureaux du Kaire, d'Alexandrie, de Rosette et de Damiette [1]; mais le produit de cette branche de revenu fut presque nul.

Quoique l'intention du général en chef fût de subvenir aux dépenses de l'armée par les revenus ordinaires, il fut cependant obligé, avant que les recouvremens ne fussent assurés et pour satisfaire aux premiers besoins, de recourir aux contributions extraordinaires. Pendant tout son commandement, elles ne s'élevèrent qu'à 3,809,017 fr. Les Égyptiens furent d'autant plus étonnés de sa modération, que, selon eux, la victoire donne le droit de disposer de la vie des peuples conquis, et, à plus forte raison, de leurs biens.

Le général en chef, informé que les femmes des beys et des Mamlouks, errantes aux environs du

---

[1] Lettre de Bonaparte, du 15 thermidor (2 août).

Kaire, devenaient la proie des Arabes, et *mû par la compassion, premier sentiment qui doit animer l'homme*, autorisa toutes ces femmes à rentrer en ville dans les maisons qui étaient leur propriété, et leur promit sûreté. Il leur enjoignit de se faire connaître et de déclarer leur demeure à Magallon, dans les vingt-quatre heures de leur arrivée [1].

Le chef de l'état-major général, sur leurs demandes, leur délivra des sauve-gardes. Elles furent remises au payeur-général, qui les faisait donner à ces femmes à mesure qu'elles versaient, dans la caisse de l'armée, les sommes au paiement desquelles elles avaient été assujéties. Cette mesure avait pour objet de leur enlever de l'argent qu'elles envoyaient à leurs maris, et d'en faire une ressource de plus.

La femme de Mourad-Bey fut taxée à 600,000 fr., dont 100,000 payables dans les vingt-quatre heures et 50,000 fr. par jour jusqu'à parfait paiement; à défaut de quoi, tous les esclaves et biens appartenant aux femmes des Mamlouks de la maison de Mourad-Bey étaient regardés comme propriétés nationales; on laissait seulement à sa femme, les meubles de l'appartement qu'elle occupait et six esclaves pour la servir [2].

Les chevaux, les chameaux et les armes trouvés dans leurs maisons furent saisis comme objets de guerre [3].

[1] Arrêté du 9 thermidor (27 juillet).
[2] Idem du 14.
[3] Lettre de Bonaparte au général Dupuis, du 28 thermidor (15 août).

Le général en chef autorisa la commission de commerce à conclure définitivement et à signer des arrangemens avec les femmes des autres beys et Mamlouks, pour le rachat de leurs effets, et à délivrer des sauf-conduits à celles qui consentiraient à un accommodement [1].

La femme de Mourad-Bey n'ayant pas acquitté la contribution qui lui avait été imposée, le général en chef ordonna qu'elle paierait 20,000 talaris (160,000 francs), à compte de sa contribution du 20 thermidor, à défaut de quoi, un vingtième par jour en sus, jusqu'à ce que les 20,000 talaris fussent entièrement versés [2].

Les besoins de l'armée étaient urgens. Les femmes des beys ne payaient que lorsqu'elles y étaient contraintes. Le général en chef écrivait à Poussielgue, de presser les recouvremens des diverses contributions extraordinaires, d'envoyer des garnisaires et de menacer la femme de Mourad-Bey de surtaxe, si elle ne s'acquittait pas [3].

La femme d'Osman-Bey continuait d'avoir des intelligences avec le camp de Mourad-Bey, et lui faisait passer de l'argent; le général en chef ordonna qu'elle resterait en prison jusqu'à ce qu'elle eût versé, dans la caisse du payeur de l'armée, 10,000 talaris [4].

Ces contributions ne furent point perçues en totalité, car celle de la femme de Mourad-Bey s'éle-

---

[1] Lettre du 25 thermidor (12 août).
[2] Arrêté du 18 fructidor (4 septembre).
[3] Lettre du 4 vendémiaire an VII (25 septembre).
[4] Lettre de Bonaparte au général Dupuis, *ibib.*

vait seule à 600,000 francs, et le trésor de l'armée ne reçut de toutes les femmes des beys que 480,642 francs. Bonaparte leur accorda de fortes réductions; il fit plus, il ordonna que la femme de Mourad-Bey conserverait la partie de ses biens qui lui venaient d'Ali-Bey, son premier mari. « Je veux par-là, dit-il, donner une marque d'estime pour la mémoire de ce grand homme [1]. »

Cette femme, appelée Selti-Nefsi, était âgée de cinquante ans, avait la beauté et la grâce que cet âge comporte, et passait pour être d'un mérite distingué. Bonaparte l'envoya complimenter par Eugène Beauharnais, son beau-fils. Elle le reçut par exception dans son harem, lui fit servir des rafraîchissemens avec un appareil somptueux, et lui donna une bague de la valeur de 1,000 louis.

Cependant on lit dans des pamphlets décorés du titre d'histoire, que, pour s'approprier les immenses trésors des beys et des Mamlouks, Bonaparte fit torturer leurs femmes! A sa place, des beys ou des pachas auraient pris l'argent et fait couper les têtes.

Les Mamlouks avaient des possessions très-considérables. Elles consistaient, dans les villes, en maisons, okels, jardins, etc. Dans les campagnes, ils étaient moultezim de la plus grande partie des villages.

Le général en chef avait, par son arrêté du 15 messidor, ordonné de confisquer leurs propriétés mobilières et immobilières, et de les met-

[1] Lettre de Bonaparte à Poussielgue, du 11 pluviôse (30 janvier 1799).

tre sous le scellé et le séquestre. L'administration française s'emparait de ces propriétés à mesure qu'elle les découvrait. L'intendant-général avait mis ses cophtes en campagne pour les indiquer, ainsi que les cachettes des effets mobiliers. Une visite fut ordonnée partout à la fois, afin qu'on n'eût pas le temps de les soustraire. On promit aux cophtes le vingtième de ce qu'ils feraient découvrir. Mais ils trouvaient mieux leur compte à s'arranger avec les dépositaires ou recéleurs. Ils ne mirent pas beaucoup d'empressement à rendre à cet égard les services qu'on attendait de leurs connaissances locales. Bonaparte leur en témoigna du mécontentement et leur écrivit :

« Lorsque tous les jours les principaux cheyks me découvrent les trésors des Mamlouks, comment ceux qui étaient leurs principaux agens ne me font-ils rien découvrir? [1] »

Il existait dans les magasins généraux de l'or ou argent monnoyé, des objets d'or ou d'argent, des lingots, des schals de valeur, des tapis brodés en or, etc. Le général en chef ordonna diverses mesures pour la conservation, l'emploi, la vente et la comptabilité de tous ces objets. Il affecta aux hôpitaux, aux transports, à l'habillement tous ce qui était propre à ces services.

Il créa une compagnie de commerce, à laquelle seraient vendus tous les effets qui se trouvaient en magasin, et qui ne seraient pas essentiels au service de l'armée [2].

[1] Lettre du 7 frimaire an VII (27 novembre).
[2] Arrêté du 16 thermidor an VI (3 août).

La formation de la compagnie d'achat éprouva des difficultés à cause de la rareté du numéraire et de la stagnation des affaires. Les maisons françaises, et les négocians de Damas et d'Alep ne voulurent pas traiter de cette opération. La maison Pini, vénitienne, une des plus considérables du Kaire, fut la seule qui consentit à s'en charger.

On comptait, avec raison, sur un produit important. Outre les espèces, les matières d'or et d'argent, et des marchandises qu'on trouva dans les maisons des Mamlouks, elles renfermaient une grande quantité de meubles et d'effets dans le goût oriental. Cependant cette ressource fut moins considérable qu'on ne l'avait cru d'abord. L'impossibilité où l'on fut de loger les officiers et les employés chez l'habitant, comme cela se pratique en Europe, mit tout le monde dans la nécessité de se meubler. Le général en chef fit donc distribuer gratuitement aux officiers et aux administrateurs, qui, par leur rang dans l'armée, devaient avoir une représentation, les meubles dont ils manquaient. L'administrateur-général des finances fut autorisé aussi à en délivrer à d'autres à un prix au-dessous de leur valeur.

L'insuffisance des contributions extraordinaires et les ménagemens dus aux habitans qui les avaient payées mirent quelquefois dans la nécessité de recourir aux emprunts. Ils s'élevèrent en totalité, pendant toute la durée de l'occupation, à 4,286,859 fr., et il y en eut de remboursés en Égypte, pour une somme de 3,424,505 fr.

Différens actes du général en chef prouvent

combien sa situation financière était embarrassée, et combien il eut d'obstacles à surmonter pour subvenir aux dépenses de l'armée. Il écrivait à Poussielgue :

« Nous avons le plus grand besoin d'argent. Les femmes doivent six mille talaris ; les sagats, mille ; les négocians de Damas, sept cents. Voyez à les faire payer dans les vingt-quatre heures. Vous me ferez demain un rapport sur nos ressources et nos moyens d'avoir de l'argent. Tâchez de nous avoir 2 ou 300,000 francs. Les deux bâtimens de café qui sont arrivés à Suez, doivent avoir payé quelques droits ; faites-vous en remettre le montant. Je vous envoie un ordre pour que les cophtes versent demain 10,000 talaris, après-demain 10,000 autres ; le 1er. pluviôse, 10,000 ; le 3, 10,000 autres ; le 5, 10,000 autres, en tout 50,000. Vous hypothéquerez pour le paiement dudit argent les blés qui sont dans la Haute-Égypte, et vous leur ferez connaître qu'il est indispensable que cela soit soldé, parce que j'en ai le plus grand besoin.

Vous me ferez demain un rapport sur la quantité des villages et terres qui ont été affermés, et sur les conditions desdits affermages. Vous demanderez deux mois d'avance à tous les adjudicataires des différentes fermes [1]. »

Le général en chef convoqua un conseil de finances, composé des citoyens Monge, Caffarelli, Blanc, James, de l'ordonnateur en chef et de

---

[1] Lettre du 26 nivôse an VII (15 janvier 1799).

l'administrateur-général Poussielgue, pour s'occuper, 1°. du système et du tarif des monnaies et des changemens possibles les plus avantageux à y faire ; 2°. des opérations que la position actuelle de l'Égypte permettrait de faire pour procurer de l'argent à l'armée, et accroître ses ressources ; 3°. du plan raisonnable que l'on pourrait adopter, pour donner aux soldats de l'armée une récompense qu'ils avaient méritée à tant de titres, sans diminuer les revenus de la république [1].

Cet aperçu de l'administration des finances suffit pour rendre sensibles les embarras que dut éprouver Bonaparte, et pour expliquer l'arriéré qu'il laissa dans les dépenses, à son départ de l'Égypte. Ses successeurs dans le commandement trouvèrent le pays conquis et soumis, les branches de revenus mieux connues, des recouvremens réguliers et assurés, et la plus grande partie des travaux extraordinaires exécutés. Débarrassés des difficultés et des dépenses d'un premier établissement, ils n'eurent plus qu'à jouir et à améliorer. C'est ce qu'on verra dans la suite quand on traitera de leur administration. On se convaincra que les ressources de l'Égypte, alors bien connues, suffisaient à toutes les dépenses qu'exigeait la conservation de cette conquête.

Nous ajouterons, pour réfuter d'avance tous les calculs imaginaires qui ont été faits sur les sommes perçues pendant toute l'occupation française, que pendant environ trois ans qu'elle dura,

---

[1] Arrêté du 16 frimaire (6 décembre).

les revenus ordinaires produisirent la somme
de. . . . . 38,053,049 fr.
Les ressources extraordinaires. 21,279,227
                                 —————————
                    Total. . .   59,332,276
Ce qui fait par an environ. . . 20,000,000

Le gouvernement des beys coûtait aux Égyptiens, suivant les uns, le double de cette somme, suivant l'opinion la plus modérée, 30 millions. Leur administration était arbitraire et vexatoire. On n'employait rien ou presque rien au bien du pays, tandis que les Français étaient animés du plus grand zèle pour améliorer le sort du peuple, et pour créer, avec ses contributions, des sources fécondes de prospérité publique.

CHAPITRE VII.

Soumission des provinces de la Basse-Égypte. — Vial occupe Mansourah et Damiette. — Fugières part de Menouf pour Mehalleh-Kébir. — Combat de Remerieh. — Marche de Dugua sur Mansourah. — Fugières occupe Mehalleh-Kébir. — Zayouschek remplacé par Lanusse. — Situation de Reynier dans le Charqyeh. — Village d'Alqam brûlé. — Soulèvement des Arabes dans les provinces de Mansourah et de Damiette. — Combat de Choarah. — Mission d'Andréossy sur le lac Menzaleh. — Administration de Kléber dans les provinces d'Alexandrie et de Bahyreh. — Administration de Menou à Rosette. — Révolte du Kaire.

On a vu qu'après son entrée au Kaire, Bonaparte avait envoyé dans les provinces de la Basse-Égypte des généraux et des agens administratifs. Les généraux devaient prendre possession du pays, vaincre les résistances, se fortifier et protéger l'administration.

Animés par un sentiment inhérent à tout peuple dont l'étranger veut faire la conquête, fanatisé par la différence de mœurs et de religion qui leur rendait odieux le joug des chrétiens, irrités par l'exigence d'une armée qui, obligée de vivre dans le pays, surtout dans les premiers momens, enlevait de force les contributions en argent et en nature, les habitans, au fond, d'un bon naturel, loin de recevoir à bras ouverts les Français, se soulevèrent sur beaucoup de points, pour les empêcher d'établir leur domination. C'étaient surtout les Arabes qui, par leur exemple et leurs menaces, excitaient les soulèvemens. Occupés ordinairement à se défendre de leur pillage, les habitans se réunissaient alors contre l'ennemi commun à ces hordes errantes avec lesquelles ils avaient des points de contact sous le rapport des mœurs, de la religion et de la barbarie.

Les commandans des provinces eurent donc d'abord à combattre un grand nombre d'obstacles, les hommes, la faim et le sol même sur lequel les communications furent entravées par l'inondation du Nil. N'ayant que des poignées de troupes à opposer à de nombreuses peuplades, ils en triomphèrent cependant par leur courage, la patience et l'intrépidité du soldat, et par la rectitude et l'énergie que le général en chef sut imprimer à leurs mouvemens.

Le général Vial alla prendre possession des provinces de Mansourah et de Damiette. Il arriva, le 17 thermidor, dans la ville de Mansourah, nomma un divan, y laissa l'intendant cophte, l'agent français, 60 dragons, une compagnie d'infanterie, et partit le 18 pour Damiette.

Il indiquait au général en chef la ville de Mit-Gamar sur le Nil, dans la province de Mansourah, comme un point favorable pour établir, s'il était nécessaire, un poste militaire à moitié chemin de Damiette au Kaire, en rasant quelques misérables maisons, et en élevant sur une vieille maçonnerie qui s'y trouvait, une batterie fermée dont le feu pût prendre le prolongement du haut et du bas Nil.

Il envoya le plan des environs de Damiette, et pensait qu'avec 1,200 hommes et une dépense de cent louis, on pouvait rendre la presqu'île inabordable entre le village d'Adly et le lac de Menzaleh ou de Tennys.

Il trouva la bouche de Damiette défendue par deux vieilles tours, l'une sur la rive gauche, dans les sables, et l'autre sur la rive droite, isolée au milieu des eaux de la mer, mais en mauvais état et mal armées. Vial fit réparer la tour de la rive gauche, et établir une batterie sur la rive droite[1].

Il trouva à Damiette le gouverneur de la ville et le commandant en second, tous deux Mamlouks, et leur permit de rester en leur retirant seulement leurs armes. Ces deux hommes lui étaient utiles; le gouverneur était en même temps douanier, et le commandant donnait ses soins aux besoins de la troupe.

Il y avait sur le chantier un fort beau chebek en construction pour Mourad-Bey. Il y restait peu de chose à faire. On avait en magasin le bois nécessaire à sa mâture et les cordages pour ses agrès. On trouva dans la rade un chebek portant douze canons de petit calibre; Vial s'en empara; mais ayant appris qu'il appartenait à Djezzar-Pacha, et craignant que les habitans du pays ne conclussent de cette démarche que les Français étaient en guerre avec lui, Vial le fit restituer

[1] Lettre à Bonaparte, du 23 thermidor.

au capitaine, ce qui produisit un bon effet sur les négocians.

Il entama des négociations avec des chefs d'Arabes, l'un du village de Choarah, situé sur l'isthme formé par le Nil et le lac Menzaleh ; l'autre le fameux Hassan-Thoubar[1].

Cet homme dirigeait tous les mouvemens insurrectionnels dans cette contrée ; il était cheyk de Menzaleh, un des plus riches propriétaires de l'Égypte, et peut-être le seul qui eût osé accumuler des biens-fonds aussi considérables. Il comptait dans sa famille cinq ou six générations de cheyks. Fondée sur ses richesses, son crédit, sa nombreuse parenté, la grande quantité de salariés qui dépendaient de lui, l'appui des Arabes auxquels ils donnait des terres à cultiver, et dont il comblait les chefs de présens, l'autorité d'Hassan-Thoubar était immense. Il régnait sur le lac Menzaleh, dont il avait la pêche moyennant une redevance qu'il payait aux beys. Il en était respecté, et il avait bravé la jalousie et la puissance de Mourad. Depuis l'arrivée des Français, il avait envoyé à Damas ses richesses, sa femme, sa famille, et déclaré qu'il s'opposerait à leur établissement dans son canton, et que s'il ne pouvait l'empêcher, il se réfugierait aussi à Damas.

Les Arabes attaquèrent, à Mansourah, un avant-poste ; tandis qu'il se repliait, un dragon fut tué d'un coup de pierre jeté par une fenêtre. Le divan se conduisit fort bien ; on n'eut pas à se plaindre

[1] Lettre de Vial à Bonaparte, du 24 thermidor

des habitans; il y en eut cependant quelques-uns arrêtés. Ce petit événement, joint à la lenteur qu'on apportait à la levée des chevaux requis, décida Vial à embarquer, le 22, sur deux djermes 50 hommes d'infanterie pour se rendre à Mansourah; ils étaient à moitié chemin lorsque des Arabes à cheval parurent sur la rive droite du Nil, et firent feu sur les djermes qui se jetèrent sur la rive gauche. Les Arabes s'embarquèrent dans des bateaux, passèrent l'eau au-dessous du détachement français qui débarqua aussitôt sur le Delta. Il y fut bientôt attaqué par les habitans de deux ou trois villages, armés de fusils, de lances et de fourches; après avoir résisté quelque temps et épuisé toutes ses cartouches, il se retira sur Damiette, ayant eu un homme tué et cinq blessés.

Pour réprimer ces mouvemens, Vial attendait l'arrivée du détachement qu'il avait laissé à Mansourah, lorsqu'il apprit que ce détachement avait lui-même été forcé d'évacuer cette ville. En effet, le 23, 60 ou 80 Arabes à cheval se présentèrent à Mansourah; les femmes montèrent sur leurs terrasses poussant des hurlemens affreux; une partie des habitans se réunit aux Arabes; ils attaquèrent le détachement français retranché dans une maison. Après avoir perdu quelques hommes et tué une centaine d'assiégeans, celui-ci sortit la baïonnette en avant, et se retira sur la route du Kaire.

Le divan rapporta au général Vial que les Arabes, au nombre de plusieurs mille, s'étaient portés sur Mansourah, étaient tombés sur les Français, dont quelques-uns avaient été tués, et sur les habitans dont 118 avaient péri.

Vial serait parti de suite avec toutes ses forces; mais quand il apprit cet événement, il y avait déjà 36 heures qu'il s'était passé, et il ne pouvait plus espérer de rejoindre son détachement qui avait pris la route du Kaire. D'ailleurs il ne crut pas prudent de quitter Damiette. Il feignit de croire au rapport du divan, et ajourna la vengeance jusqu'à ce que sa position dans le pays se fût un peu plus raffermie [1]. Bonaparte le blâma d'avoir laissé un aussi faible détachement à Mansourah, car c'était évidemment le compromettre, et lui recommanda de tenir toujours ses troupes réunies, et de laisser libre le commerce avec la Syrie. « Écrivez à Djezzar-Pacha et au pacha de Tripoli, mandait-il, que je vous ai chargé de leur annoncer que nous ne leur en voulons pas, encore moins aux musulmans et vrais croyans; qu'ils peuvent se tranquilliser et vivre en repos, et que j'espère qu'ils protégeront le commerce d'Égypte en Syrie, comme mon intention est de le protéger de mon côté [2]. »

Le général Fugières étant parti pour aller commander dans le Garbyeh, s'arrêta quelques jours à Ménouf, où il seconda, dans diverses opérations, le général Zayonschek qui y commandait.

Le 25 thermidor, il partit de cette ville. Arrivé près du village de Remerich, il en aperçut les

---

[1] Lettres de Vial à Bonaparte, des 24 et 26 thermidor.
[2] Lettre du 3 fructidor.

habitans armés de fusils, et bordant le revêtement de terrasse dont il était entouré ; toutes les portes étaient fermées. Voyant cette contenance hostile, Fugières demanda à parler au cheyk et aux principaux habitans. On lui répondit qu'ils ne voulaient ni lui parler, ni le voir. Il les somma d'ouvrir leurs portes; ils refusèrent, disant qu'ils étaient les maîtres chez eux, et qu'on n'y entrerait pas. Il les somma de mettre bas les armes ; cette sommation ne fut pas mieux reçue. Il fit fermer et garder par des pelotons de distance en distance les issues du village, en attendant l'arrivée du général Zayonschek, qu'il avait envoyé prévenir. Pendant ce temps là, les habitans d'un village contigu appelé Tétar, se réunirent à ceux de Remerieh ; on fit feu sur le bataillon de la 19º. Zayonschek arriva avec un renfort. Il conseilla à Fugières de faire une fausse attaque, tandis que lui tenterait l'assaut avec ses grenadiers.

Le chef de brigade Lefebvre se mit à leur tête, fit enfoncer une des portes par les sapeurs et pénétra dans le village, mais il y trouva la plus vigoureuse résistance. Hommes et femmes, tous les habitans, armés de piques et de fusils, se battaient avec un acharnement qui tenait de la rage. De tous côtés, la troupe entra dans le village, et l'on se battit toujours avec la même fureur. Il fallut forcer partout les habitans, et les passer par les armes. Des femmes se jetaient à la gorge des soldats pour les étrangler ; on fut forcé d'en tuer quelques-unes ; 4 à 500 habitans furent tués, le reste prit la fuite, on emmena 30 prisonniers.

Il ne fallut pas moins que le nombre et la résolution des troupes pour les réduire. Les Français eurent un sapeur tué et une douzaine de blessés.

Fugières ayant épuisé toutes ses munitions, ne jugea pas prudent de s'engager dans un pays insoumis et très-peuplé ; il rétrograda sur Menouf, et écrivit au général en chef pour en obtenir de nouvelles munitions, un bataillon de renfort et deux pièces d'artillerie[1].

Soupçonnant que le divan de Menouf et Georgio, intendant cophte de la province, avaient suscité cette affaire, Zayonschek les distitua, les fit arrêter, les remplaça ; et, douze heures après, n'ayant pas de preuves contre eux, les mit en liberté. Du reste, il était persuadé que tous les villages avaient à peu près le même esprit, et que, pour en être maître, il fallait pouvoir les désarmer, enlever leurs portes et abattre leurs murs d'enceinte[2].

« Je n'ai pas vu avec plaisir, lui répondit Bonaparte, la manière dont vous vous êtes conduit envers le cophte : mon intention est qu'on ménage ces gens-là, et qu'on ait des égards pour eux. Articulez les sujets de plainte que vous avez contre lui, je le ferai remplacer. Je n'approuve pas non plus que vous ayez fait arrêter le divan sans avoir approfondi s'il était coupable ou non ; il a fallu le relâcher douze heures après : ce n'est pas le moyen de se concilier un parti. Étudiez les

---

[1] Lettre de Fugières à Bonaparte, du 26 thermidor.
[2] Lettre de Zayonschek à Bonaparte, *ibid.*

peuples chez lesquels vous êtes ; distinguez ceux qui sont le plus susceptibles d'être employés ; faites quelquefois des exemples justes et sévères, mais jamais rien qui approche du caprice et de la légèreté. Je sens que votre position est souvent embarrassante, et je suis plein de confiance dans votre bonne volonté et votre connaissance du cœur humain ; croyez que je vous rends la justice qui vous est due[1]. »

Après le combat de Salhieh, le général Dugua était parti pour aller prendre possession de la province de Mansourah, dans le chef-lieu de laquelle Vial avait, comme on l'a vu, laissé en passant un faible détachement de troupes. Dugua marcha, pendant douze heures, et arriva, le 27 thermidor au soir, au bord du canal Saffra, près du village d'El-Lebaïdeh. C'était précisément le moment où l'inondation commençait. A la droite de la division Dugua s'étendait la vaste plaine de Daqhelieh, couverte par l'inondation pendant huit à neuf mois de l'année, et qui avait l'aspect d'un grand lac. Le canal Saffra, rempli depuis huit jours, avait neuf pieds de profondeur et dix-huit toises de large. N'y trouvant point de bateaux, Dugua fit construire un radeau avec quelques poutres et des portes prises dans le village. Il était extrêmement inquiet sur ses subsistances, et ne découvrait point de légumes ; les habitans avaient fui et emmené leurs bestiaux ; il faisait son possible pour les rassurer, afin d'avoir des vivres

---

[1] Lettre du 29 thermidor.

le soir, ne pouvant espérer d'arriver à Mansourah que le lendemain [1].

Ayant peu d'espoir d'exécuter son passage avec le radeau, Dugua envoya, en amont du canal, un détachement qui lui amena, de deux lieues, avec beaucoup de peine, une barque capable de passer trente hommes à la fois. Il l'eut le 28 à midi, et le 29 à la même heure, toute sa division fut de l'autre côté du canal.

Le 3e. bataillon de la 75e. qui était passé le 28, se porta de suite en avant, vers le canal d'Arnout pour y préparer les moyens de passage. On fit construire par les paysans six ou sept radeaux qui ne pouvaient porter chacun que deux ou trois hommes à la fois. Le bataillon mit sept heures pour passer. Il en aurait fallu plus de 60 pour toute la division. Heureusement le hasard fit découvrir une communication d'un canal à l'autre par laquelle on fit venir la barque en huit heures. Le 30, à midi, toute la division était sur la rive droite du canal d'Arnout. On fit passer un obusier et les pièces de canon à la prolonge, sur leurs affûts leur servant de radeau.

Mais de nouveaux canaux se remplissaient avec une promptitude effrayante. On arriva sur le bord d'un canal aussi large que celui de Saffra; le général Dugua le traversa sur-le-champ à la tête des grenadiers, ayant de l'eau jusqu'à la poitrine; les canonniers passèrent leurs pièces à bras. Dans

---

[1] Lettre de Dugua à Bonaparte, du 28 thermidor.

la crainte que les chameaux chargés de provisions ne s'abattissent dans la vase et dans l'eau, les canonniers ouvrirent les caisses, formèrent la chaîne, et passèrent les munitions de main en main, de manière que rien ne fut avarié. Cette opération dura trois heures.

Enfin, après avoir constamment traversé des champs et des canaux, où l'on voyait à chaque instant croître l'eau, Dugua et sa division arrivèrent le 1er. fructidor, à cinq heures du matin, à Mansourah.

On ne peut se faire une idée des cruelles inquiétudes que lui avait fait éprouver le débordement des eaux et le manque de subsistance. Vingt-quatre heures plus tard, il lui eût été impossible d'emmener du pays qu'il avait traversé, ni artillerie, ni chevaux, ni chameaux, ni munitions d'aucune espèce ; trop heureux s'il en avait retiré les hommes [1] !

Dugua apprit à Mansourah l'attaque faite le 23 thermidor contre le détachement que le général Vial y avait laissé, et sa retraite sur le Kaire. Il était dans une situation très-embarrassante. Il n'y trouva ni l'intendant cophte, ni l'agent français. La plupart des habitans s'étaient sauvés sur la rive opposée du Nil. Les boutiques et les maisons étaient fermées. Il fit proclamer que les Français accordaient protection aux propriétés et aux individus ; quelques habitans rentrèrent ; les marchands commencèrent à vendre. Il était

[1] Lettre de Dugua à Bonaparte, du 2 fructidor.

obligé de faire vivre sa troupe par réquisition. Cerné par le débordement du Nil, il ne pouvait pas faire hors de la ville dix pas à pied sec, ni communiquer avec le général Reynier, ayant laissé en arrière 20 canaux pleins d'eau, et 15 ou 20 à sec qui devaient commencer à se remplir. Il lui aurait fallu une marine et 10 barques armées pour la communication de ses troupes avec celles qui étaient dans l'intérieur du Delta.

La ville de Mansourah pouvait être gardée par un bataillon. Si on y en laissait deux, il y en avait toujours un disponible pour le haut ou le bas Delta. Si le général Reynier avait besoin de secours, il était plus facile et plus prompt de lui en envoyer du Kaire que de Mansourah.

Dugua fit construire des fours; mais on n'avait pas d'autre combustible dans le pays que de la fiente d'animaux ou des ronces séchées au soleil, et il n'y en avait pas de provisions pour fournir aux besoins journaliers du soldat. Il était très-difficile de l'empêcher de commettre des actes de violence pour se procurer du bois [1].

D'après les ordres du général en chef, Dugua passa le Nil et se rendit à Mehalleh-Kébir pour soumettre la province de Garbyeh, de concert avec le général Fugières qui avait ordre de s'y rendre de Menouf, où il était resté depuis le combat de Remerich [2].

Bonaparte ordonna au général Vial de mettre

---

[1] Lettre de Dugua à Bonaparte, du 2 fructidor.
[2] Lettre de Bonaparte à Zayonscheck, le 29 thermidor.

30 djermes à la disposition de Dugua, attendu que les terres étant couvertes par l'inondation, les mouvemens de troupes ne pouvaient se faire que par les canaux. Il autorisa ce général à donner une amnistie à la ville de Mansourah, à prendre tous les moyens de faire renaître la confiance chez les habitans, et de leur faire reprendre leur commerce, à écrire aux trois ou quatre villages qui s'étaient le plus mal comportés dans l'affaire du 23, de revenir à l'obéissance, et à faire sentir aux députés qu'ils devaient livrer les individus les plus coupables, s'ils ne voulaient pas voir brûler leurs villages. Dugua devait profiter du moment où les circonstances permettaient de laisser sa division à Mansourah, pour soumettre définitivement toute la province, prendre des otages des sept ou huit villages qui s'étaient mal conduits, et livrer aux flammes celui qui s'était le plus mal comporté, de manière qu'il n'y restât pas une maison ; cet exemple étant nécessaire pour les empêcher de recommencer dès que la division serait partie [1].

Le général Zayonschek fut dénoncé au général en chef pour s'être attribué 2,000 talaris de contribution. Berthier lui en donna avis. Fier de la droiture de sa conduite, Zayonschek s'indigna de cette accusation d'autant plus mal fondée, qu'à cause de l'inondation, il n'avait encore été perçu sur le pays que 60 talaris. Bonaparte lui répondit : « Je suis fort aise d'apprendre par votre lettre que

---

[1] Lettre de Bonaparte, du 14 fructidor.

la dénonciation que l'on m'avait faite est fausse ».

Des villages qui avaient tiré sur les troupes françaises, lors de leur marche sur le Kaire, redoutant maintenant la vengeance, offrirent à Zayonschek de racheter leur faute par une contribution. Bonaparte décida qu'on ne leur pardonnerait qu'à condition qu'ils rendraient leurs armes, qu'ils donneraient un certain nombre de chevaux et de mulets, et qu'ils remettraient chacun deux otages.

Zayonschek ayant demandé à rentrer au Kaire, le général en chef l'autorisa à y revenir avec la plus grande partie de ses troupes, et le remplaça dans le commandement du Menoufyeh par le général Lanusse [1].

A Salhieh, la troupe de Reynier était dans une situation misérable. Elle n'avait point de viande. A trois lieues à la ronde, les paysans avaient déserté les villages et emmené leurs bestiaux, et n'osaient rentrer, malgré les invitations du général.

En attendant qu'on pût commencer les travaux de fortification ordonnés par le général en chef, il fit retrancher la mosquée où était l'hôpital, construire des fours, et établir provisoirement des magasins [2].

Reynier rendit compte au général en chef des difficultés qu'il avait trouvées dans la reconnaissance qu'il avait faite pour communiquer avec la mer. Des canaux desséchés qui lui parurent être

---

[1] Lettre du 13 fructidor.
[2] Lettre à Bonaparte, du 27 thermidor.

des vestiges de l'ancienne branche pélusiaque, n'y apportaient plus d'eau, parce qu'ils étaient barrés à l'entrée du désert. Ils étaient navigables pendant l'inondation. La branche de Mechera était navigable toute l'année ; mais son embouchure n'était praticable que lors des crues du Nil. Du reste, n'ayant point de bateaux, il n'avait pas encore pu correspondre avec Damiette.

Il n'avait ni matériaux ni outils pour commencer ses travaux défensifs. Il manquait et de pain et de viande. Les paysans ne voulant pas rentrer avec leurs bestiaux, le soldat était forcé d'aller marauder pour vivre. Il accélérait autant que ses moyens le lui permettaient les travaux à la mosquée pour en faire un bon poste susceptible d'être défendu par trois ou quatre cents hommes, afin de retirer le reste des troupes vers Belbeis, où il serait possible de les nourrir sans vexer le pays, si, comme il le pensait, le général en chef ne faisait commencer les grands travaux qu'après l'inondation. Par ce moyen, il pourrait organiser le pays et faire rentrer les habitans, ce qui serait impossible tant qu'il serait à Salhieh[1].

Quand les travaux provisoires furent terminés, il laissa dans cette place une garnison commandée par le général de brigade Lagrange, et revint avec sa division à Belbeis, chef-lieu de sa province.

Nous avons dit que Julien, aide-de-camp du général en chef, qu'il avait envoyé le 14 thermidor au général Menou, fut assassiné en route dans

---

[1] Lettre de Reynier à Bonaparte, du 30 thermidor.

le village d'Alqam, avec son escorte : la vengeance n'avait été qu'ajournée. Bonaparte ordonna au général Lanusse de partir pour ce village avec 500 hommes et un aviso; de confisquer et d'embarquer tous les bestiaux et les grains qui pourraient s'y trouver; de le livrer au pillage et de le brûler, de manière à ce qu'il n'y restât pas une maison entière; s'il pouvait parvenir à arrêter les cheyks, de les amener en otage au Kaire; de faire connaître par une proclamation qu'il répandrait dans les villages voisins, qu'Alqam avait été brûlé parce qu'on y avait assassiné des Français qui naviguaient sur le Nil [1]. Cet ordre fut ponctuellement exécuté.

Les Arabes de Darne, habitant le village de Sonbat, dans la province de Garbyeh, étaient les plus insoumis et les plus audacieux. Ils assassinèrent un détachement composé moitié de la 13e. demi-brigade et moitié du 18e. de dragons. Le général en chef fit marcher contre eux les généraux Dugua et Fugières. Il donna en même temps l'ordre à Murat de poursuivre d'autres Arabes qui avaient des intelligences avec ceux de Sonbat. On voit par la correspondance de Bonaparte combien il attachait d'importance à leur destruction.

Il écrivit à Dugua : « J'espère que vous aurez mis à la raison les maudits Arabes du village de Sonbat. Faites un exemple terrible; brûlez ce village, et ne permettez plus aux Arabes de venir l'habiter, à moins qu'ils n'aient livré dix des prin-

---

[1] Arrêté du 12 fructidor (29 août).

cipaux pour otages, que vous m'enverrez pour les tenir à la citadelle du Kaire [1]. »

A Fugières : « J'espère qu'à l'heure qu'il est, vous aurez, de concert avec le général Dugua, soumis le village de Sonbat et exterminé ces coquins d'Arabes [2]. »

De son côté, Murat en avait attaqué d'autres. Bonaparte lui écrivit : « Si ce sont ceux qui ont attaqué nos gens à Mansourah, mon intention est de les détruire. Faites-moi connaître les forces qui vous seraient nécessaires, et étudiez la position qu'ils occupent, afin de pouvoir les envelopper, les attaquer, et donner un exemple terrible au pays. J'imagine que si vous avez fait provisoirement la paix avec eux, vous aurez exigé des otages, des chevaux et des armes [3]. Je vous répète que mon intention est de détruire ces Arabes ; c'est le fléau des provinces de Mansourah, de Garbyeh, de Qélioubeh. Le général Dugua doit, de concert avec le général Fugières, avoir attaqué la partie de ces Arabes qui se trouve au village de Sonbat ; envoyez reconnaître où se trouvent ceux que vous avez combattus ! Faites-moi connaître les forces dont vous aurez besoin et l'endroit d'où vous pourrez partir pour agir avec succès, en tuer une partie et prendre des otages pour s'assurer de leur fidélité [4]. »

Le 27 fructidor, à trois heures après-midi, les

---

[1] Lettre du 20 fructidor.
[2] *Idem* du 27.
[3] *Idem* du 26.
[4] *Idem* du 28.

Arabes de Sonbat furent attaqués par un corps de troupes de la division Dugua, commandé par le général Verdier. Après un combat assez léger, le village fut forcé et brûlé; plus de 50 Arabes restèrent sur le champ de bataille; une grande partie se noya; on leur prit leurs chameaux et plus de 6,000 moutons.

Murat attaqua un autre corps d'Arabes près de Mit-Gamar, leur tua 40 hommes, prit une partie de leurs bestiaux et les força à évacuer le pays [1]. Malgré l'avantage qu'obtenaient les troupes dans toutes ces affaires partielles, les Arabes revenaient à la charge. Ils remplaçaient leurs bestiaux et leurs chameaux, rentraient dans leurs camps et dans les villages, attaquaient journellement les barques françaises sur le Nil, les pillaient, assassinaient les faibles escortes. C'est ce qui arriva à une barque transportant 4 canons à Damiette et 25 hommes à bord. Une autre barque partie de cette ville, portant 15 hommes, le 1er. jour complémentaire, eut le même sort à Mit-el-Kouli. Les habitans de cinq villages environnans s'étaient réunis pour faire ce coup. Ils avaient trois ou quatre mauvaises pièces de canon, et avaient fait quelques retranchemens.

Dans la nuit du 29 au 30 fructidor, un corps considérable d'Arabes de Darne, du Charqyeh et du lac Menzaleh, commandé, à ce qu'on crut, par Hassan-Thoubar, vint attaquer Damiette, défendu par une faible garnison. Elle prit les ar-

---

[1] Ordre du jour de Bonaparte, du 1er. vendémiaire an VII.

mes, sortit, attaqua l'ennemi, le repoussa et le mit en déroute. Un nommé Joukr, convaincu de s'être mis à la tête des assiégeans avec un tambourin, fut condamné à mort par un conseil de guerre, et exécuté.

Dugua envoya le général Damas avec un bataillon de la 75°. reconnaître le canal d'Achmoûn, et soumettre les villages qui refusaient obéissance. Au village de Gémélieh, un parti d'Arabes réuni aux fellâh, attaqua les troupes. Les dispositions furent bientôt faites, les Arabes dispersés et deux villages brûlés.

Hassan-Thoubar osa écrire au général Dugua; il se plaignit de ce qu'on lui témoignait peu de confiance; dit que si on l'avait consulté sur l'expédition du général Damas, on n'aurait point à se reprocher la perte de deux villages qui n'étaient coupables d'aucune hostilité; que c'étaient de faux rapports ou une erreur bien malheureuse qui avaient pu décider à commettre de semblables excès; que si on l'avait averti, il aurait marché lui-même avec tous le pays contre les Arabes qui avaient attaqué Damiette, et qu'eux seuls étaient coupables; que tous les villages de son canton étaient prêts à payer les impôts et les contributions; mais qu'ils ne voulaient pas recevoir des troupes françaises, dont ils craignaient les dévastations.

Cette crainte n'était pas tout-à-fait dénuée de fondement; car Bonaparte avait mandé à Dugua: « On se plaint du pillage de vos troupes à Mansourah; c'est le seul point de l'armée sur lequel j'aye en ce moment des plaintes ; on se plaint même des vexations que commettent plusieurs officiers d'état-major[1]. »

Le 30, le village de Choarah, situé à une portée de canon de Damiette, se révolta ; les Arabes s'y réunirent et en firent leur quartier-général. Les premier et deuxième jours complémentaires, ils reçurent beaucoup de renforts par le lac de Menzaleh. La garnison de Damiette fut aussi renforcée par un bataillon de la 25e. Le général Vial se décida le quatrième jour complémentaire, à la pointe du jour, à attaquer Choarah. Le général Andréossy prit le commandement de la flotille, et vint débarquer au-delà du village. L'ennemi, au nombre de 10,000 hommes, était sur une seule ligne occupant tout l'espace depuis le lac de Menzaleh jusqu'au Nil. Le général Vial envoya une compagnie de grenadiers de la 25e pour attaquer la droite des ennemis, et leur couper la retraite par le lac Menzaleh ; dans le temps qu'il les attaquait de front, au pas de charge, ils furent culbutés dans l'inondation du Nil et dans le lac. Le village de Choarah fut emporté et livré aux flammes. Il y eut plus de 1500 hommes tués ou noyés. On leur prit deux belles pièces de canon de quatre, en bronze, et trois drapeaux. Les Français n'eurent qu'un homme tué et quatre blessés.

L'intention de Bonaparte était qu'on mît enfin tout en usage pour s'assurer des deux provinces

---

[1] Lettre du 20 fructidor.

de Mansourah et de Damiette ; il paraissait croire que, pour y parvenir, on n'avait encore rien fait. Telles furent, en conséquence, les instructions et les ordres qu'il donna à Dugua. Se rendre à Damiette, demander des otages dans tous les villages qui s'étaient mal conduits, tenir sur le lac Menzaleh des djermes armées avec des pièces de trois et de cinq, y faire même entrer une chaloupe canonnière, si elle pouvait y naviguer ; s'emparer de toutes les îles du lac, y prendre des otages, s'en rendre entièrement maître, se mettre en correspondance avec le général Lagrange qui commandait à Salhieh ; ne point se disséminer ; faire une proclamation aux gens du pays, leur représenter qu'ils étaient dupes des propos insensés d'Ibrahim-Bey, qui les exposait à être massacrés, tandis qu'il restait tranquille à Gaza ; tâcher d'avoir les chefs dans ses mains en feignant de ne pas les connaître ; désarmer le plus possible, surtout les villages situés près de la mer et qui pouvaient avoir une influence sur l'embouchure du Nil ; s'ils disaient qu'on les exposait aux incursions des Arabes, ne point les écouter, tous ces gens-là étant d'intelligence ; faire partir sur-le-champ deux fortes colonnes, l'une pour occuper la ville de Menzaleh, soit par terre, soit par le canal ; l'autre pour accompagner le général Andréossy. « Dussiez-vous, ajoutait Bonaparte, faire marcher toute votre division, il faut que ce général arrive à Péluse. Il faut des exemples sévères, le désarmement, des otages et des têtes coupées. Réunissez la quantité de bateaux nécessaire pour vous porter rapidement à Damiette, à Salhieh, à Mansourah; essayez de prendre, par la ruse, Hassan-Thoubar, et, si jamais vous le tenez, envoyez-le moi au Kaire [1]. »

Le général en chef avait chargé le général Andréossy, officier aussi distingué par la science que par la bravoure, de faire la reconnaissance du lac Menzaleh. Les instructions qui lui furent remises, et le secours d'aides intelligens qu'on lui donna, le mirent dans le cas de donner à ses opérations plus d'étendue et de précision que ne peuvent en avoir ordinairement les reconnaissances militaires. Il pénétra dans le lac Menzaleh le 12 vendémiaire.

Des sept branches qui, au rapport des anciens, conduisaient les eaux du Nil à la mer, il n'en restait plus que deux, la branche Tanitique, débouchant à Omfâreg, et la branche Mendésienne, débouchant à Dibeh. On ne voyait de la branche Pélusiaque que son extrémité réduite presqu'entièrement à un grand canal de fange.

Les îles de Matarieh, les seules du lac qui fussent habitées, contenaient une population de 1100 hommes occupés à la pêche et à la chasse des oiseaux, cupides et si ignorans, qu'ils ne connaissaient point la division du temps en heures, et ne savaient pas, comme les Arabes du désert, l'apprécier par la mesure de leur ombre. La ville de Menzaleh renfermait 2,000 habitans. On y trouvait des manufactures de soie, de toiles à voiles,

---

[1] Lettres des 2, 3 et 5 vendémiaire an VII.

des teintureries et quelques autres fabriques de peu d'importance.

Il y avait, dans le lac Menzaleh, des îles anciennement habitées, couvertes de décombres. Les presqu'îles de Damiette et de Menzaleh étaient couvertes de belles rizières et de terres à blé, et alimentées par des canaux d'irrigation ayant dans leur voisinage des canaux d'écoulement. Le bassin du lac Menzaleh était un terrain d'alluvion, formé par les branches du Nil et non par le mouvement des eaux de la mer, et susceptible de desséchement.

Cette contrée présentait, comme toutes les autres parties de l'Égypte, l'aspect d'une grande dépopulation et les ruines de villes autrefois considérables, telles que Tennys, Tounèh, Faramah et Peluse, encore couvertes de fragmens et de débris de monumens. A Tounèh, un heureux hasard offrit à Andréossy, à la surface du terrain, un camée antique sur agate, de 36 sur 29 millimètres, représentant une tête d'homme; le profil avait beaucoup de caractère. Un œil perçant, un air froid, une lèvre dédaigneuse, et d'autres indices faisaient penser qu'on avait voulu faire la tête de cet Auguste qui sut résister aux charmes de Cléopâtre et surmonter tous les obstacles qui le séparaient du pouvoir[1].

Dans la carte du lac Menzaleh et de ses environs, on rectifia des omissions ou des erreurs qui se trouvaient dans celle de Danville. Andréossy rendit compte de son travail à l'Institut. « En m'aidant,

---

[1] Ce camée fut donné par Bonaparte à son épouse.

dit-il, sur quelques faits géologiques, de l'autorité des premiers écrivains, je ne les adopterai point exclusivement ; mais je consulterai la nature qui était plus ancienne que ces auteurs et qui est en même temps notre contemporaine. »

Les Arabes de Darne occupaient le village de Doundeh ; environnés de tous côtés par l'inondation, ils se croyaient inexpugnables, et infestaient le Nil par leurs pirateries et leurs brigandages. Les généraux Murat et Lanusse reçurent l'ordre d'y marcher, et y arrivèrent le 7 vendémiaire. Après une légère fusillade, les Arabes furent dispersés. Les troupes les suivirent pendant cinq lieues, ayant de l'eau jusqu'à la ceinture, et s'emparèrent de leurs troupeaux, de leurs chameaux et de leurs effets. Il y en eut plus de 200 de tués ou de noyés.

En rendant compte de cette affaire au Directoire, Bonaparte lui fit ce portrait des Arabes : « Ils sont à l'Égypte ce que les Barbets sont au comté de Nice ; avec cette grande différence qu'au lieu de vivre dans les montagnes, ils sont à cheval et vivent au milieu des déserts. Ils pillent également Turcs, Égyptiens, Européens. Leur férocité est égale à la vie misérable qu'ils mènent. Exposés des jours entiers dans des sables brûlans, à l'aspect du soleil, sans eau pour s'abreuver, ils sont sans pitié et sans foi. C'est le spectacle de l'homme sauvage le plus hideux qu'il soit possible de se figurer[1]. »

Ce portrait n'était pas flatté. On voit qu'il était

---

[1] Lettre du 26 vendémiaire.

tracé, à quelques égards, sous l'influence du mécontentement et des contrariétés que causaient, à Bonaparte, l'insoumission et les coups de main des Arabes.

Il ordonna à Reynier de se tenir concentré à Salhieh et à Belbeis, de punir les tribus d'Arabes qui s'étaient révoltées, de tâcher d'en obtenir des chevaux et des otages, de presser les travaux de Belbeis, afin qu'on pût y placer bientôt quelques pièces de canon, d'approvisionner le plus possible Salhieh. « La meilleure manière, ajoutait-il, de punir les villages qui se sont révoltés, c'est de prendre leur cheyk El-Beled et de lui faire couper le cou, car c'est de lui que tout dépend.[1] »

La province de Charqyeh était la plus arriérée pour la rentrée des contributions et la levée des chevaux; le général en chef pensait que les villages qui n'avaient pas vu les troupes ne se regarderaient pas comme soumis; il désirait donc que Reynier envoyât cinq ou six colonnes mobiles dans les différens points de son commandement, et qu'il fit ensuite occuper Qatieh, où son intention était de faire construire un fort[2].

Le général en chef écrivit à Fugières : « Il est nécessaire que vous portiez le plus grand respect à la ville de Tantah, qui est un objet de vénération pour les Mahométans. Il faut surtout éviter de rien faire qui puisse leur donner lieu de se

---

[1] Lettre du 6 brumaire.
[2] Lettre du 22 frimaire.

plaindre que nous ne respectons pas leur religion et leurs mœurs[1]. »

La ville de Tantah, dans la province de Garbyeh, et que les voyageurs européens avaient peu visitée avant l'expédition française, était la plus commerçante de l'intérieur du Delta. Outre qu'elle est située dans un territoire extrêmement fertile, et que ses habitans exercent leur industrie sur le lin qui y croît en abondance, elle est encore le siége de foires annuelles très-renommées : ces foires, comme la plupart de celles qui se tiennent en Orient, doivent leur origine à la dévotion superstitieuse des Musulmans. Le tombeau d'un santon célèbre, appelé *Seyd-Ahmed-el-Bedaouy*, était, dans la principale mosquée de Tantah, l'objet d'une grande vénération. La mosquée possédait de grands revenus, et recevait beaucoup d'*ex voto*. On y allait en pélerinage à deux époques différentes de l'année, à l'équinoxe du printemps et au solstice d'été. Le jour de la fête était annoncé à toute l'Égypte par des courriers porteurs d'un firman du pacha. Les 10 ou 12 okels destinés à plusieurs villes de l'Égypte et à différentes nations mahométanes, étaient alors remplis; les marchands forains occupaient des loges établies dans les rues, et la campagne autour de la ville était couverte de tentes.

Fugières fit une expédition dans cette ville; quoique les troupes se conduisissent bien, les habitans ameutèrent tous les villages voisins et les

---

[1] Lettre du 24 vendémiaire.

Arabes, et accueillirent à coups de fusil et de canon le détachement qui se retira en combattant pour sa défense et usa d'une grande modération.

« J'ai appris avec peine, écrivit Bonaparte à Fugières, ce qui est arrivé à Tantah. Je désire qu'on respecte cette ville, et je regarderais comme le plus grand malheur qui pût arriver que de voir ravager ce lieu saint aux yeux de tout l'Orient. J'écris aux habitans de Tantah et je vais faire écrire par le divan général. Je désire que tout se termine par négociation [1]. »

Fugières répondit que personne n'avait eu plus de respect que lui pour les mœurs et la religion des Musulmans depuis qu'il était en Égypte, et que la conduite qu'avaient tenue les troupes à Tantah en était une preuve.

Pour compléter le tableau de la situation des provinces, il nous reste encore à retracer à part, à cause de l'abondance des matières, l'état de celle d'Alexandrie, où commandait Kléber, et celle de Rosette, dont Menou était gouverneur.

ALEXANDRIE ET BAHYREH. — KLÉBER.

La correspondance de Kléber avec le général en chef n'était remplie que de *jérémiades*, ainsi que le général lui-même appelait ses doléances. Les Anglais avaient réuni 26 voiles; il les voyait

---

[1] Lettre du 25 vendémiaire.

déjà bombarder les ports d'Alexandrie, et entrer sans hésiter dans ces passes que la marine française avait trouvées dangereuses et impraticables. Dans l'impossibilité de correspondre par mer, il trouvait instant d'établir une communication sûre par terre, ainsi que pour protéger l'arrivage des eaux du Nil. La colonne insignifiante du général Dumuy était insuffisante pour remplir cet objet. Afin de pourvoir au service, il vendait du riz; il avait recours à tous les expédiens pour se procurer des fonds. Il ne savait quel parti prendre relativement à l'embargo mis sur la caravelle, sur les bâtimens neutres réduits à un état affreux de misère, ni sur les réquisitions qu'on leur avait faites sans en payer la valeur. Il leur avait donné du riz pour la moitié de la somme qui leur était due. Depuis 35 jours, il était sans nouvelles de l'armée; il courait de mauvais bruits; Kléber avait sur la santé du général en chef des inquiétudes que beaucoup de personnes partageaient. Il lui avait envoyé son aide-de-camp Loyer dans l'espérance qu'il se rendrait à Alexandrie. Enfin, on était menacé de la guerre avec la Porte [1].

Quoiqu'il lui restât encore à détruire Mourad-Bey qui occupait la Haute-Égypte et à soumettre l'intérieur du Delta où des partisans des beys avaient les armes à la main, Bonaparte, prévoyant les besoins des provinces de Bahyreh et d'Alexandrie, envoya l'adjudant-général Brives avec un bataillon à Rahmanieh, et le mit aux or-

---

[1] Lettres de Kléber à Bonaparte, des 23 et 24 thermidor.

dres de Kléber, parce que si les Anglais laissaient des forces dans les parages d'Alexandrie et interceptaient les communications avec Rosette, il devenait indispensable d'occuper le village d'Abou-'qyr, afin de pouvoir communiquer avec cette ville par terre.

Le général en chef envoya aussi à Alexandrie le général d'artillerie Manscour, pour l'armement des côtes, et pour prendre des renseignemens sur le pays, afin de pouvoir remplacer Kléber lorsque les circonstances lui permettraient de rejoindre l'armée.

Il lui ordonna de faire démolir la maison du Musulman qui avait assassiné un canonnier français.

Il lui annonça qu'il ferait filer des troupes sur Rosette dès que cela serait possible; mais qu'il devait n'y pas compter d'ici à plusieurs jours, et tirer parti de ses propres forces. Quant à l'argent, il ne doutait pas que la contribution extraordinaire ne fût rentrée, et il avait fait des fonds pour la marine. « Dans ce pays, lui mandait-il, les choses ne sont pas encore assises; chaque jour y porte une amélioration considérable. Je suis fondé à penser que dans quelques jours nous commencerons à être maitres. L'expédition que nous avons entreprise exige du courage de plus d'un genre[1]. »

A la réception de la lettre de Kléber, du 23 thermidor, Bonaparte donna au général Marmont

---

[1] Lettre du 28 thermidor.

une mission dont le but était de former une colonne mobile propre à observer les mouvemens de l'escadre anglaise, et à assurer la bouche du Nil de la branche de Rosette, d'empêcher toute communication entre les Anglais et les Arabes par Abouqyr, de faciliter la communication de ce village avec Rosette, d'offrir une réserve pour dissiper les rassemblemens qui se formeraient dans la province de Bahyreh, de punir la ville de Damanhour, enfin de protéger l'écoulement des eaux dans le canal qui en procurait à Alexandrie.

Renfermée par les eaux de la Méditerranée et par deux lacs d'eau salée qui en forment une presqu'île, cette ville ne tient à l'Égypte que par une bande étroite de terre qui s'étend sur la côte au sud-ouest jusqu'à la tour des Arabes. Privée absolument d'eau douce, elle n'en reçoit que par un canal de plus de neuf myriamètres de longueur[1], qui, dérivé du Nil, près de Rahmanieh, passe entre les lacs Madieh et Maréotis, contourne au sud d'Alexandrie, où, après avoir rempli les citernes par quatre aqueducs souterrains, il entre dans l'enceinte de la ville, et, sous la forme d'une aiguade, se perd à la mer, dans le Port-Vieux.

Lorsque les eaux arrivaient dans le canal, le kachef du bey, commandant du Bahyreh, se mettait en tournée sur les bords du canal, pour leur procurer un libre cours et empêcher qu'elles ne

[1] 93,550 mètres.

fussent détournées. L'infraction à ses ordonnances de police étaient punies de mort.

Dès que les citernes et réservoirs étaient remplis, le kachef se rendait par le canal dans la ville ; le qady, les cheyks et les ulemas rassemblés lui remettaient un vase rempli de l'eau nouvelle, scellé et cacheté, avec un procès-verbal constatant que la ville était suffisamment approvisionnée ; cet officier, après l'avoir envoyé au cheyk El-Beled du Kaire, faisait publier dans la province que les villages pouvaient ouvrir les digues de leurs canaux d'irrigation pour arroser et remplir leurs citernes.

Pour que l'eau parvînt de l'embouchure du canal dans la ville d'Alexandrie, il fallait, terme moyen, de 25 à 30 jours.

En passant à Rahmanich, Marmont devait s'aboucher avec l'adjudant-général Brives, pour avoir des nouvelles d'Alexandrie et de Damanhour ; et si l'expédition que le général en chef avait ordonnée n'avait pas réussi, débarquer à Rahmanieh, et prendre le commandement de toutes les colonnes mobiles ; dissiper les attroupemens de toute la province, et punir les habitans de Damanhour pour la manière dont ils s'étaient conduits envers le général Dumuy.

S'il n'y avait rien de nouveau dans cette province, Marmont continuait sa route pour aller remplir sa mission.

Arrivé à Rosette, il devait visiter la barre du Nil et s'assurer si l'on y avait placé les batteries et les chaloupes canonnières nécessaires pour mettre le fleuve à l'abri des corsaires et des chaloupes anglaises.

Marmont se trouvait sous les ordres de Menou pour les opérations que ce général jugerait utiles à la sûreté de Rosette et des villages environnans.

Il allait ensuite à Abouqyr voir s'il y avait quelque chose à faire pour perfectionner les retranchemens du fort, et rendre plus commode la route de Rosette.

Il se rendait à Alexandrie, où il était sous les ordres de Kléber pour ce qu'il croirait convenable d'entreprendre.

L'intention du général en chef était que Marmont retournât ensuite à Rosette, et y restât jusqu'à ce que l'escadre anglaise eût disparu, et que la communication par mer fût à peu près rétablie; parce que de cette ville il pouvait, au besoin, se porter entre les deux branches du Nil, et s'opposer aux incursions que feraient les Anglais pour tenter de s'approvisionner.

Enfin, il lui était recommandé d'écrire dans le plus grand détail sur la situation des Anglais, et la manière dont l'escadre française s'était comportée à la bataille d'Abouqyr; de dire, en parlant aux généraux et aux marins, tout ce qui pourrait relever leur courage; surtout de conférer avec Gantheaume, de lui témoigner l'estime que le général en chef avait pour lui, et le plaisir qu'il avait eu en apprenant qu'il était sauvé [1].

Il chargea aussi le général Dommartin de se

---

[1] Lettre de Bonaparte à Marmont, du 1er. fructidor.

rendre à Rosette et à Alexandrie pour inspecter et mettre en état les fortifications et les batteries. « Votre présence sera d'ailleurs utile, lui écrivit le général en chef, pour détruire beaucoup de faux bruits qu'on fait courir sur l'armée et sa position, et pour ranimer autant que possible les espérances et le courage de ceux qui en auront besoin [1]. »

Bonaparte répondit à Kléber : « Je vous remercie de votre sollicitude sur ma santé; jamais, je vous assure, elle n'a été meilleure. Les affaires ici vont parfaitement bien, et le pays commence à se soumettre.

J'ai appris la nouvelle de l'escadre onze jours après l'événement; dès lors ma présence ne pouvait plus rien à Alexandrie.

J'ai envoyé le général Marmont avec la 4e. demi-brigade d'infanterie légère et deux pièces de canon pour soumettre la province de Bahyreh, maintenir libre la communication de Rosette à Alexandrie, et rester sur la côte pour empêcher la communication des Anglais avec la terre.

Je n'ai jamais eu la moindre inquiétude sur Alexandrie; il n'y aurait personne, les Anglais n'y entreraient pas. Ils ont bien assez à faire de garder leurs vaisseaux, et sont trop empressés à profiter de la bonne saison pour gagner Gibraltar.

Avec six pièces de 24 à boulets rouges et deux mortiers, toutes les escadres de la terre n'approcheraient pas. Il faut, dans ce cas, recommander

[1] Lettre du 4 fructidor.

qu'on tire lentement et très-peu ; il faut avoir quelques gargousses de parchemin, bien faites. Il faut le plus promptement possible mettre en état le fort d'Abouqyr, l'occuper avec un poste et quelques pièces de canon, ainsi que la tour du Marabou où nous sommes descendus. Avec 6 pièces de 24, deux grils à boulets rouges et 40 canonniers, j'ai lutté pendant quatre jours contre l'escadre anglo-espagnole au siége de Toulon, et après lui avoir brûlé une frégate et plusieurs bombardes, je l'ai forcée à prendre le large. Si le génie de l'armée voulait que les Anglais tenfassent de se frotter à notre port, ils pourraient, par ce qui leur arriverait, nous consoler un peu du désastre de notre flotte. J'imagine qu'à l'heure qu'il est la masse de l'escadre anglaise sera partie.

Le Turc Passwan-Oglou est plus fort que jamais, et les Turcs y penseront à deux fois avant de faire un mouvement contre nous : au reste, ils trouveront à s'en repentir. Tous les mois, tous les jours, notre position s'améliore par les établissemens propres à nourrir l'armée, par les fortifications que nous établissons sur plusieurs points ; et dès que nos approvisionnemens de campagne qui sont à Alexandrie, seront en état d'être transportés au Kaire, je vous assure que je ne crains pas cent mille Turcs. Quant à leurs bâtimens de guerre, il faut nous tenir dans la position où nous sommes jusqu'aux nouvelles de Constantinople, afin qu'aux premières hostilités du capitan-pacha, nous puissions nous en emparer; ils équivaudront toujours dans nos mains à une de leurs caravelles.

Au milieu de ce tracas, je vois avec plaisir que votre santé se rétablit, que votre blessure est guérie. Vous sentez que votre présence est encore nécessaire dans le poste ou vous êtes ; vous voyez que la blessure que vous avez reçue a tourné à bien pour l'armée [1]. »

Avant que cette lettre lui fût parvenue, Kléber continuait d'adresser à Bonaparte l'expression de ses sollicitudes et de ses plaintes.

L'interruption des communications par terre et par mer apportait la plus grande stagnation dans les affaires. La douane, l'unique ressource, ne produisait rien. Il fallait 300,000 livres par mois pour satisfaire à la solde et aux divers services, car tout était à faire et rien ne se faisait qu'avec de l'argent. Les Arabes pacifiques avaient cependant repris confiance, et amenaient presque journellement des troupeaux à Alexandrie. Quatre-vingt-douze personnes attachées à la commission des sciences et des arts, qui ne se nourrissaient pas d'esprit, demandaient à grands cris et avec justice qu'il leur fût payé au moins un mois d'appointement.

« Malgré toutes ces *jérémiades* qu'il est de mon devoir de vous faire, ajoutait Kléber, il est bon que vous sachiez que tout le monde est plein de courage et de bonne volonté; la journée du 14

[1] Lettre du 4 fructidor.

thermidor n'a produit sur la troupe aucune espèce d'abattement, mais bien le sentiment de l'indignation et un désir ardent de vengeance. »

Les Anglais avaient pris une djerme sur laquelle étaient divers individus français, dont l'un, le citoyen Delille, employé aux transports militaires, autorisé à rentrer en France, avait deux caisses d'argenterie marquée de différentes armoiries. Les Anglais avaient d'abord voulu le faire pendre ; et il avait si bien plaidé sa cause, qu'ils lui avaient non-seulement laissé la vie, mais encore la vaisselle.

La flotte anglaise était prête à mettre à la voile. On craignait un bombardement, on se croyait assez en mesure d'y répondre.

Quand les Anglais seraient partis et que le moment critique d'Alexandrie serait passé, Kléber demandait à rejoindre sa division. « J'ai besoin, écrivait-il, de voir la verdure des bords du Nil, pour dissiper les tableaux affligeans que j'ai eus devant les yeux depuis quelque temps [1] ».

L'instruction donnée aux généraux Marmont et Dommartin de relever à Alexandrie le courage des troupes de terre et de mer, et de ceux qui en auraient besoin, et quelques termes assez significatifs des lettres de Bonaparte à Kléber, lui firent aisément comprendre que le général en chef le soupçonnait de découragement, et n'était pas très-satisfait de son administration.

« Vous seriez injuste, écrivit-il à Bonaparte, si

---

[1] Lettre à Bonaparte, du 29 thermidor.

vous preniez pour une marque de faiblesse ou de découragement la véhémence avec laquelle je vous ai exposé nos besoins. Je vous l'ai déjà mandé, l'événement du 14 thermidor n'a produit chez les soldats qu'indignation et désir de vengeance. Quant à moi, il m'importe peu où je dois vivre, où je dois mourir, pourvu que je vive pour la gloire de nos armes et que je meure ainsi que j'ai vécu. Comptez donc sur moi dans tout concours de circonstances, ainsi que sur ceux à qui vous ordonnerez de m'obéir[1]. »

« Voilà, dit Napoléon en relisant ces nobles paroles, comme pensait le brave Kléber. Il se laissa plus tard égarer par l'intrigue; mais il avait le cœur français; il n'eût jamais pactisé avec l'émigration, ni répudié nos aigles[2]. »

Tandis que Kléber craignait un bombardement des Anglais, ils négociaient avec quelques-uns des principaux habitans d'Alexandrie, notamment le cheyk El-Messiri, pour se faire livrer le Port-Vieux. Il vint révéler au général ces propositions, et le projet échoua. Les Anglais en partie quittèrent le mouillage d'Abouqyr. Kléber demandait au général en chef, pour se faire bénir par les Musulmans, d'organiser la justice, de salarier l'aga et les membres du divan, de promettre le remboursement des 100,000 livres qu'on avait exigées à titre de contribution militaire, de renoncer aux impositions directes qui répugnaient

---

[1] Lettre du 5 fructidor.
[2] Antommarchi, tome I, page 116.

beaucoup, et de s'en tenir aux impôts indirects auxquels on était façonné. Il conjurait le général en chef de lui envoyer 500,000 livres pour les dépenses. Il avait fait arrêter le négociant Abdel-Bachi qui avait été avec les Mamlouks.

Les marins échappés au désastre du 14 furent employés à compléter les équipages du reste de l'escadre, la 69e. demi-brigade, l'artillerie et le génie ; le reste fut réuni en un corps particulier sous le commandement du capitaine de frégate Martinet, pour être employé aux opérations nautiques ; c'était, suivant Kléber, le seul moyen de ramener à la discipline des hommes accoutumés à vivre dans le désordre et familiarisés avec tous les vices.

Si les circonstances l'exigeaient, ce corps pourrait être rendu à la marine, par laquelle ce général se plaignait de n'avoir été secondé qu'avec infiniment de mollesse [1].

Le général en chef écrivit au cheyk El-Messiri :

« Le général Kléber me rend compte de votre conduite, et j'en suis satisfait. Vous savez l'estime particulière que j'ai conçue pour vous au premier moment que je vous ai connu. J'espère que le moment ne tardera pas où je pourrai réunir tous les hommes sages et instruits du pays, et établir un régime uniforme, fondé sur les principes de l'Alcoran, qui sont les seuls vrais, et qui peuvent seuls faire le bonheur des hommes. Comptez en tout temps sur mon estime et mon appui [2]. »

[1] Lettre de Kléber à Bonaparte, du 4 fructidor.
[2] Lettre du 11.

« Je connaissais votre défense de Toulon, écrivit Kléber à Bonaparte ; elle eût été pour moi un bel exemple. Je laisse pourtant au général Dommartin le soin de vous faire observer que difficilement Alexandrie pourrait être à l'abri d'insulte avec 6 pièces de 24 et 2 mortiers¹. »

Kléber pensa que l'ordre du général en chef, sur la démolition de la maison de l'assassin du canonnier, produirait un mauvais effet, et ne l'exécuta pas.

Les réquisitions de denrées, bonnes dans le Delta où les vivres étaient en grande abondance, ne lui paraissaient propres qu'à jeter l'alarme et l'épouvante dans une ville où tout devait arriver du dehors par la confiance et l'appât du gain.

Il demandait à Bonaparte la permission de se conduire un peu d'après les circonstances et les localités.

Il désespérait de pouvoir lever l'emprunt de 300,000 francs que le général en chef lui avait mandé de faire².

Bonaparte approuva l'arrestation du négociant Abdel-Bachi ; ordonna à Kléber de confisquer en général les biens de tous les habitans qui se trouvaient avec les Mamlouks, et en particulier d'un des *factotum* de Mourad-Bey, et qui était alors auprès de lui.

Il traita de plate bêtise les lettres que les An-

---

¹ Lettre du 9 fructidor.
² Lettre du 5.

glais avaient fait porter au cheyk El-Messiri, ajoutant : « Cependant, j'aurais assez aimé que vous eussiez fait couper le cou au reis de la djerme ».

Il annonça un réglement prochain sur le traitement des membres du divan, et la solde de l'aga et de la compagnie des janissaires.

Il recommanda de bien ménager les armes dont on avait un grand besoin, comptant peu sur l'arrivée du second convoi.

Il envoyait 100,000 francs à l'ordonnateur Leroy ; 50,000 devaient partir le lendemain. « Nous ne sommes pas ici, mandait-il, comme vous pourriez l'imaginer, au milieu des trésors, et jusqu'à la perception nous éprouverons toujours une certaine pénurie. »

Il espérait donc que les choses pourraient marcher avec les fonds qu'il expédiait et avec le produit de toutes les ressources locales qu'il avait indiquées ou créés ; que le général Kléber cesserait de vendre du riz qu'on aurait tant de peine à remplacer à Alexandrie, où la prudence voulait qu'on en eût pour toute l'armée pendant un an ou deux. Que si le citoyen Delille était encore à Alexandrie, Kléber aurait fait mettre la main dessus et surtout prendre sa vaisselle. « Je suis, ajoutait-il, ici dans l'embarras de trouver de l'argent et dans un bois de fripons. Quant à l'administration de la justice, c'est une affaire très-embrouillée chez les Musulmans ; il faut encore attendre que nous soyons un peu plus mêlés avec eux. Laissez faire au divan à peu près ce qu'il veut¹. »

La somme de 100,000 francs mise à la disposition de l'ordonnateur Leroy, arriva dans un moment où il n'y avait pas un sou dans la caisse du payeur, où la solde et tous les services étaient suspendus, où plusieurs députations de tribus d'Arabes allaient venir pour traiter d'une pacification générale, dans la province de Bahyreh, et où Kléber trouvait très-impolitique de parler d'emprunt ou de réquisition. Il mit donc cette somme à la disposition du payeur et promit à l'ordonnateur de la lui remplacer lorsque l'emprunt serait levé, ou que le général en chef aurait fait passer d'autres fonds.

L'émir Ibrahim, chef des insurgés de Damanhour, négocia la pacification de son pays avec le général Kléber. Il fut convenu que les tribus fourniraient des otages.

Les Anglais envoyèrent un parlementaire pour une chose assez frivole. Leurs vaisseaux s'approchèrent à portée du canon, et furent salués par les batteries. Onze canots, protégés par deux avisos, se présentèrent devant la digue d'Abouqyr, comme s'ils avaient voulu tenter une descente, la marche de 150 hommes et quelques coups de canon suffirent pour leur faire reprendre le large.

Les artistes et savans qui étaient à Alexandrie partirent en caravane pour le Kaire. Norry, géographe; Quesnot, astronome, et Pouzlier, anti-

---

¹ Lettre du 11 fructidor (28 août).

quaire, tous malades de corps et d'esprit, demandèrent à retourner en France, ainsi que Dubois, chirurgien, resté à Alexandrie pour traiter Kléber de sa blessure, souffrant lui-même d'une maladie grave, et songeant sans cesse à quatre enfans qui n'avaient plus de mère.

Jaloux de conserver un homme aussi habile, Bonaparte lui écrivit : « Vos talens nous sont utiles ici ; je vous prie de partir le plus tôt possible pour vous y rendre. L'air du Nil vous sera favorable. Les circonstances d'ailleurs ne rendent pas le passage assez sûr pour que j'expose un homme aussi utile. Vous serez content de voir de près cette grande ville du Kaire ; vous trouverez à l'institut un logement passable et une société d'amis[1]. »

Ces offres engageantes et aimables ne purent retenir Dubois, décidé, avait écrit Kléber, à ne céder à aucune considération.

Il ne restait plus à Alexandrie que les ingénieurs-géographes, occupés à lever le plan général de la rade, des deux ports, de l'enceinte fortifiée et des dehors où il convenait d'occuper les hauteurs qui commandent la ville. Avant d'en partir, Bonaparte avait ordonné ce grand travail. Les opérations de sondes, de topographie et de nivellement furent faites simultanément ; les positions respectives des principaux points, liées entre elles par une suite de triangles, furent rattachées à celle du phare, déterminée par des observations

---

[1] Lettre du 15 fructidor.

astronomiques. On eut aussi le plan souterrain de la ville, au moyen duquel on connut l'emplacement des nombreuses citernes, leur état et leur capacité, celui des aqueducs, des grands réservoirs et des égouts.

Le général en chef se résumant sur diverses questions que Kléber lui avait soumises, l'autorisa à lever l'embargo sur les bâtimens neutres et de commerce turcs, et à les laisser sortir malgré la présence de l'ennemi, pourvu qu'ils ne portassent point de vivres et spécialement du riz. Cette disposition ne s'étendait pas à la caravelle ni aux bâtimens de guerre turcs auxquels il fallait donner de belles paroles, et attendre des renseignemens ultérieurs pour prendre une décision. Quant aux réquisitions faites aux bâtimens neutres, les patrons n'avaient qu'à s'assembler et à envoyer des fondés de pouvoir et des états d'évaluation au Kaire où ils seraient payés. Les bâtimens neutres, faisant partie du convoi, ne pouvaient pas sortir jusqu'à nouvel ordre. Pour prendre un parti à leur égard, le général en chef attendait aussi un état de leur nombre et de ce qui leur était dû. Les esclaves Mamlouks devaient être regardés comme une marchandise ordinaire, sortir d'Alexandrie et se rendre au Kaire; avant d'en payer la valeur aux marchands, il fallait vérifier si les beys ne les avaient pas déjà payés. Les officiers de marine, rendus sur parole par les Anglais, pouvaient partir, puisqu'ils avaient juré de ne pas servir pendant cette guerre, excepté quatre ou cinq qui pourraient être utiles sur le Nil[1].

En apprenant que Kléber avait distrait de leur destination les 100,000 francs envoyés à l'ordonnateur Leroy, Bonaparte fit éclater son mécontentement par une lettre qui donna lieu à des réponses encore plus vives, et qui faillit amener entre eux une rupture. Elle était ainsi conçue :

« Le citoyen Leroy me mande que toutes les dispositions que j'avais faites pour la marine sont annulées par le parti que vous avez pris d'affecter à d'autres services les 100,000 livres que je lui avais envoyées. Vous voudrez bien, après la réception du présent ordre, remettre les 100,000 livres à la marine, et ne point contrarier les dispositions que je fais et qui tiennent à des rapports que vous ne devez pas connaître, n'étant pas au centre.

L'administration d'Alexandrie a coûté le double du reste de l'armée. Les hôpitaux, quoique vous n'ayez que 3,000 hommes, coûtent, et ont coûté beaucoup plus que tous les hôpitaux de l'armée.

Je ne crois pas, dans les différens ordres que je vous ai donnés, vous avoir laissé maître de lever ou non la contribution à titre d'emprunt, sur les négocians d'Alexandrie : ainsi, si vous en avez suspendu l'exécution, je vous prie de vouloir bien prendre les mesures, sur-le-champ, pour la faire rentrer, quels que soient les inconvéniens

---

[1] Lettre du 13 fructidor.

qui doivent en résulter : nous n'avons point, pour ce moment-ci, d'autre manière d'exister[1]. »

A ces reproches, Kléber fit la réponse suivante, où l'on trouve réunis la vigueur du style et celle du caractère :

« Je reçois à l'instant, citoyen général, votre lettre du 15.

Je devais m'attendre à votre improbation relativement aux 100,000 livres affectées à la marine, et dont j'ai disposé, contre votre intention, pour faire face aux différens services de la place, quoique je me trouvasse alors dans un moment difficile qui pouvait peut-être me justifier; mais j'étais bien loin de penser mériter aucun reproche sur l'administration des fonds. S'il est vrai, citoyen général, qu'Alexandrie ait coûté le double du reste de l'armée, abstraction faite des réquisitions frappées ailleurs, et qui n'ont jamais eu lieu ici; abstraction faite de ce qui a sans cesse été payé au génie, à l'artillerie et à la marine, on a droit de conclure qu'il y a eu une dilapidation infâme. L'ordonnateur en chef doit en conséquence faire juger rigoureusement le commissaire de la place, et lui retirer, en attendant sa justification, toute sa confiance; ma conduite même doit être examinée, et je vous en fais la demande formelle.

Vous avez oublié, citoyen général, lorsque vous avez écrit cette lettre, que vous teniez en main le burin de l'histoire, et que vous écriviez à Kléber. Je ne présume pourtant pas que vous

---

[1] Lettre du 15 fructidor.

ayez eu la moindre arrière-pensée, on ne vous croirait pas[1].

J'attends, citoyen général, par le retour du courrier, l'ordre de cesser mes fonctions, non-seulement dans la place d'Alexandrie, mais encore dans l'armée, jusqu'à ce que vous soyez un peu mieux instruit de ce qui se passe et de ce qui s'est passé ici. Je ne suis point venu en Égypte pour faire fortune ; j'ai su jusqu'ici la dédaigner partout ; mais je ne laisserai jamais non plus planer sur moi aucun soupçon[2]. »

Les patrons des bâtimens neutres étaient fort gênés pour user de la permission qui leur avait été donnée de sortir du port d'Alexandrie. Les Anglais forcèrent à rentrer les premiers qui parurent en mer. Cette mesure était d'autant plus fâcheuse qu'il y avait dans la ville 2,000 pèlerins venant de la Mekke, dont Kléber voulait se débarrasser, et qui prétendaient ne pouvoir s'en retourner par terre, sans courir le risque d'être pillés et assassinés par les Arabes[3].

Bonaparte ne vit d'autre moyen d'évacuer ces pèlerins que de les faire embarquer, et de forcer les bâtimens qui en seraient chargés à sortir, ce

---

[1] « *On ne vous croirait pas!* dit Napoléon sur cette lettre au docteur Antommarchi. Voyez-vous la noble assurance, la fierté d'un brave! Non certes, on ne m'aurait pas cru, et j'aurais été désespéré qu'on le fît. Je me plaignais de défaut d'économie ; je n'imputais pas de malversations ; mais tel était Kléber, ardent, impétueux, d'impression facile. L'intrigue en profita. » *Antommarchi*, tome I, page 171.

[2] Lettre de Kléber à Bonaparte, du 21 fructidor.

[3] *Idem* du 26.

qu'ils pouvaient faire en présence même des Anglais, puisqu'il ne faisait grand jour qu'à six heures du matin. Il pensait que les vents de l'équinoxe feraient bientôt raison du blocus qu'avait établi l'ennemi; que le commodore Hood voulait tout bonnement se faire payer, comme cela était arrivé 50 fois sur les côtes de Provence. « Je désirerais, écrivit-il, qu'il y eût plus de parlementaires, et que le commandant des armes et l'ordonnateur de la marine cessassent enfin d'écrire des lettres ridicules et sans but. Il importe fort peu que les Anglais gardent ou non un commissaire : ces gens-là me paraissent déjà assez orgueilleux de leur victoire, sans les enfler encore davantage. Quand les circonstances vous feront juger nécessaire d'envoyer un parlementaire, qu'il n'y ait que vous qui écriviez[1]. »

Excités par Mourad-Bey et les Anglais, des Arabes se rassemblèrent au village de Berk-el-Gitâs et firent une coupure au canal d'Alexandrie, pour empêcher les eaux d'y arriver. Le chef de brigade Barthélemy avec 600 hommes de la 69e., cerna ce village dans la nuit du 27 fructidor, le pilla, le brûla et tua plus de 200 hommes[2]. »

Malgré la présence des forces commandées par l'adjudant-général Brives et le général Marmont, les Arabes inquiétaient toujours les convois, et profitaient, pour faire du butin, de la moindre négligence des escortes. Bonaparte ordonna à

---

[1] Lettre du 2e. jour complémentaire.
[2] Lettre de Bonaparte au Directoire, du 26 brumaire.

Marmont de se rendre à Rahmanieh, d'y prendre le commandement des troupes de toute la province, formant 1,500 hommes, pour protéger la navigation du Nil, celle du canal d'Alexandrie et la campagne [1].

Bonaparte ne se pressait pas de répondre à Kléber sur la démission qu'il avait offerte en attendant que sa conduite eût été examinée. Ce général revint donc à la charge, et, dans un style tant soit peu ironique, lui écrivit :

« Il paraît, général, que j'ai bien peu rempli vos intentions dans l'administration civile et militaire d'Alexandrie. J'attribue toutes les gaucheries et les inadvertances que vous semblez me reprocher, à l'état de ma santé. Ma plaie est, à la vérité très-parfaitement cicatrisée; mais les douleurs de tête ne sont point passées; des souffrances aiguës m'obligent souvent à m'enfermer dans ma chambre. On m'a prescrit un régime, je l'observe, et mon état ne s'améliore point.

Je vous demande en conséquence la permission, citoyen général, non pas de rejoindre ma division, puisque vous ne le jugez pas convenable, mais de prendre quelque repos et de changer d'air à Rosette.

Je reprendrai le commandement d'Alexandrie dès que je me trouverai un peu mieux, ou dès que cette place sera menacée [2]. »

Ne recevant point encore de réponse, Kléber

---

[1] Lettre du 1er. jour complémentaire.
[2] *Idem.*

écrivit alors à Bonaparte pour demander à retourner en France :

« Vous aviez chargé le général Caffarelli, citoyen général, de me faire la proposition de vous accompagner dans une expédition lointaine; et votre nom, et votre gloire, et la reconnaissance dont j'étais pénétré pour tout le bien que vous aviez dit de moi sans me connaître, m'y engagèrent sans hésiter un instant. Aujourd'hui que ma santé et la douleur que me causent les suites de ma blessure, ne me permettent plus de vous suivre dans votre brillante carrière, je m'adresse pareillement au général Caffarelli, pour obtenir de vous la permission de retourner en France. Veuillez, citoyen général, accueillir favorablement ce qu'il vous dira à ce sujet[1]. »

Bonaparte lui répondit enfin :

« Le général Caffarelly, citoyen général, m'a fait connaître votre désir. Je suis extrêmement fâché de votre indisposition; j'espère que l'air du Nil vous fera du bien, et, sortant des sables d'Alexandrie, vous trouverez peut-être notre Égypte moins mauvaise qu'on peut la croire d'abord. Croyez au désir que j'ai de vous voir promptement rétabli, et au prix que j'attache à votre estime et à votre amitié. Je crains que nous ne soyons un peu brouillés; vous seriez injuste si vous doutiez de la peine que j'en éprouverais.

Sur le sol de l'Égypte, les nuages, lorsqu'il y en a, passent dans six heures; de mon côté, s'il y

---

[1] Lettre du 1er. vendémiaire an VII.

en avait, ils seraient passés dans trois : l'estime que j'ai pour vous est au moins égale à celle que vous m'avez témoignée quelquefois.

J'espère vous voir sous peu de jours, au Kaire, comme vous le mande le général Caffarelli[1]. »

Comment résister à un langage aussi séduisant, à une réconciliation aussi aimable! Kléber l'accepta, se rendit au Kaire, et arriva au milieu de la révolte de cette ville, le 1er. brumaire.

Sur les réclamations du commandant de la caravelle, Bonaparte avait répondu qu'il fallait l'amuser par de belles paroles. Un mois s'était passé; il écrivit à ce commandant qu'il était fâché de quelques désagrémens qu'il avait éprouvés (on lui avait en effet enlevé ses munitions de guerre et les affûts de ses canons); qu'il se tînt prêt à partir pour l'époque à laquelle il avait coutume de quitter Alexandrie, et qu'il lui remettrait des dépêches pour la Porte[2].

PROVINCE DE ROSETTE. — MENOU.

Le général en chef se plaignait à Menou de ce qu'il n'écrivait point, et de ce qu'il ne rendait aucun compte de ce qui se passait à Rosette et à Abouqyr, de la situation de sa garnison, des hôpitaux, des mouvemens des Anglais; enfin Rosette

---

[1] Lettre du 15 vendémiaire.
[2] Lettre du 11.

était le seul point de l'armée sur lequel il n'avait aucune espèce de détails ; il mandait à ce général qu'il ne lui enverrait des ordres pour quitter cette ville, que lorsque la province serait organisée et que l'embouchure du Nil ne pourrait pas craindre les insultes des corsaires [1].

Bonaparte reçut enfin de ses nouvelles ; le loua d'avoir donné à dîner aux cheyks du pays ; le blâma de ce qu'il donnait du blé aux pauvres, disant qu'on n'était pas encore assez riche pour être généreux, et qu'il fallait bien se garder de les gâter ; s'étonna de ce qu'il avait 300 hommes de garde à Rosette, tandis qu'au Kaire il n'y en avait que 80. « Diminuez votre service, lui écrivait-il ; une garde chez vous, une de police, quelques factionnaires aux principaux magasins, et tout le reste en réserve ; cela ne fait que 25 ou 30 hommes [2]. »

S'il n'était pas très-exact à instruire le général en chef des détails de son administration, il l'était davantage à lui communiquer ses projets. Bonaparte lui écrivait : « J'ai reçu toutes vos lettres que je lis avec d'autant plus d'intérêt, que j'approuve davantage vos vues [3].

Quelles étaient ces vues ? Enthousiaste de l'expédition et prêt à faire, pour contribuer à son succès, tout ce que lui ordonnerait Bonaparte, Menou, administrateur et général, croyait que

---

[1] Lettres des 1 et 4 fructidor.
[2] Lettre du 11.
[3] Lettre du 13.

l'Égypte devait, pour la France, tenir lieu des Antilles; que le sucre, le café, le coton, l'indigo et la cochenille pourraient y remplacer toutes les autres cultures. Suivant lui, les Anglais savaient bien que la Mer-Rouge, dans laquelle seuls ils commerçaient, deviendrait nécessairement la propriété de la France; que de là aux Indes la distance n'était pas énorme; que le commerce de la côte orientale d'Afrique, Mehedie, Mascate, Mozambique, pourraient un jour tomber entre les mains des Français; que les ports de la côte d'Aden et ceux dépendans des pays de l'Abyssinie seraient nécessairement fréquentés par eux; qu'ils pouvaient établir des liaisons avec l'intérieur de l'Afrique, de proche en proche, au moyen des caravanes, et peut-être faire communiquer un jour le Nil avec le Niger, au Sénégal.

Quoique tout cela fût encore éloigné, les Anglais, auxquels on ne pouvait refuser une grande intelligence, une prodigieuse activité et beaucoup d'esprit public, verraient d'un coup-d'œil tout ce qu'on pouvait faire actuellement et ce qui pourrait s'exécuter dans la suite. Sentant qu'ils ne pouvaient et ne pourraient rien contre l'armée d'Égypte directement, parce qu'elle pouvait y rester long-temps sans secours étranger, ils prendraient tous les moyens de lui nuire et de lui susciter des ennemis en Asie, à Constantinople et en Barbarie. C'était donc au général en chef à y pourvoir.

Menou soumettait aussi à Bonaparte ses vues sur l'administration financière de l'Égypte, lui proposait des moyens pour utiliser les domaines nationaux, en prévenir la dilapidation et réprimer les malversations des agens militaires ou civils.

« Général, lui disait-il, vous avez conquis l'Italie et l'Égypte; c'est ici que vous devez mettre le complément à votre gloire, en fondant la plus belle des colonies qui aient jamais existé. Faire revivre et rétablir dans toute sa splendeur le pays de Sésostris, de quelques Pharaons et des Ptolomées; fonder le plus brillant commerce du monde, détruire en grande partie celui des Anglais par nos seuls établissemens en Égypte, est la plus belle destinée qui jamais ait été réservée à un homme. Je soumets, à vous seul, toute mes réflexions; faire le bien est ma folie, c'est peut-être le second tome de celle de l'abbé de Saint-Pierre; mais c'est à Bonaparte que j'écris; c'est à lui seul qu'il appartient de faire le bonheur des peuples après les avoir conquis [1]. »

Au milieu de ses rêves, et malgré quelque négligence, moins scrupuleux ou moins circonspect que d'autre généraux, au lieu de raisonner sur les obstacles, de crier misère, Menou prenait hardiment toutes les mesures qui lui étaient indiquées par sa situation, ou prescrites par le général en chef. Obligé de vivre de réquisitions, il en frappait sur sa province, y faisait des tournées pour en régulariser la répartition, et réunissait, sans trop charger les contribuables, des vivres de toutes espèces, pour une garnison de 3000 hommes pendant trois mois,

---

[1] Lettres des 17 et 21 fructidor.

avec lesquels il se trouvait en état de secourir Alexandrie, Abouqyr et même Rahmanieh. Il avait fait payer, en cinq jours, la contribution de 100,000 francs, ordonnée par le général en chef.

Il alla parcourir sa province pour s'assurer de la soumission des villages. Plusieurs membres de la commission des arts et des sciences restés à Rosette, profitèrent de cette circonstance pour visiter un pays où, depuis bien des siècles, aucun Européen n'avait pénétré; c'était comme une partie de plaisir. Marmont voulut en être. Le 24 fructidor, on se mit en marche. Tant qu'on fut sur les bords du Nil, on fut bien accueilli par les habitans. Ceux de Berenbal, Métoubis et Foûéh rivalisèrent de bons traitemens. Mais il en fut autrement lorsqu'à la hauteur du village de Deçoûq on s'enfonça dans l'intérieur des terres. Les généraux et les savans, à cheval, suivis d'une escorte de 200 hommes d'infanterie, se trouvèrent une lieue en avant d'elle, près de Chabbas Ameïr. Un premier groupe, composé d'un guide, de Montessuis, aide-de-camp de Marmont, de Viloteau, Varsy jeune, l'ingénieur Martin, membres de la commission, et Joly, dessinateur, arriva aux portes du village. Le guide, voyant un grand rassemblement, cria en arabe: *La paix, soyez sans inquiétude!* On ne répondit que par le mot *erga!* (Allez vous-en!) et on fit en même temps une décharge de coups de fusil; les voyageurs n'étant pas armés tournèrent bride, pour se replier sur l'escorte, au grand galop et sautant des fossés. Joly, craignant de ne pouvoir se tenir à cheval, mit pied à terre; les Arabes l'atteignirent et le massacrèrent. Aux coups de fusil, l'escorte força sa marche, arriva et repoussa les Arabes dans le village. Ils se jetèrent dans une espèce de château fort, s'y maintinrent le reste du jour malgré l'attaque des troupes, qui ne les en débusquèrent que dans la nuit. Menou eut un cheval tué sous lui, et rentra avec un certain nombre de blessés à Rosette.

Dans sa correspondance avec le général en chef, Menou insistait sur une extrême sévérité contre les voleurs, pour faire sentir au peuple la différence qui existait entre le gouvernement français et celui des beys. Toutes les observations qu'il avait faites, le portaient à croire que les véritables habitans du pays étaient, pour la majeure partie, honnêtes gens. C'était ce que Bonaparte, devinant les hommes, lui avait dit à Alexandrie dans ses instructions, en parlant de la seconde classe des habitans, composée de véritables Musulmans. Les intrigans, les mauvaises gens se trouvaient parmi les étrangers; c'étaient les Turcs de Constantinople et d'Asie, les Juifs, les Cophtes, qui, quoique indigènes, faisaient une classe à part, et ces ramas de Chrétiens de toute espèce qui ne venaient en Égypte que pour offrir aux beys leur expérience dans l'art de piller et de vexer les peuples. C'était ainsi que Menou aimait à s'épancher avec celui qui lui avait inspiré estime et respect, et auquel il avait voué le plus inviolable attachement[1].

[1] Lettre du 20 vendémiaire an VII.

Marmont était toujours dans ces parages; Bonaparte lui écrivit : « L'intrigant Abdalon, intendant de Mourad-Bey, est passé, il y a trois jours, à Choarah, avec 30 Arabes; on croit qu'il se rend dans les environs d'Alexandrie : je désirerais que vous pussiez le faire prendre; je donnerais bien mille écus de sa personne; ce n'est pas qu'elle les vaille; mais ce serait pour l'exemple : c'est le même qui était à bord de l'amiral anglais. Si l'on pouvait parler à des Arabes, ces gens là feraient beaucoup de choses pour mille sequins[1]. »

Une djerme allant de Rosette au Kaire et portant 7 hommes de la 22e. demi-brigade, fut attaquée par huit bateaux remplis de fellâh du village de Nâkleh et d'Arabes. La résistance des sept Français dura autant que leurs munitions; quand ils les eurent épuisées, et après avoir perdu un des leurs, ils se retirèrent sur la rive droite du fleuve, auprès du village de Gobâris : les habitans, ayant à leur tête le cheyk, Habsab-Allah, les recueillirent et leur donnèrent l'hospitalité. Les fellâh de Nakleh et les Arabes offrirent cent piastres pour se faire livrer les Français. Les habitans de Gobâris refusèrent cette offre, prirent les armes, et le cheyk les conduisit lui-même sur une djerme à Rahmanieh. Le général en chef ordonna que ce cheyk se rendrait au Kaire pour y être revêtu d'une pelisse.

---

[1] Lettre du 26 vendémiaire.

RÉVOLTE DU KAIRE.

Malgré les soulèvemens partiels qui se manifestaient dans plusieurs provinces, il n'y avait rien d'alarmant dans leur situation. Une poignée de Français, partout où ils se présentaient, suffisait pour triompher des révoltés, quel que fût leur nombre; leurs défaites répétées, usaient l'esprit de sédition, et tout faisait présager que dans peu de temps l'Égypte, déjà conquise, serait bientôt soumise toute entière. Depuis l'occupation du Kaire, cette ville avait été parfaitement tranquille, et là, comme dans la plupart des États de l'Europe, l'exemple de la capitale avait une grande influence sur les provinces. Étonnés d'abord des mœurs égyptiennes, les Français s'y étaient bientôt accoutumés et les respectaient. Les habitans, s'ils ne montraient pas un grand empressement à se mêler avec leurs vainqueurs, semblaient du moins les voir sans répugnance. D'ailleurs comprimés par l'appareil militaire et la présence du général en chef, les hommes impatiens du joug étranger n'osaient pas le secouer et courbaient la tête. Cependant sous ce calme apparent fermentait un orage; il éclata à l'improviste; on ne le soupçonnait pas.

Le 30 vendémiaire (21 octobre), à la pointe du jour, des rassemblemens se formèrent dans divers quartiers du Kaire. A sept heures, une populace nombreuse se porta à la maison du qady Ibrahim-Ehctem-Efendi, homme respectable par ses mœurs et son caractère. Une députation de 20 personnes les plus marquantes, entra chez lui et l'obligea à monter à cheval pour se rendre, tous ensemble, chez le général en chef, sous prétexte de lui demander la révocation de la mesure relative aux titres des propriétés. On se mettait en marche, lorsqu'un homme de bon sens fit observer au qady que le rassemblement était trop nombreux, et trop mal composé pour des hommes qui ne voulaient que présenter une pétition. Il fut frappé de l'observation, descendit de cheval et rentra chez lui. La populace mécontente le maltraita ainsi que ses gens à coups de pierre et de bâton, et ne manqua pas cette occasion de piller sa maison [1].

Mais les attroupés se croyant alors assez forts pour attaquer les Français, se portèrent dans les différens quartiers qu'ils habitaient, et les prenant au dépourvu, en massacrèrent plusieurs. La maison du général Cafarelly fut investie et pillée; il était sorti avec le général en chef pour visiter des travaux; deux ingénieurs des ponts et chaussées, Duval et Thévenot qui se trouvaient chez lui, y périrent après s'être défendus avec un grand courage. Les chirurgiens de première classe, Roussel et Mongin, eurent le même sort en défendant l'entrée de l'hôpital que les révoltés ne purent forcer. La maison de Kassim-Bey, habitée par les membres de la commission des arts fut assaillie; mais aidés

---

[1] Lettre de Bonaparte au Directoire, du 6 brumaire.

seulement de leurs domestiques, ils s'y défendirent et donnèrent le temps à la troupe de venir les dégager.

Le commandant de la place, Dupuis, s'était d'abord contenté d'envoyer des patrouilles ; mais la révolte prenant un caractère sérieux, il sortit accompagné de son aide-de-camp Maury, de son interprète Baudeuf, et de 15 dragons. Quoique toutes les rues fussent obstruées, il était parvenu de la place de Birket-el-Fil jusqu'au Mouski, près le quartier des Francs, et avait même dissipé quelques attroupemens. Arrivé dans la rue des Vénitiens, un flot immense de peuple voulut s'opposer à son passage. Il fit entendre quelques paroles de paix, on ne l'écouta pas. Un chef de bataillon turc attaché à la police, qui venait par derrière, voyant le tumulte et l'impossibilité de le faire cesser par la douceur, tira un coup de tromblon. La populace devint furieuse. Dupuis la chargea avec son escorte, culbuta tout ce qui était devant lui, et s'ouvrit un passage ; mais un coup de lance l'atteignit au-dessous de l'aissèle gauche et lui coupa l'artère. Son aide-de-camp fut jeté à bas de son cheval ; Dupuis lui tendit la main pour le faire remonter ; ce mouvement ouvrit un large passage au sang, il perdit connaissance. On le transporta chez Junot, son ami, où il mourut. Solidaire de la gloire immortelle que s'était acquise en Italie la 32e. demi-brigade, dont il avait été commandant, nommé général de brigade sur le champ de bataille des Pyramides, il était entré le premier avec moins de 200 hommes au Kaire, dans une ville de 300,000 âmes. Dans cent occasions, les hasards de la guerre l'avaient respecté. En apprenant sa mort prématurée, Bonaparte s'écria avec une douloureuse émotion : « J'ai perdu un ami, l'armée un brave et la France un de ses plus généreux défenseurs [1] ».

Le canon d'alarme se fit entendre, la fusillade s'engagea dans toutes les rues. Les insurgés, au nombre de 15,000, se retranchèrent dans la mosquée de Jémil-Azar, pour rallier à eux la plupart des habitans, qui, encore timides, n'avaient pris aucun parti; ils en barricadèrent les avenues. D'un autre côté, les Arabes, prévenus du mouvement, parurent et cherchèrent à entrer dans la ville pour se réunir aux insurgés.

Le général en chef, qu'on avait envoyé chercher à Gizeh, voulut rentrer en ville. Après avoir été repoussé de plusieurs portes par les insurgés, il parvint à y pénétrer par la porte de Boulaq. Il donna le commandement au général Bon. Les communications entre les différens quartiers étaient interrompues; la populace pillait les maisons des riches. Des pièces de canon furent mises en batterie à l'entrée des principales rues.

Vers midi, un convoi venant de Salhieh, et conduisant une vingtaine de malades, fut assailli par les Arabes, l'escorte dispersée, et les ma-

---

[1] La ville de Toulouse, où il était né, célébra, le 20 brumaire an IX, un service funèbre en son honneur. Un arrêté des consuls ordonna qu'un monument lui serait élevé sur une place de cette ville ; il ne fut point exécuté.

lades, à peine entrés dans la ville, furent massacrés.

La nuit sembla ramener le calme; les hostilités furent suspendues; mais les insurgés en profitèrent pour se renforcer.

A minuit, Bonaparte envoya le général Dommartin sur le Moqattam, entre la citadelle et la Koubeh, pour y établir une batterie de quatre obusiers qui dominait la grande mosquée à 150 toises.

Le 1er. brumaire, dès la pointe du jour, les généraux Lannes, Vaux et Dumas sortirent du Kaire pour battre la campagne, et mirent en fuite 4 à 5,000 paysans et Arabes qui venaient au secours des insurgés. Il s'en noya beaucoup dans l'inondation. Mais le chef d'escadron Sulkowski, aide-de-camp du général en chef, fut assailli à son retour par la populace du quartier de Bab-el-Nasr, son cheval tomba, et cet officier fut assommé. Les blessures qu'il avait reçues au combat de Salhieh n'étaient pas encore cicatrisées; c'était un militaire de la plus belle espérance [1].

A deux heures après midi, tout était tranquille hors du Kaire. Avant de faire tirer les batteries du Moqattam, Bonaparte fit offrir le pardon aux insurgés. Le divan, les principaux cheyks, les

---

[1] Lettre de Bonaparte au Directoire, du 6 brumaire.

« C'était, dit Napoléon, un Polonais plein d'audace, de savoir et de capacité. Il était aller porter à Kosciusko les instructions du comité de salut-public. Il connaissait le génie, parlait toutes les langues de l'Europe, aucun obstacle ne l'arrêtait. » *Antommarchi*, tome II, page 5.

docteurs de la loi se présentèrent aux barricades du quartier de la grande mosquée; les insurgés leur en refusèrent l'entrée, et les accueillirent même à coups de fusil. Alors il la fit cerner, et envoya l'ordre au batteries du Moqattam et de la citadelle de la bombarder; il était quatre heures. Le bruit du tonnerre se mêla à celui du canon. Les habitans en conclurent que le ciel se prononçait contre les insurgés, et restèrent tranquilles. Ceux-ci offrirent de se soumettre. « Il n'est plus temps, répondit le général en chef, ils ont laissé passer l'heure de la clémence. Puisqu'ils ont commencé, c'est à moi de finir. » Ils cherchèrent à s'échapper, les barricades furent levées, ils tombèrent sous les baïonnettes des soldats. A huit heures du soir, Bonaparte fit cesser le carnage. Les insurgés perdirent environ 2,500 hommes. La perte des Français ne fut que de 60 tués [1] et 40 blessés [2].

Bonaparte écrivit aux généraux Reynier et Marmont : « Nous avons eu ici beaucoup de tapage. Mais actuellement tout est tranquille. Cela, je crois, sera une bonne leçon; on s'en souviendra long-temps. Toutes les nuits, nous faisons couper une trentaine de têtes, et beaucoup de celles des chefs [3] ». Quatorze cheyks furent désignés comme moteurs de la révolte, cinq furent saisis et décapités sur la place de la citadelle, le 14 brumaire.

---

[1] Lettre de Bonaparte à Marmont, à Reynier et au Directoire, des 2 et 6 brumaire.

[2] Larrey, *Relation chirurgicale de l'armée d'Orient*, page 42.

[3] Lettres ci-dessus citées.

Le divan fut supprimé, et la ville du Kaire mise entièrement sous le régime militaire.

Le 2 brumaire, on vit affichées sur les murs deux proclamations, l'une des gens de loi aux habitans des provinces, l'autre des cheyks au peuple d'Égypte. On y cherchait par l'exemple de ce qui venait d'arriver au Kaire, à prévenir les peuples contre les insinuations des méchans; on y vantait la clémence du général en chef; on y appelait les Français les seuls amis des Musulmans, les ennemis des idolâtres, les fidèles alliés du sultan; les Russes y étaient signalés comme les ennemis les plus dangereux de l'islamisme; on y faisait espérer que Bonaparte allégerait les charges du peuple. » Cessez enfin, y disait-on, de fonder vos espérances sur Ibrahim et Mourad, et mettez toute votre confiance en celui qui a créé les humains et qui dispense à son gré les empires. Le plus religieux des prophètes a dit : La sédition est endormie; maudit soit celui qui la réveillera. »

Deux jours après la révolte du Kaire, des Arabes, accourus de divers points du désert, s'étaient réunis devant Belbéis; Reynier les attaqua, les repoussa partout; ils disparurent et bientôt après se soumirent.

Le canon du Moqattam retentit dans toute l'Égypte, et ne contribua pas peu à contenir dans la soumission et l'obéissance ceux des habitans qui auraient été tentés de se révolter.

Quels avaient été la cause et le but de cette sédition? Il y eut, à cet égard, même parmi les Français qui en avaient été témoins, une grande diversité d'opinions. Il ne faut donc pas s'étonner si cet événement fut ensuite mal jugé et dénaturé en Europe. Bonaparte, dans sa lettre au Directoire, dit simplement que les chefs s'étaient annoncés pour vouloir lui présenter une pétition. On a prétendu que la révolte avait été soufflée par les imans qui regardaient comme une profanation la protection même que le général en chef accordait à la religion ; que les mesures prises pour rechercher les propriétés des Mamlouks, les contributions exigées de leurs femmes, et l'obligation imposée aux propriétaires de biens fonds, de présenter leurs titres à l'enregistrement, avaient amené l'explosion.

Certes l'insurrection d'un peuple contre le joug étranger, d'un peuple musulman contre un conquérant chrétien, s'expliquerait assez d'elle-même, sans avoir besoin de recourir à d'autres causes, et ne prouverait rien contre la conduite de l'armée et de son chef.

Bonaparte était intéressé à bien connaitre la nature de cette sédition pour régler sa conduite. On fit donc des recherches pour découvrir la vérité. Tels furent les renseignemens qu'on recueillit et qui furent publiés [1].

La sédition avait été préparée par des cheyks subalternes. Jaloux de leurs supérieurs, que le général en chef avait employés dans l'administration, ils travaillèrent à ruiner leur crédit auprès des habitans en les accusant d'être vendus aux

[1] *Courrier d'Égypte*, n°. 19.

Français et dévoués à leurs volontés ; de négliger auprès du général en chef les intérêts du peuple et de ne pas représenter ses besoins.

Vingt cheyks mécontens s'étaient assemblés dans la nuit et avaient décidé de faire fermer les boutiques le lendemain à la pointe du jour, et de réunir une grande populace sous le prétexte d'aller chez le général en chef lui porter leurs plaintes sur la situation du peuple.

Tout étant ainsi convenu, ils réunirent des gens à leur dévotion ; il s'y joignit bientôt un assez bon nombre de ces individus communs dans les grandes villes qui, soit espoir du pillage, soit désir du changement, soit curiosité, sont toujours disposés à augmenter les attroupemens et à prendre part aux émeutes. Cette foule se dirigea sur la maison du qady, et fit fermer les boutiques dans les rues où elle passa. En très-peu de temps cet exemple fut suivi dans toute la ville par imitation ou par peur ; l'émeute se propagea à mesure que le bruit se répandit qu'elle existait.

Tous les Musulmans employés par les Français dans l'administration, la police et même comme domestiques, montrèrent une fidélité inébranlable. Les membres du divan se mirent entre les mains des Français en se réunissant chez le général en chef dès le commencement de l'émeute. Ils se prêtèrent à toutes les démarches qui furent jugées convenables, et fournirent tous les renseignemens qui leur furent demandés ; la connaissance qu'ils avaient du caractère du peuple et de la manière de le conduire fut très-utile dans cette circonstance.

Quoique l'on eût combattu dans toutes les rues, la population entière n'avait pas pris part à la sédition. Les gens honnêtes et tranquilles étaient demeurés dans leurs maisons. Ainsi une portion très-considérable d'habitans avaient servi les Français ou étaient restés neutres. C'est pourquoi le général en chef ne jugea pas devoir sévir contre la ville en masse, et se borna à punir les principaux chefs de la révolte. Les Musulmans regardèrent cette justice comme une grande générosité; car, à la place des Français, ils auraient après la victoire livré la ville au sac et au pillage.

Ajoutons que depuis un mois l'Égypte était inondée d'exemplaires d'un firman du grand-seigneur qui démentait tout ce que Bonaparte avait dit de son accord avec la Porte, et qui prêchait la guerre contre les Français. On le lisait dans les mosquées; on excitait le peuple au massacre. Cette pièce, portant le cachet européen, était de fabrique anglaise.

PIÈCES JUSTIFICATIVES.

PIÈCES JUSTIFICATIVES.

N°. 1, PAGE 26.

NOTE DU GÉNÉRAL BONAPARTE AU DIRECTOIRE, SUR UNE DESCENTE EN ANGLETERRE, 24 GERMINAL AN VI.

« Dans notre position, nous devons faire à l'Angleterre une guerre sûre, et nous le pouvons.

Que nous soyons en paix ou en guerre, il nous faut 40 ou 50 millions pour réorganiser notre marine.

Notre armée de terre n'en sera ni plus ni moins forte; au lieu que la guerre oblige l'Angleterre à faire des préparatifs immenses qui ruinent ses finances, détruisent l'esprit de commerce, et changent absolument la constitution et les mœurs de ce peuple.

Nous devons employer tout l'été à armer notre escadre de Brest, à faire exercer nos matelots dans la rade, à achever les vaisseaux qui sont en construction à Rochefort, à Lorient et à Brest.

Si l'on met quelque activité dans ces travaux, nous pouvons espérer d'avoir, au mois de septembre, 35 vaisseaux à Brest, y compris quatre ou cinq nouveaux que l'on peut construire à Lorient et à Rochefort.

Nous aurons, vers la fin du mois, dans les différens ports de la Manche, près de 200 chaloupes canonnières. Il faut les placer à Cherbourg, au Hâvre, à Boulogne, à Dunkerque et à Ostende, et employer tout l'été à emmariner nos soldats.

En continuant à donner à la commission des côtes de la

Manche, 300,000 francs par décade, nous pourrons faire construire 200 autres chaloupes d'une dimension plus forte et propres à transporter des chevaux.

Nous aurions donc, au mois de septembre, 400 chaloupes canonnières à Boulogne, et 35 vaisseaux de guerre à Brest.

Les Hollandais peuvent également avoir, dans cet intervalle, 22 vaisseaux de guerre au Texel. Nous avons, dans la Méditerranée, deux espèces de vaisseaux :

Douze vaisseaux de construction française qui peuvent, d'ici au mois de septembre, être augmentés de deux nouveaux ;

Neuf vaisseaux de construction vénitienne.

Il serait possible, après l'expédition d'Égypte, que le gouvernement projetât, dans la Méditerranée, de faire passer les 14 vaisseaux à Brest, et de garder, dans la Méditerranée, simplement les 9 vaisseaux vénitiens ; ce qui nous ferait, dans le courant des mois d'octobre ou de novembre, 50 vaisseaux de guerre à Brest, et presqu'autant de frégates.

Il serait possible, alors, de transporter 40,000 hommes sur le point de l'Angleterre que l'on voudrait, en évitant même un combat naval, si l'ennemi était plus fort, dans le temps que 40,000 hommes menaceraient de partir sur les 400 chaloupes canonnières et autant de bateaux pêcheurs de Boulogne, et que l'escadre hollandaise et 10,000 hommes de transport menaceraient de se porter en Écosse.

L'invasion en Angleterre, exécutée de cette manière, et dans les mois de novembre et de décembre, serait presque certaine.

L'Angleterre s'épuiserait par un effort immense qui ne la garantirait pas de notre invasion.

En effet, l'expédition en Orient obligera l'ennemi à envoyer six vaisseaux de guerre de plus dans l'Inde, et peut-être le double de frégates à l'embouchure de la Mer-Rouge. Elle serait obligée d'avoir de 22 à 25 vaisseaux à l'embouchure de la Méditerranée, 60 vaisseaux devant Brest, et 12 devant le Texel, ce qui ferait un total de 300 vaisseaux de guerre [1], sans compter ceux qu'elle a aujourd'hui en Amérique et aux Indes, sans compter 10 ou 12 vaisseaux de 50 canons avec une vingtaine de frégates qu'elle serait obligée d'avoir pour s'opposer à l'invasion de Boulogne.

Nous nous conserverions toujours maîtres de la Méditerranée, puisque nous y aurions 9 vaisseaux de construction vénitienne.

Il y aurait encore un moyen d'augmenter nos forces dans cette mer; ce serait de faire céder, par l'Espagne, trois vaisseaux de guerre et trois frégates à la république ligurienne; cette république ne peut plus être aujourd'hui qu'un département de la France. Elle a plus de 20,000 excellens marins.

Il est d'une très-bonne politique, de la part de la France, de favoriser et d'exiger même que la république ligurienne ait quelques vaisseaux de guerre.

Si l'on prévoit des difficultés à ce que l'Espagne cède à nous ou à la république ligurienne, trois vaisseaux de guerre, je croirais utile que, nous-mêmes, nous rendissions à la république ligurienne trois des neuf vaisseaux que nous avons pris aux Vénitiens, et que nous exigeassions qu'ils en construisissent trois autres. C'est une bonne escadre, montée par de bons marins, que nous nous trouverons avoir gagnée. Avec l'argent que nous aurons des Liguriens, nous ferons faire, à Toulon, trois bons vaisseaux de notre construction; car les vaisseaux de construction vénitienne exigent autant de matelots qu'un bon vaisseau de 74; et les matelots, voilà notre partie faible.

Dans les événemens qui peuvent arriver, il nous est extrêmement avantageux que les trois républiques d'Italie qui doivent balancer les forces du roi de Naples et du grand-duc de Toscane, aient une marine plus forte que celle du roi de Naples. »

[1] On ne conçoit pas trop ce total, à moins qu'il n'exprime tout l'établissement maritime de l'Angleterre.

N° II, PAGE 54.

ARRÊTÉ DE BONAPARTE, 29 FLORÉAL AN VI.

« Vu que les lois existantes sur la manière de procéder aux jugemens des délits militaires n'ont pas prévu le cas où se trouve l'armée par sa composition actuelle; qu'il est juste et urgent que les troupes de terre et de mer, les soldats, matelots, et autres employés à la suite de l'armée, réunis sur les vaisseaux, ne soient pas, pour le même délit, soumis à des lois différentes, soit pour la procédure, soit pour la forme des jugemens, ordonne :

Art. 1er. La loi du 13 brumaire an v, qui règle la manière de procéder aux jugemens militaires, sera ponctuellement et exclusivement suivie à bord des vaisseaux composant l'armée navale.

II. Chaque vaisseau ou frégate sera considéré comme une division militaire.

III. Il y aura en conséquence par chaque vaisseau ou frégate, un conseil de guerre composé de sept membres, pris dans les grades désignés par l'article 2 de la loi du 13 brumaire, ou dans les grades correspondans de l'armée de mer.

IV. Les membres du conseil de guerre, le rapporteur et l'officier chargé des fonctions de commissaire du pouvoir exécutif, seront nommés par le contre-amiral dans chaque vaisseau de l'armée navale; en cas d'empêchement légitime de quelqu'un de ces membres, il sera pourvu à son remplacement par le commandant du vaisseau.

V. A défaut d'officier dans quelqu'un des grades désignés par l'article 2 de la loi du 13 brumaire, ou des grades correspondans dans la marine, il y sera suppléé par des officiers du rang immédiatement inférieur.

VI. Les jugemens prononcés par le conseil de guerre seront sujets à révision.

VII. Il sera établi à cet effet, à bord de chaque vaisseau ou frégate de l'armée navale, un conseil permanent de révision, dans la forme indiquée par la loi du 18 vendémiaire an VI.

VIII. Ce conseil sera composé de cinq membres du grade désigné en l'article 21 de ladite loi, ou du grade correspondant dans la marine; et, à défaut d'officiers supérieurs, il y sera suppléé, ainsi qu'il est dit en l'article V, pour la formation du conseil de guerre.

IX. En cas d'annulation du jugement par le conseil de révision, celui-ci renverra le fond du procès, pour être jugé de nouveau pardevant le conseil de guerre de tel autre vaisseau qu'il désignera. Ce conseil de guerre remplira dès lors les fonctions et aura toutes les attributions du deuxième conseil de guerre établi par la loi du 18 vendémiaire an VI.

X. Les fonctions du commissaire du pouvoir exécutif seront remplies par un commissaire d'escadre ou par un commissaire ordonnateur des guerres, et, à leur défaut, par un sous-commissaire de marine ou commissaire ordinaire des guerres.

XI. Le commandant de l'armée navale nommera les membres du conseil permanent de révision. En cas d'empêchement d'aucun de ses membres, il sera pourvu à son remplacement par le commandant du vaisseau à bord duquel le conseil devra se tenir.

XII. Les délits commis sur les bâtimens de transport et autres, faisant partie du convoi, seront jugés par le conseil de guerre du vaisseau ou frégate sous le commandement desquels ils se trouveront naviguer. En cas d'empêchement, les prévenus seront mis aux fers, si le cas l'exige, pour être jugés au premier mouillage, ou à la première occasion favorable.

XIII. Les peines portées par la loi du 21 brumaire an V, notamment celle de la désertion, sont applicables aux marins, et réciproquement celles portées par la loi du 22 août 1790, sont déclarées communes aux troupes de terre et à tous individus embarqués, dans les cas non prévus par la loi du 21 brumaire.

XIV. Seront justiciables desdits conseils de guerre et de

révision, le cas échéant, tous les individus faisant partie de l'armée de terre et de mer, et autres embarqués sur les vaisseaux. »

N°. III, PAGE 65.

LISTE DES MEMBRES DE LA COMMISSION DES SCIENCES ET ARTS ATTACHÉE A L'ARMÉE D'ORIENT.

Géométrie.

Fourrier.
Costaz.

Corancez.
Say.

Astronomie.

Nouet.
Quesnot.

Mechain, fils.

Mécanique.

Monge.
Hassenfratz, jeune.
Cirot.
Cassard.
Adnez, père.
Conté.

Dubois.
Couvreur.
Lenoir, fils.
Adnez, fils.
Cecile.

Horlogerie.

Lemaître.

Chimie.

Berthollet.
Pottier.
Champy, fils.
Samuel-Bernard.

Descotils.
Champy, père.
Regnaud.

PIÈCES JUSTIFICATIVES.

Minéralogie.

Dolomieu. Rozières.
Cordier. Victor-Dupuy.

Botanique.

Nectoux. Coquebert.
Delille.

Zoologie.

Geoffroy. Redouté.
Savigny.

Chirurgie.

Dubois. Lacipière.
Labate.

Pharmacie.

Boudet. Rouyer.

Antiquités.

Pourlier. Ripault.

Architecture.

Norry. Protain.
Balzac. Hyacinthe Lepère.

Dessinateurs.

Dutertre. Rigo.
Denon. Joly.

Ingénieurs des ponts-et-chaussées.

Lepère, aîné, } ingénieurs en chef.
Girard,
Bodard. Devilliers.
Faye. Jollois.
Martin. Favier.
Duval. Thévenot.
Gratien-Lepère. Chabrol.

Saint-Génis.　　　　　　Raffeneau.
Lancret.　　　　　　　　Arnollet.
Fèvre.

Ingénieurs-géographes.

Jacotin, ingénieur en chef.　Faurie.
Lafeuillade,　　　　　　Bertre.
Greslis.　　　　　　　　Lecesne.
Bourgeois.　　　　　　　Lévêque.
Leduc.　　　　　　　　Chaumont.
Boucher.　　　　　　　Laroche.
Pottier.　　　　　　　　Jomard.
Dulion.　　　　　　　　Coraboeuf.

Sculpteur.

Casteix.

Graveur.

Fouquet.

Littérateurs.

Parseval de Grandmaison.　Lerouge.

Musiciens.

Viloteau.　　　　　　　Rigel.

Élèves de l'École polytechnique.

Viard.　　　　　　　　Caristie.
Alibert.　　　　　　　　Duchanoy.

Interprètes.

Venture.　　　　　　　Raige.
Magallon.　　　　　　　Belletête.
Jaubert.　　　　　　　　Laporte.

Imprimeurs.

Marcel.　　　　　　　　Gallant.
Puntis.

N°. IV, PAGE 140.

ARRÊTÉS PRIS PAR LE GÉNÉRAL BONAPARTE A BORD DU VAISSEAU L'ORIENT.

3 Messidor (21 juin).

« I. Tout individu de l'armée, qui aura pillé ou violé, sera fusillé.

II. Tout individu de l'armée, qui, de son chef, mettra des contributions sur les villes, villages, sur les individus, ou commettra des extorsions de quelque genre que ce soit, sera fusillé.

III. Lorsque des individus d'une division auront commis du désordre dans une contrée, la division entière en sera responsable ; si les coupables sont connus, le général de division les fera fusiller ; s'ils sont inconnus, le général de division préviendra à l'ordre que l'on ait à lui faire connaître les coupables ; et s'ils restent inconnus, il sera retenu, sur le prêt de la division, la somme nécessaire pour indemniser les habitans de la perte qu'ils auront soufferte.

IV. Lorsque les individus d'un corps auront commis du désordre dans une contrée, le corps entier en sera responsable. Si le chef a connaissance des coupables, il les dénoncera au général de division, qui les fera fusiller ; s'ils sont inconnus, le chef fera battre à l'ordre pour qu'on les lui fasse connaître, et s'ils continuent à être inconnus, il sera retenu sur le prêt du corps, la somme nécessaire pour indemniser les habitans de la perte qu'ils auront soufferte.

V. Aucun individu de l'armée n'est autorisé à faire des réquisitions, ni lever des contributions, que muni d'une instruction du commissaire-ordonnateur en chef, en conséquence d'un ordre du général en chef.

VI. Dans le cas d'urgence, comme il arrive souvent à la guerre, si le général en chef et le commissaire-ordonnateur en chef se trouvaient éloignés d'une division, le général de division enverra sur-le-champ copie au général en chef de l'autorisation qu'il aura donnée, et le commissaire des guerres enverra une copie au commissaire-ordonnateur en chef des objets qu'il aura requis.

VII. Il ne pourra être requis que des choses nécessaires aux soldats, aux hôpitaux, aux transports et à l'artillerie.

VIII. Une fois la réquisition frappée, les objets requis doivent être remis aux agens des différentes administrations qui doivent en donner des reçus, et en recevoir de ceux à qui ils les distribueront, afin d'avoir leur comptabilité en matière en règle. Ainsi, dans aucun cas, les officiers et soldats ne doivent recevoir directement des objets requis.

IX. Tout l'argent en matières d'or et d'argent provenant des réquisitions, des contributions et de tout autre événement, doit, sous douze heures, se trouver dans la caisse du payeur de la division, et dans le cas où celui-ci serait éloigné, il sera versé dans la caisse du quartier-maître du corps.

X. Dans les places où il y aura un commandant, aucune réquisition ne pourra être faite sans qu'auparavant le commissaire des guerres n'ait fait connaître au commandant de la place en vertu de quel ordre cette réquisition est frappée; le commandant de la place devra sur-le-champ en instruire l'état-major-général.

XI. Ceux qui contreviendraient aux articles v, vi, vii, viii, ix et x, seront destitués et condamnés à deux années de fers.

XII. Le général en chef ordonne au général chef de l'état-major, aux généraux, au commissaire-ordonnateur en chef, de tenir la main à l'exécution du présent ordre; son intention n'étant pas que les fonds de l'armée deviennent le profit de quelques individus, ils doivent tourner à l'avantage de tous. »

---

4 Messidor (25 juin).

« 1. Les généraux commandant les divisions détachées, feront mettre, par le commissaire des guerres, le payeur de la division, un officier de l'état-major et un scheik du pays, le scellé sur les caisses des revenus publics, sur les maisons et registres des fermiers des Mamlouks.

II. Les chevaux et chameaux pris à l'ennemi après un combat, ou après avoir tué ou fait prisonnier celui qui les montait, seront payés sur l'ordre du général de division, savoir :

96 livres le cheval et 144 livres le chameau. »

---

10 Messidor (28 juin).

« I. L'amiral aura la police du port et des côtes des pays occupés par l'armée. Tous les réglemens qu'il fera et les ordres qu'il donnera auront leur exécution.

II. Les ports de Malte et d'Alexandrie seront organisés conformément aux réglemens que fera l'amiral, ainsi que ceux de Corfou et Damiette.

III. Le citoyen Leroy remplira les fonctions d'ordonnateur à Alexandrie; le citoyen Vavasseur celles de directeur de l'artillerie.

IV. Les agens des administrations des ports et rades des pays occupés par l'armée correspondront avec l'ordonnateur Leroy, de qui ils recevront directement des ordres.

V. Toutes les munitions navales qui seront trouvées dans les pays conquis par l'armée, seront mises dans les magasins des ports.

VI. Les classes pour les matelots seront établies à Malte, en Égypte, et dans les îles de la Mer-Ionienne.

Tous les matelots ayant moins de trente ans, seront requis pour l'escadre.

VII. La marine n'aura aucun hôpital particulier; elle se servira des hôpitaux de l'armée de terre. »

10 Messidor.

« 1. Il ne sera rien débarqué des bâtimens de transport et des convois que sur l'ordre de l'amiral, et en conséquence des réglemens qu'il fera.

II. Les bâtimens seront réduits à 18 francs par tonneau, pour ceux de cent tonneaux, et de 16 francs pour ceux au-dessus.

III. Les bâtimens hors de service et qui ne seront pas jugés capables de retourner en Europe, seront évalués et déplacés pour le service de l'escadre.

IV. Il sera fait trois états des bâtimens du convoi;
1°. De ceux au-dessus de cent tonneaux;
2°. De ceux au-dessus de deux cents;
3°. De ceux au-dessus.
On spécifiera la nation à laquelle ils appartiennent.

V. Tous les matelots français qui sont à bord des bâtimens du convoi, seront pris pour la flotte.

Il sera pris des bâtimens égyptiens pour les convois.

VI. Tout bâtiment qui s'en retournera en Europe, ne pourra avoir que le nombre de matelots qui lui est nécessaire, de quelque nation qu'il soit. Le surplus sera mis à bord de l'escadre.

VII. Les bâtimens du convoi, les équipages sont sous les ordres de l'amiral. Il fera tous les réglemens qu'il jugera nécessaires pour le bien de l'armée. »

N°. V, PAGE 141.

NOTE DE NAPOLÉON SUR ALEXANDRIE [1].

« Alexandrie a été bâtie par Alexandre; elle s'est accrue sous les Ptolémées, au point de donner de la jalousie à Rome. Elle était, sans contredit, la deuxième ville du monde. Sa population s'élevait à plusieurs millions d'habitans. Au viie. siècle, elle fut prise par Amroug, dans la première année de l'hégire, après un siège de quatorze mois. Les Arabes y perdirent vingt-huit mille hommes. Son enceinte avait douze milles de tour. Elle contenait quatre mille palais, quatre mille bains, quatre cents théâtres, douze mille boutiques, plus de cinquante mille Juifs. L'enceinte fut rasée dans les guerres des Arabes et de l'empire romain. Cette ville, depuis, a toujours été en décadence. Les Arabes rétablirent une nouvelle enceinte, c'est celle qui existe encore; elle n'a plus que trois mille toises de tour, ce qui suppose encore une grande ville. La cité est maintenant toute sur l'isthme. Le phare n'est plus une île; sur l'isthme qui le joint au continent, est la ville actuelle. Elle est fermée par une muraille qui barre l'isthme et n'a que six cents toises. Elle a deux bons ports (neuf et vieux). Le vieux peut contenir, à l'abri du vent et d'un ennemi supérieur, des escadres de guerre, quelque nombreuses qu'elles soient. Aujourd'hui le Nil n'arrive à Alexandrie qu'au moment des inondations. On conserve ses eaux dans de vastes citernes; leur aspect nous frappa. La vieille enceinte arabe est couverte par le lac Maréotis, qui s'étend jusqu'auprès de la tour des Arabes, en sorte qu'Alexandrie n'est plus attaquable que du côté d'Abouqyr. Le lac Maréotis laisse aussi à découvert une partie de l'enceinte de la ville, au-delà de celle des

[1] Gourgaud, tome ii, page 198.

Arabes. La colonne de Pompée, située en dehors et à trois cents toises de l'enceinte arabe, était jadis au centre de la ville.

Bonaparte passa plusieurs jours à arrêter les principes des fortifications de la ville. Tout ce qu'il prescrivit fut exécuté avec la plus grande intelligence par le colonel Cretin, un des officiers du génie les plus habiles de France. Le général ordonna de rétablir toute l'enceinte des Arabes. Le travail n'était pas considérable. On appuya cette enceinte en occupant le fort triangulaire qui en formait la droite et qui existait encore. Le centre et le côté d'Abouqyr furent soutenus chacun par un fort. Ils furent établis sur des monticules de décombres, qui avaient un commandement d'une vingtaine de toises sur toute la campagne et en arrière de l'enceinte des Arabes. Celle de la ville actuelle fut mise en état comme réduit; mais elle était dominée en avant par un gros monticule de décombres. Il fut occupé par un fort que l'on nomma Caffarelly. Ce fort et l'enceinte de la ville actuelle formaient un système complet, susceptible d'une longue défense, lorsque le reste aurait été pris. Il fallait de l'artillerie pour occuper promptement et solidement ces trois hauteurs.

En peu de mois et avec peu de travaux, l'ingénieur Cretin rendit ces trois hauteurs inexpugnables. Il établit des maçonneries présentant des escarpes de dix-huit à vingt pieds, qui mettaient les batteries entièrement à l'abri de toute escalade, et il ouvrit ces maçonneries par des profils qu'il sut ménager dans la hauteur, en sorte qu'elles n'étaient vues de nulle part. Il eût fallu des millions et des années pour donner la même force à ces trois forts avec un ingénieur moins habile. Du côté de la mer, on occupa la tour du Marabou, du Phare. On établit de fortes batteries de côte, qui firent un merveilleux effet toutes les fois que les Anglais se présentèrent pour bombarder la ville.

La colonne de Pompée frappe l'imagination comme tout ce qui est sublime. Les aiguilles de Cléopâtre sont encore dans le même emplacement. En fouillant dans le tombeau où a été enterré Alexandre, on a trouvé une petite statue de dix à douze pouces, en terre cuite, habillée à la grecque; ses cheveux sont bouclés avec beaucoup d'art et se réunissent sur le chignon; c'est un petit chef-d'œuvre. Il y a à Alexandrie de grandes et belles mosquées, des couvens de Cophtes, quelques maisons à l'européenne, appartenant au consulat.

D'Alexandrie à Abouqyr il y a quatre lieues. La terre est sablonneuse et couverte de palmiers. A l'extrémité du promontoire d'Abouqyr est un fort en pierre; à six cents toises est une petite île. Une tour et une trentaine de bouches à feu dans cette île assureraient le mouillage pour quelques vaisseaux de guerre, à peu près comme à l'île d'Aix.

Pour aller à Rosette, on passe le lac Madieh à son embouchure dans la mer, qui a cent toises de largeur; des bâtimens de guerre tirant huit ou dix pieds d'eau, peuvent y entrer. C'est dans ce lac que jadis une des sept branches du Nil avait son embouchure. Si l'on veut aller à Rosette sans passer le lac, alors il faut le tourner, ce qui augmente le chemin de trois à quatre lieues. »

N°. VI, PAGE 195.

CANTIQUE CHANTÉ DANS LA GRANDE MOSQUÉE DU KAIRE, LE 29°. JOUR D'ÉPIPHI, L'AN 1218 DE L'HÉGIRE, 5 THERMIDOR AN 6.

« Le grand *Allah* n'est plus irrité contre nous! Il a oublié nos fautes assez punies par la longue oppression des Mamlouks! Chantons les miséricordes du grand *Allah!*

Quel est celui qui a sauvé des dangers de la mer et de la fureur de ses ennemis *le favori de la victoire ?* Quel est celui qui a conduit sains et saufs sur les rives du Nil *les braves de l'Occident ?*

C'est le grand *Allah!* le grand *Allah* qui n'est plus irrité contre nous! Chantons les miséricordes du grand *Allah!*

Les beys mamlouks avaient mis leur confiance dans leurs chevaux; les beys mamlouks avaient rangé leur infanterie en bataille.

Mais *le favori de la victoire*, à la tête *des braves de l'Occident,* a détruit l'infanterie et les chevaux des Mamlouks.

De même que les vapeurs qui s'élèvent le matin du Nil sont dissipées par les rayons du soleil, de même l'armée des Mamlouks a été dissipée par *les braves de l'Occident,* parce que le grand *Allah* est actuellement irrité contre les Mamlouks; parce que *les braves de l'Occident* sont la prunelle droite du grand *Allah.*

O fils des hommes, baissez le front devant la justice du grand *Allah!* Chantez ses miséricordes, ô fils des hommes!

Les Mamlouks n'adorent que leur avarice; ils dévorent la substance du peuple; ils sont sourds aux plaintes des veuves et des orphelins; ils oppriment le pauvre sans miséricorde.

C'est pourquoi le grand *Allah* a enfin détruit le règne des Mamlouks; c'est pourquoi il a exaucé les prières des opprimés, et leur a fait miséricorde.

Mais *les braves de l'Occident* adorent le grand *Allah;* ils respectent les lois de son prophète; ils aiment le peuple et secourent les opprimés.

Voilà pourquoi *le favori de la victoire* est aussi le favori du grand *Allah;* voilà pourquoi *les braves de l'Occident* sont protégés par le bouclier invincible du grand *Allah!*

Réjouissez-vous, fils des hommes, de ce que le grand *Allah* n'est plus irrité contre nous! réjouissez-vous de ce que sa miséricorde a amené *les braves de l'Occident* pour nous délivrer du joug des Mamlouks.

Que le grand *Allah* bénisse *le favori de la victoire!* que le grand *Allah* fasse prospérer l'armée *des braves de l'Occident!*

Et nous, naguère race dégénérée, nous, replacés aujourd'hui au rang des peuples libres par le bras *des braves de l'Occident,* chantons à jamais les miséricordes du grand *Allah!* »

PIÈCES JUSTIFICATIVES.

N°. VII, PAGE 242.

RAPPORT DU CAPITAINE BARRÉ A L'AMIRAL BRUEYS SUR LES SONDES DES PASSES DU PORT-VIEUX D'ALEXANDRIE, 25 MESSIDOR AN VI.

« Les trois passes d'Alexandrie sont susceptibles, général, d'acquérir de la profondeur, en faisant briser quelques rochers qui se trouvent dans le milieu et sur les côtés, ce qui pourrait se faire aisément, ces rochers étant très-friables ; d'ailleurs, il n'existe dans la grande passe qu'un seul endroit où il serait nécessaire d'employer ce moyen, le rocher se trouvant dans le milieu de la passe, quoiqu'il y ait un passage de six brasses tribord et basbord, et assez large pour passer des vaisseaux de ligne du premier rang.

La passe du Marabou est large de 300 toises et longue de 500, et très-difficultueuse à raison de l'inégalité de ses fonds, qui ne donnent que quatre brasses, quatre brasses et demie. Mais celle du milieu qui est la meilleure, et celle où il y a le plus d'eau, a 200 toises de large dans l'endroit le plus étroit, sur 660 de long, et donne, dans toute son étendue, six à sept brasses, excepté à l'entrée, où il n'y en a que cinq, et dans le milieu cinq et demie ; et je dois observer qu'il y a passage de chaque côté de ces hauts-fonds, et qu'alors il n'y a plus que le milieu qui n'offre que cinq brasses et demie à basse mer, les marées donnant tous les jours deux pieds et demi, et davantage dans les pleines lunes, et surtout dans le débordement du Nil.

Il y a louvoyage dans les deux passes, en portant la bordée dans la passe du Marabou, et dans l'ouest du banc où s'est perdu *le Patriote* ; et, comme l'on rencontre alors la grande passe, on se trouve au large de tout danger, et l'on doit prendre pour remarque à terre, lorsque l'on sort, le château par la pointe de l'île du Phare bien effacé ; alors on est en dehors de tout, la sonde rapportant dix et douze brasses.

Ces passes m'étant connues, j'ai mouillé des bariques goudronnées et bien étalinguées dans les deux principales passes; sur lesquelles bariques j'ai mis des pavillons rouges à tribord en entrant, et des jaunes à basbord. Il est essentiel, comme il y a plus d'eau sur tribord, de ranger la première bouée rouge, le fond donnant six brasses, et de continuer à gouverner à l'aire du vent indiqué dans le plan, conservant toujours le milieu des bouées, et alors venir en arrondissant pour éviter le banc qui est au sud-ouest des récifs. D'ailleurs, on peut approcher la terre d'Alexandrie, le fond étant, jusque par le travers des Figuiers, de neuf et dix brasses.

La troisième passe, à l'est de la pointe des Figuiers, peut recevoir des bâtimens du commerce, ayant trois et quatre brasses dans toute la longueur de cette passe, et même dans un cas pressé, de fortes corvettes ou de petites frégates.

Le port est sain partout, ainsi qu'il est aisé de le vérifier dans le plan que je vous adresse, et, s'il était nettoyé, il pourrait recevoir des bâtimens encore plus forts; cependant toutes les sondes rapportent neuf, dix et onze brasses.

Je pense aussi qu'on pourrait pratiquer une passe du Port-Vieux au Port-Neuf, ce qui faciliterait beaucoup l'entrée et la sortie de ces deux ports; mais elle ne peut encore avoir lieu; ainsi, il n'y faut plus penser.

Je dois encore vous faire observer qu'il serait essentiel que vous donnassiez l'ordre qu'on fabriquât des plateaux en fer pour établir des balises que rien ne puisse déranger, les bouées ayant l'inconvénient de chasser lorsqu'il y a beaucoup de mer.

Je désire, général, avoir rempli vos intentions ainsi que celle du général en chef, et mon avis, en dernière analyse, est que les vaisseaux peuvent passer avec les précautions d'usage que vous connaissez mieux que moi. »

TABLE.

CHAPITRE PREMIER.

Importance de l'Égypte.—Divers projets de conquête.—Expédition des Français commandée par Bonaparte.—Préparatifs.—Départ.   1

CHAPITRE II.

Navigation de la flotte.—Force de l'armée navale et de l'armée de terre.—Prise de Malte.—Organisation civile et militaire.—Mission de Lavalette auprès d'Ali-Pacha.—La flotte remet à la voile.—Mouvemens des Anglais dans la Méditerranée.   61

CHAPITRE III.

État et situation de l'Égypte avant l'arrivée des Français.—Races diverses de ses habitans.—Lois; gouvernement; administration.—La flotte française arrive en vue de l'Égypte.—Débarquement à l'anse de Marabou.—Prise d'Alexandrie.—Organisation.—Destination de la flotte.   110

CHAPITRE IV.

Attitude du gouvernement égyptien.—Ibrahim et Mourad, beys.—Marche de l'armée française sur le Kaire.—Désert de Damanhour.—Combat de Rhamanieh.—Combat de Chébreis.—Bataille des Pyramides.—Entrée des Français au Kaire.—Organisation du gouvernement.—Prise de possession des provinces.—Administration de Kléber à Alexandrie et de Menou à Rosette.—Expédition contre Ibrahim-Bey.—Combat de Salhieh; fortification de ce poste.—Reynier commandant dans le Charqyeh.—Relations de Bonaparte avec les Iles-Ioniennes.   169

CHAPITRE V.

Mesures pour la sûreté de la flotte.—Bataille navale d'Abouqyr.—Villeneuve se retire à Malte.—Situation de la marine française en Orient.—Situation de Malte. 239

CHAPITRE VI.

Nomination de l'émir-haggi.—Fête du Nil.—Fête du prophète.—Protestations pacifiques de Bonaparte envers la Porte et les puissances de l'Orient.—Mesures pour la santé et la salubrité publiques.—Institut d'Égypte.—Mesures relatives à divers services de l'armée et à la police du Kaire.—Koraïm décapité.—Fête du 1er. vendémiaire an VII.—Assemblée du divan général.—Finances de l'Égypte. 282

CHAPITRE VII.

Soumission des provinces de la Basse-Égypte.—Vial occupe Mansourah et Damiette.—Fugières part de Menouf pour Mehalleh-Kébir.—Combat de Remerieh.—Marche de Dugua sur Mansourah.—Fugières occupe Mehalleh-Kébir.—Zayonschek remplacé par Lanusse.—Situation de Reynier dans le Charqyeh.—Village d'Alqam brûlé.—Soulèvement des Arabes dans les provinces de Mansourah et de Damiette.—Combat de Choarah.—Mission d'Andréossy sur le lac Menzaleh.—Administration de Kléber dans les provinces d'Alexandrie et de Bahyreh.—Administration de Menou à Rosette.—Révolte du Kaire. 351

PIÈCES JUSTIFICATIVES. 417

FIN DU QUATRIÈME VOLUME.

ERRATA.

Page 95, lign. 24, de pas l'oublier. . *lisez* ne pas l'oublier.
  118,   11, les fallâh . . . . .   les fellâh.
  136,   28, ou le droit de les vendre . . . . .   et le droit de les vendre.
  143,   1, il nous rend ennemi . . . . . .   il nous rend ennemis.
  194,   1, répubique . . . .   république.
  196,   4, de les mettre en état . . . .   de la mettre en état.

www.ingramcontent.com/pod-product-compliance
Lightning Source LLC
Chambersburg PA
CBHW071057230426
43666CB00009B/1742